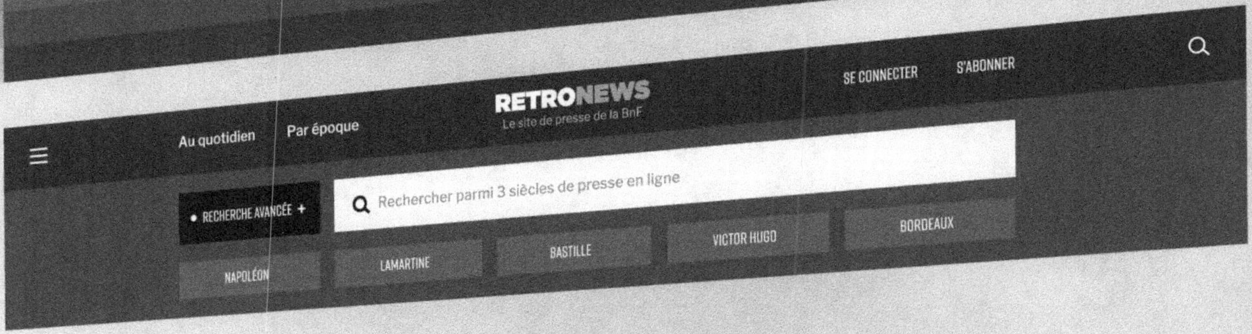

REVUE

DE

SAINTONGE & D'AUNIS

BULLETIN DE LA SOCIÉTÉ

DES ARCHIVES HISTORIQUES

*XLIII*ᵉ *Volume.* — 1ʳᵉ et 2ᵉ *Livraisons*

SAINTES
LIBRAIRIE DELAVAUD
5, COURS NATIONAL
—
1928

ADMINISTRATION DE LA SOCIETE

BUREAU

President d'Honneur : M. F. Chapsal, Sénateur, maire de Saintes.
Président : M. Charles Dangibeaud, 14, rue des Ballets, Saintes.
Vice-Président : M. Maurice Bures, docteur en droit, avocat à Saintes, rue Hôtel de Ville.
Secrétaire : M. Fernand Brejon, avocat, rue Saint-Maur, à Saintes.
Trésorier : M. Texier, rue Saint-Eutrope, 36, Saintes.
Trésorier-Adjoint : M. Berthelot, banquier rue Pasteur, 17, à Saintes.

COMITÉ DE PUBLICATION

MM. Georges Musset archiviste paléographe, avocat, bibliothécaire de la ville, rue Gargoulleau, 32, à La Rochelle.
Dr Charles Vigen, aux Galards, près Montlieu.
De Vaux de Foletier, archiviste du département La Rochelle.

CONSEIL D'ADMINISTRATION

MM. Ferdinand Babinot, avocat, suppléant au juge de paix, rue Saint-Vivien, à Saintes.
Maurice Martineau, rue des Jacobins, Saintes.
Gaston Tortat, juge honoraire, rue Hôtel de ville, Saintes.
Abel Mestreau, rue de l'Artois, 24, à Saintes.

Le siège de la Société des *Archives* est à Saintes, Hôtel des Sociétés, Grande Rue Victor Hugo et Rue André Lemoine.

La société publie tous les trois mois un *Bulletin, Revue de Saintonge et d'Aunis.*

Le prix de l'abonnement annuel à la *Revue-Bulletin* est de 13 francs : 15 fr. pour l'étranger ; un numéro, 3 fr. 50.

(Compte de chèques postaux de la Société. N° 7038, bureau de Bordeaux.

REGLEMENT. — Article II. La société se compose : 1° de membres fondateurs qui versent, une fois pour toutes, une somme de 500 francs : 2° de membres qui paient une cotisation annuelle de 13 francs ; 3° de membres perpétuels qui rachètent leur cotisation moyennant une somme de 250 francs...

REVUE
DE SAINTONGE ET D'AUNIS

SOMMAIRE

LE FONDS MOREAU

On ne saurait trop féliciter M. Maurice Moreau de l'acquisition qu'il a faite d'un fort lot de papiers provenant de Nicolas Moreau, ancien bibliothécaire de Saintes. Collection de notes, d'articles, de rapports en brouillons ou au net (quelquefois les deux) de projets, de copies, dont l'intérêt rétrospectif est évident, nous pouvons y glaner un contingent d'indications neuves, fort utiles, comme émanant d'un observateur attentif. La perle, toutefois, est un album de 121 dessins, au crayon et au trait, sauf un. A mon sens, ils valent presque tout le reste.

Nicolas Moreau, né à Saintes en 1781, suivit les cours de l'Ecole centrale de la ville. Elève intelligent, travailleur (sa vie entière le prouve), il acquit une instruction moyenne en lettres, en histoire naturelle, qu'il enseignera, et un petit talent de dessinateur qui l'aidera à vivre et à fournir de bons dessins à Chaudruc de Crazannes, à de Caumont, à La Fontenelle de Vaudoré. Sous l'influence de l'ambiance créée par Bourignon, Chaudruc de Crazannes (1), de Boscals de Reals, de Bremond d'Ars, des monuments existants ou que les travaux de terrassement du Cours mettaient à découvert,

(1) Moreau lui emprunte des idées et des expressions.

il prend goût à l'étude de l'histoire de la ville. Il manquera longtemps de livres, en particulier pour le moyen-âge. Il parcourt le pays le crayon à la main, observe, se fait des idées indécises, fausses, chimériques, qu'il ne modifiera guère au contact de Caumont qu'il guide pendant une semaine à Saintes et aux environs, surtout de L. Vitet, dont les conversations laissèrent dans son cœur un souvenir reconnaissant.

Après le départ de Chaudruc de Crazannes, son zèle, son application à surveiller les fouilles partout, attirent sur lui l'attention du Ministre de l'Intérieur, qui le nomme inspecteur des Monuments historiques. Chaudruc loue « ses talents et l'aménité de ses mœurs ». De Caumont l'appelle « antiquaire distingué », digne « de sa confiance », lui demande les dessins des donjons de Tonnay-Boutonne, de Broue et de Pons, insère dans le *Bulletin monumental* quelques communications et rapports en 1838 et 1841. Entre temps, il a transporté dans une salle du doyenné les livres entassés dans les greniers de la Sous-Préfecture (1816). C'est lui qui fournit la copie des lettres adressées à Fénelon, ambassadeur, brûlées dans l'incendie de 1871. (Il en a gardé les sommaires).

De La Fontenelle de Vaudoré lui ouvre la *Revue-Franco-anglaise*, et imprime, en 1833, *Taillebourg* avec une lithographie : en 1835, *un combat en champclos, à Montandre* ; en 1837, *le Soudan de Latrau* et en 1841, *les Saintongeaises au temps de l'occupation anglaise.*

En 1834, la Société des Antiquaires de l'ouest se fonde à Poitiers ; elle l'accueille aussitôt et, en 1838, elle imprime son mémoire sur les *voies romaines*, collection de notes relatives aux divers monuments celtiques et romains de Saintonge.

La Société d'Agriculture de Saintes le prend comme secrétaire.

En 1839, à Saintes, la création d'une société archéologique change sa situation jusque-là prépondérante. Il y entre, mais il paraît s'être retiré sous sa tente. Un peu de dépit, de jalousie, une divergence d'opinions l'éloignent de personnalités avec lesquelles il ne devait pas se sentir très à l'aise. Le comte de Vaudreuil, président, l'abbé Lacurie, secrétaire, tout en lui marquant une entière déférence, se méfiaient sans doute du voltairien (si L. Audiat dit vrai), doublé d'un admirateur de J. J. Rousseau, et qui disait et écrivait en tête d'un mémoire sur les *Eglises de Saintes* : « on ne connaît point le christianisme à Saintes avant le milieu du IIIe siècle, époque où l'apôtre Eutrope passe pour avoir apporté la foi dans la Saintonge. » Il se tient à l'écart ; son amour propre en souffre, il ne perd pas de vue ses confrères, il les accuse d'indifférence, quand ceux-ci n'agissent pas selon ses aspirations (1).

En 1844, il prend une part active au congrès tenu à Saintes par la Société française d'archéologie, sous la présidence de M. de Caumont.

En 1867, il donne sa démission de bibliothécaire, après cinquante ans d'exercice, cédant sa place à Louis Audiat, et il meurt le 21 septembre 1869, âgé de 88 ans.

L'abbé Rainguet lui a consacré un paragraphe dans sa *Biographie Saintongeaise*.

Si nous jugions N. Moreau d'après ses publications, rares, nous aurions une opinion très incomplète de sa puissance de travail et de sa mentalité en archéologie et en histoire. Jusqu'en ses dernières années, il a ajouté à ses travaux en porte-feuilles. Il avait en chantier un dictionnaire, véritable petite encyclopédie — (c'était un peu audacieux de sa part) — une *Topographie* des rues de Saintes, monographie importante parce qu'elle n'a pas son équivalent (2), fort incomplète, écourtée, voir erronée sur certains points, précieuse quand même : une statistique monumentale, historique de l'arrondissement. Il avait même eu l'intention d'éditer une *Revue Santonique*, pour laquelle il rédigea un prospectus.

Avant de formuler un jugement motivé sur ce grand travailleur, trop oublié, il faut parcourir ses œuvres inédites, *jocose*, par curiosité, en extraire le bon.

Pourquoi, dans quel but a-t-il copié certains manuscrits d'un vieil érudit inconnu, dépourvu de toute valeur ? Il ne nous l'apprend pas. Il ne dit jamais ce que nous aimerions le plus à savoir ! Il l'admirait sans doute. Remercions-le de son intention quelle qu'elle soit. Nous allons faire connaissance avec un chanoine qui dut jouir d'une réputation de savant en son temps. Ses œuvres sont restées inédites. L'abbé Rainguet, dans sa *Biographie saintongeoise*, nous apprend que Jean-Louis Adam, ancien curé de Saint-Maur, conseiller au présidial de Saintes, chanoine de Saint-Pierre et official en 1720, a laissé « un manuscrit de 60 pages, compre-

---

(1) Des travaux furent exécutés aux bains de Ganif : « ces circonstances, écrit Moreau, n'ont été nullement mises à profit. Une société archéologique s'étant formée, l'on ne sait quels ont été ses travaux. Je ne veux pas me plaindre, il me suffit de dire que mon zèle a été paralysé » *Topographie*, p. 15.

(2) Elle paraît actuellement en feuilleton dans le *Progrès de la Charente-Inférieure*.

nant un recueil de lettres adressées au R. P. Filleau de Poitiers, traitant des antiquités de Saintes », premières pages d'un grand ouvrage sur les monuments du pays. Ce manuscrit appartenait à M. A(natole) de Bremond d'Ars. C'est celui que M. Moreau a dû copier en partie.

Adam avait fait la connaissance à Rome de Filleau qui, après avoir abandonné les Jésuites, devint curé de Montmorillon (1). Restés en correspondance, ils échangeaient leurs opinions sur des questions d'histoire saintaise.

Nous parcourerons rapidement ces lettres qui nous paraissent extravagantes ; elles nous amusent quand même, par le sérieux avec lequel ces ecclésiastiques exposent leurs théories folles.... qu'ils croyaient la plus pure doctrine ! Aucune de ces lettres n'est datée.

Dans la première, Adam traite l'origine des Xantons. « Je scay, dit-il, que sur cette origine quelques écrivains nous ont donné les saillies de leur imagination, ils ont prétendu qu'ils descendoient des Troyens, qui habitoient les bords du Xante, fleuve de Phrigie... Il y avoit dans ces auteurs une espèce de fureur à faire dépendre tous les peuples du monde de ces infortunés fugitifs, pour peu que le nom d'un Etat, d'une province, ou d'une ville eust quelque ressemblance à celui de quelque capitaine troyen. Je ne crois pas devoir faire la moindre attention à touttes ces rêveries... Je pense sur cela que des enfants de Japhet n'allèrent pas d'abord, non plus que ceux de Sem et Cham, jusques aux extrémités de la terre, que les chefs de famille, dont nous parle l'Ecriture, en partant des pleines de Sennaard, choisirent les provinces qui leur convenaient le mieux... Il est très incertain, et même comme impossible, lequel des enfans ou chef de famille de Japhet a été le père des premiers hommes qui ont habité les terres, si c'est de Gomer fils aisné de ce patriarche ou d'un autre... De ce qu'en dit le Conquérant, dans ses *Commentaires*, on n'en peut tirer rien de certain. Il nous assure seullement que tous les Gaulois paroissent avoir tiré leur origine d'une source commune, nonobstant qu'ils fussent quelquefois différents entre eux un language en loix et en mœurs... »

---

(1) Rainguet le dit fils du célèbre Jean Filleau, l'un des plus savants jurisconsultes de son temps. MM. Beauchet-Filleau donnent en effet à ce Jean Filleau, un fils, Jean, onzième enfant de son second mariage, né le 20 juin 1655, entré chez les Jésuites en 1670, sorti en 1675, mort curé de Saint-Didier de Poitiers en 1710. La cure de Montmorillon n'est pas citée. *Dictionnaire des familles du Poitou*, V° Filleau, tome III, p. 432.

Filleau lui répond : « Je ne balance pas à vous dire mon sentiment sur ce que vous m'écrivés de l'origine de vos Xantons. Vous rejettés d'abord l'origine troyenne qu'on leur a donné, vous ne vous déterminés pas même à dire de qui les Gaulois sont descendus, quoyque Joseph, dans son ouvrage sçavant, en la plus seure tradition des hommes, nous écrist que les Gaulois sont [descendus] de Gomer, fils aisné de Japhet. Il semble que vous n'hasardiés rien en suivant le fameux historien à l'égard de l'origine particullière des Xantons. Je ne crois pas que ceux qui les font descendre des Troyens doivent autant passer pour imaginaires que vous le croyés, qu'après le siège de Troye, les Gomiéristes, Celtes ou Gaulois, ayant encore des terres vaquantes, ne les donnèrent à ces fugitifs, et tant d'historiens différents, qui ont écrit, leur ont donné pour père ces étrangers, qu'il faut qu'il en soye quelque chose... »

Adam réplique qu'il ne méprise point Joseph et les auteurs qui ont dit que les Gaulois étaient sortis du fils ainé de Japhet, « il faudrait être téméraire » pour cela, mais « parmi tous les auteurs, le seul Père Pesron (1), ancien abbé de La Charmoyes, a remporté le prix dans son livre de la Nation Gauloise. Il a sceu pour ainsi dire, tirer la lumière de la plus proffonde obscurité. Il prouve par des raisons sollides, et par les meilleurs et les plus anciens auteurs, que Joseph ne s'est point trompé, quand il a écrit que les Celtes ou Gaulois étoient descendus de Gomer... » Suit une longue dissertation pour prouver qu'il a lu.

L'imagination s'envole échevelée sur la descendance des Gommériens qui furent appelés Saques, « surnom odieux » qui signifie coureurs, voleurs... lesquels se firent appeler ensuite Titans. Saturne, fils d'Euranne, détrôna son père Jupiter, son plus jeune fils, battit son oncle Titan sur les bords du Danube, délivra Saturne prisonnier..., « il est bien évident (!!!) que les Celtes ou Gaulois appellés Titans du temps de ces princes auparavant Saques Cites ou Gomariens, commencèrent à s'établir dans les régions occidentalles environ le quatriesme siècle après le déluge... » Voilà pourquoi il nie l'origine troyenne ! La ruine de Troye arriva 1200 ans après le déluge seulement ! « Il y avoit donc 800 ans que les Titans, sous le nom de Celtes ou Gaulois habitaient

---

(1) Paul Pesron, religieux de l'ordre de Citeaux, né à Hennebon en 1639, auteur de *l'Antiquité des Tems rétablie*; *Défense de l'Antiquité des Tems, Traité de l'Antiquité de la nation et de la langue des Celtes.*

ces pays, ce qui fait comprendre que les Gaules estoient du moins en aussi grand peuple qu'elles le sont aujourd'hui (1)... » parce que les peuples dans les premiers siècles étaient féconds et que les Gaules étaient situées dans une zone tempérée ! ! ! Et cette dissertation (2) ou divagation se poursuit pendant quatre longues lettres ! théorie très compliquée et casse-tête !

Puis arrive une réponse à une question de Filleau sur l'orthographe du nom de Saintes, Xaintes, qui, d'abord, étonne Adam, mais lui fournit, « avec plaisir, l'occasion de vous parler du docte Elie Vinet qui a écrit en faveur de la lettre S. et condamne X. Cet auteur, natif de la ville de Barbezieux en Saintonge, est très estimé et certainement je vénère sa mémoire,... néanmoins, comme il estoit plus latin que français, je ne suis pas surpris de sa décision en faveur de l'S... » César ne s'est servi d'S que pour adoucir X... » Bref, il conclut que X est la véritable orthographe. « Elie Vinet ne pouvoit pas dire que de son temps l'usage, qui fait ou forme une loy, ne fust même plus en usage, il n'i a qu'à avoir recours aux actes qui se sont passés dans le siècle qu'il vivoit et au-dessus. Cet usage estoit encore constant il y a environ quarante ans (3). Il est vray que depuis ce temps-là, et peu à peu, la lettre S est demeurée plus à la mode à cause de l'adoucissement de la prononciation et moy-même, comme vous le remarqués, je m'en suis servi et je n'ay affecté la lettre X dans cette occasion que parce que notre commerce regarde l'antiquité de Xaintes. »

L'abbé Filleau lui répond : « vous avés, Monsieur, fortement combattu un des héros de votre province... je vous avoue que vos rai-

(1) On pourra rapprocher de ces inventions *savantes* le très curieux mémoire publié par M. G. Thouvenin sur *la Fondation de Poitiers selon les humanistes de la Renaissance*. Après qu'on eut essayé de *Avis picta*, ou *Picta avis* comme étymologie (1486), Bouchet « s'efforça de prouver que les Poitevins descendaient des Scythes « appelés : Picti, venus dans le pays, après la destruction de Troye, sous la conduite d'un roi nommé Groffarius... etc. » *Bulletin de la société des Antiquaires de l'Ouest*, 1927, p. 734.

(2) Josèphe n'en dit pas si long dans ses *Antiquités Judaïques*, au début du livre, « Il parle bien de Gomer, mais c'est Chetim, son fils, qui occupa l'île de Chypre. « Les Hébreux interprètent Chetim maintenant Macédoniens, maintenant Italiens et Romains et semble que ce sont tous ceux de l'Europe de laquelle se saisit la postérité de Japhet. » Zonare prétend que Gomer et ses frères parcoururent d'abord l'Asie, s'avancèrent jusqu'à Cadix, s'établirent en Armorique. Poitou et Saintonge. » Maichin accepte tout cela, Bourignon expose ces *histoires* sans prendre parti.

(3) Adam était chanoine et official en 1720 probablement avant. Les lettres n'étant pas datées, il est difficile de savoir jusqu'où portent ces quarante ans. On sait que la Révolution restaura l'X et que Saintes devint Xante.

sons sont fortes pour la lettre X... » Et il pose la question des limites du pays des Xantons. L'official est embarrassé. Cependant « il lui semble qu'on ne doit pas disconvenir que la rivière de Sèvre séparoit ce pays de celuy des Pictons ou Poitevins, à prendre depuis son embouchure jusqu'aux environs de Niort, mais à prendre de ce lieu, et allant à l'orient, je ne trouve point de limitte certaine qu'une ligne que je tire depuis Niort jusques à Engoulesme, d'Angoulesme à la rivière de Droigne qui se décharge dans Lisle, et Lisle dans la Dordoigne jusques à Bourg ce qui acheve les limittes du costé de l'orient... »

Il englobe Angoulême et une partie de l'Angoumois dans la Saintonge Gauloise, le diocèse d'Angoulême n'ayant été formé qu'au IIIe siècle. Le curé de Montmorillon fait des objections, mais nous n'avons que partie de sa lettre.

Adam a traité à nouveau tous ces sujets dans d'autres lettres, au point de vue linguistique, historique ; elles sont plus pondérées, d'un autre âge, adressées sans doute à un autre correspondant inconnu.

Dans la lettre IX il donne une sorte de description du faubourg Saint-Pallais. il se dit un jeune Romain qui voyage dans les Gaules. « J'ai entré par un fauxbourg qui est à l'orient de la ville, la principale rue du fauxbourg est de quelques deux cent toises de long. elle est en ligne droite et coupée par un canal de la rivière de Charante que l'on passe sur un pont ; sur la droite et sur la gauche il y a des rues qui débouchent en des prairies de quelques cent toises de chaque costé. Ce fauxbourg seul vaut bien des villes. même capitale de quelques peuples, que j'ay veu. Lorsque j'eus marché le long de cette grande rue, j'entrai sur le grand pont qui est sur le grand cours de la Charante. Ce pont large d'environ quarante pieds après avoir passé l'espace des trois premières arcades, on y voit le superbe et double portique de la dédicace du temple d'Auguste que le Sénat mit au nombre des dieux. Cette pièce fut construite sous l'empereur Caligula, comme vous le scavés. Je fus obligé, malgré moy et tout fatigué que j'estois, de m'y arrester et de la faire mesurer par mes gens, elle [est] de grosses pièces de pierres, sans ciment, ses bases sont dans la Charante, rivière des plus profondes...

« Je vous avoue, Monsieur, qu'à Rome nous n'avons point de cette sorte qui soit si magnifique comme cet édifice qui tient toute la largeur du pont. » C'est très flatteur pour Saintes.

Dans la lettre X il parle du fanal d'Ebéon. « Les grands chemins.

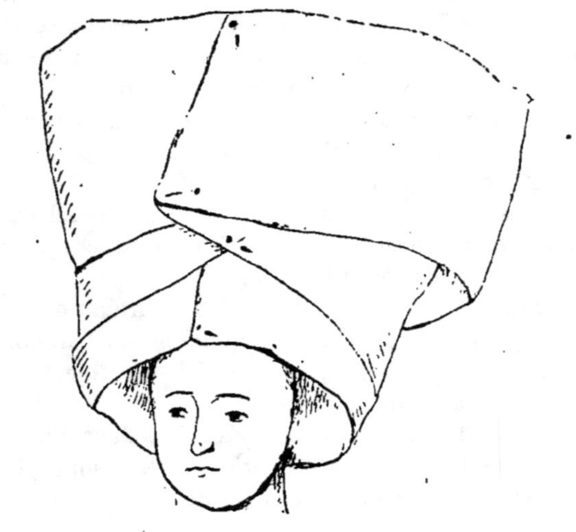

Fouras

St Vaise

St Vaise

Croquis de coiffes Saintongeaises d'après N Moreau

militaires du tems des Gaulois estoient bien entretenus du tems des Romains. J'en ai une preuve incontestable entre Varaise et Ecoyeux, aussi bien que des piramides de distance en distance, il y a près d'un quart de lieue de ce grand chemin qu'on peut dire avoir esté fait d'une espèce de massone en ciment, lequel subsiste encore, aussi bien qu'une des pyramides, il n'y a pas longtems qu'on en a ruiné une autre. Il y en avoit de distance en distance, et sur celle qui reste de ce costé la, je vous dirrai qu'elle est dans la paroisse d'Ebéon, dans un bien de campaigne, qui appartenoit à feu M. l'abbé de Nossay, qui m'a dit que feu Monsieur son père, seigneur de la paroisse, avoit permis à un de ses amis d'y chercher, pour tacher de découvrir quelques marques ; qu'il y avoit fait chercher et cela paroist, et qu'il y avoit trouvé quelques médailles, sans m'avoir peu m'en dire autre chose. »

Le mémoire sur Saint-Pierre tiré du Registre de Tabourin est sérieux. Il aurait mérité d'être imprimé, s'il ne l'était déjà sous la fausse attribution au vicaire Doussin (1). C'est une copie de 38 pages, faite sur un papier au filigranne de Rochebrune, et d'une pelle entre deux drapeaux. Deux passages où il est parlé d' « Elie Vinet qui écrivait dans le siècle dernier », ou des désordres « qu'ont causé dans cette province, les guerres de la Religion, dans le siècle passé », nous avaient déjà suggéré l'idée que l'auteur vivait au xviie siècle. Un titre, rédigé par Moreau, contenant une table des chapitres, donne ce mémoire, très bien fait, au chanoine La Jaunie, le même qui fournit aux rédacteurs de la *Gallia*, la liste des doyens de Saintes. Le mémoire est daté de 1699, La Jaunie et Adam sont contemporains. Cette copie est annotée ; un ecclésiastique, un ancien chanoine peut-être, l'a vue après 1805, car il dit que la chapelle de la Visitation sert à remiser les chaises de la fabrique, « depuis que le culte est rétabli. » Il n'est pas très ferré en archéologie, une réflexion le prouve. Il ne s'explique pas comment le clocher ayant été construit par Charlemagne peut avoir « des lettres gothiques qui composent les légendes... elles sont évidemment du xiie siècle... » L'abbé Briand a mis lui aussi une annotation pour dater les papes. L'auteur des notes nous apprend que l'abbé La Jaunie égara le registre de Tabourin et qu'il ne restitua

---

(1) Dans le tome III du *Recueil de la Commission des Arts et Monuments de la Charente-Inférieure*, 1874, Doussin ne se donne pourtant pas comme auteur ; il dit qu'il a copié le mémoire sur un manuscrit en mauvais état. Il ne nomme pas l'auteur.

pas le procès-verbal dressé de l'état des lieux à Saint-Pierre en 1564, après la première occupation par les protestants.

Passons aux œuvres de Moreau. La première est une description de l'église de l'abbaye. En tant que description il n'y a pas trop à reprendre, mais en tant qu'explication des sculptures, c'est lamentable. Livré à lui-même. il divague carrément. Comme il n'a pas dû rédiger sa monographie sans avoir causé avec quelques personnes, il n'est peut-être pas le seul responsable. En tout cas, dans Chaudruc, traitant du roman, on aperçoit un reflet de ce même état d'esprit. Comme lui, il ignore l'Apocalypse et ne voit que des musiciens levant la main dans les Vieillards, et, ailleurs, la lutte du Bien contre le Mal (1).

La façade de l'église Notre-Dame de l'abbaye est, de l'aveu de Moreau, celle qu'il a le plus étudiée et celle qui lui a ouvert l'esprit à l'archéologie (2).

« C'est à l'aspect de l'abbaie de Saintes, dit-il, que j'ai senti naître le désir d'étudier les monumens du moyen âge et parmi ceux sur lesquels j'ai porté mes investigations, il en est peu qui m'aient fourni plus de documens. J'acquis bientôt quelque expérience dans l'art de déterminer les époques de construction par les caractères architectoniques. Mais à combien d'incertitudes n'étais-je pas livré, dans un temps, encore peu reculé (3), où il n'existait aucun livre classique propre à diriger les premiers pas de l'archéologue. C'est au docte Ludovic Vitet et dont les instructions verbales confirmèrent mes timides prévisions que je dus de marcher d'un pas plus ferme dans une carrière où l'érudit et laborieux de Caumont vient de porter son flambeau. »

Moreau, après avoir discuté l'église Saint-Pallais aux treize autels, admet que l'église de l'abbaye était construite quand Guillaume, duc d'Aquitaine, fonda l'abbaye en 1047. « L'étage inférieur pourrait être un fragment de l'église des ducs d'Aquitaine et remonter à la première moitié du XIe siècle et peut-être à la fin du Xe, tandis que la partie supérieure serait du XIe. » Il n'est pour-

---

(1) Voir encore ses suggestions sur les objets que tiennent les personnages représentés sur les tombeaux gallo-romains : *Antiquités*, p. 7.

(2) Ailleurs, il dit que le goût de l'antiquité lui vint, vers dix ans, quand son père l'aidait à marcher sur les colonnes et les frises du temple découvert en 1791 et 1816.

(3) Il écrivait donc en son âge mûr.

tant pas très sûr de ce qu'il dit, car il revient sur ce point. Mais passons de suite à ses explications des sculptures.

Dans les vieillards de l'Apocalypse il ne voit que des musiciens. « Ce peut être un symbole de l'harmonie céleste ou bien l'image physique du ciel (1). » En présence de l'uniformité des claveaux il admet qu'ils étaient exécutés à l'avance par « un sculpteur routinier... » ainsi l'appareilleur qui avait un cintre à construire trouvait dans un magasin les pierres sculptées prêtes à être mises en œuvre. » « Dans la seconde bande se voient des groupes de trois personnes, un juge, un martyr et un bourreau. » Il voit en dessous un Zodiaque (il n'y en a pas !) comprenant « un animal batracien, plusieurs animaux serpentiformes et crocodiformes avec têtes humaines... on remarque quatre bustes d'hommes dont trois portent le collet sacerdotal. Je vois dans ces portraits Pierre, Paul, Laurent et Pancrace, quatre saints auxquels la première église fut dédiée par saint Pallais. » Où Moreau a-t-il pu voir ces animaux, ces quatre saints ? En dessous du massacre des Innocents s'étale une voussure chargée d'oiseaux et une autre avec les quatre symboles des évangélistes dans des rinceaux, puis la main de Dieu et six anges. Ne cherchons pas !

Son explication de l'archivolte de la fausse porte de droite n'est pas moins extraordinaire ! On sait qu'elle représente l'institution de la Cène, terminée par deux figurines nues et d'autres grimaçantes, bordée par des enfants dans un rinceau. « La porte simulée, dit-il, présente deux bandes d'archivolte, avec ornements. Sur la plus élevée est un courant de vigne, dans les entrelacs duquel sont groupées *des nymphes vendangeuses*. Cette représentation, usitée dans les monuments du christianisme, fait allusion à une parabole bien connue. On remarque sur l'autre bande de cette porte plusieurs figures, toutes coordonnées par le même sujet : c'est la régénération de l'âme dégagée de la souillure du péché. Au haut du cintre un prêtre (Jésus !) qui fait baiser son étole au néophite ou pénitent s'appuie sur un poisson (en marge, ce prêtre assis tient un poisson sur ses genoux, c'est le prêtre du Christ) ; on sait que le poisson est un emblème de J.-C. » En réalité, Jésus donne la communion à saint Jean qui ne paraît qu'à mi-corps. Puis Moreau

---

(1) De Caumont dans son *Cours d'Antiquités* (1838), tome III et et IV, p. 185, parle cependant des Vieillards de l'Apocalypse ainsi que dans son *Histoire de l'architecture religieuse*, p. 259. On ne s'explique pas comment Moreau qui a certainement causé avec lui des sculptures de l'abbaye ait autant erré.

ajoute : « Parmi les nombreux personnages qui décorent cette partie d'archivolte il en est dont le visage est calme et régulier ce sont les voisins du prêtre : ils ont reçu la communion ou ils aspirent à la recevoir (ce sont les apôtres !). Les autres ont des physionomies hideuses, ce sont les excommuniés. D'autres, plus éloignés, n'ont presque plus rien d'humains, enfin les derniers sont totalement transformés en bêtes difformes et dégoûtantes. »

Sur les chapiteaux il reconnaît « le mythe sacré du Bon et du Mauvais principe légué par les Perses aux premiers chrétiens qui en ont fait la lutte du Paganisme et du Christianisme. Les groupes d'oiseaux montés sur des quadrupèdes signifient le mythe du Saint-Esprit combattant le démon (1). »

Il confirme qu'avant 1789, il restait des traces d'un cavalier, et il prétend que les protestants rasèrent le comble pour y installer des pièces d'artillerie contre la ville.

Il nous apprend qu'il a découvert le cartulaire en 1834, dans « la poussière d'un galetas voisin du monastère. » Il en parle à propos des peaux de cerfs qui devaient servir à la reliure des livres de l'abbaye, et il note que ce cartulaire n'était pas recouvert en peau de cerf. Il a annoté une copie de ce cartulaire. A propos de la maison de la Monnaie apparaît dans toute son intensité la théorie de la Charente déplacée. « Le pont ne dut être construit qu'au XIVe siècle, la rivière au IIe n'avait pas été détournée, et la branche d'Æmilion existait encore. Le lit actuel était celui d'un faible ruisseau près duquel s'élevait l'arc triomphant des romains... Le pont ne devait avoir qu'une arche et le ruisseau sur lequel il était jetté devait se trouver en deça des murailles actuelles qui n'existaient pas (2). La maison monétaire devait se trouver dans une des rues adjacentes. C'est peut-être pour cette raison que le canton où l'on forgeait la monnaie avait pris le nom de canton des Forges. » Nous avons changé d'opinion sur tout ça !

(1) L'iconographie de cette façade n'a été expliquée définitivement qu'en 1844. Le rapport de M. de Chasteigner a toujours été suivi. Le pauvre Moreau en l'écoutant a dû faire une étrange figure. Mgr Laferrière n'y a rien modifié. Mais, l'un et l'autre ont donné du chapiteau à l'homme à jambe de bois une explication qui trahit l'imagination. D'abord ils n'ont pas vu le pilon de l'un des deux hommes. Ils ont vu deux personnages armés de marteaux paraissant sculpter la pierre. « C'est peut-être, dit M. de Chasteigner, un souvenir de l'artiste... il a voulu se conserver avec son œuvre et se retrouver modestement dans un coin. »

Cet homme à jambe de bois qui est répété au clocher, à Colombier, et dans le Bordelais, n'a pas encore été expliqué.

(2) De Caumont répète — avec un prudent dit-on — que le pont traver-

Le mémoire de Moreau sur Saint Pierre est beaucoup plus sensé. Celui sur Saint Eutrope mériterait d'être imprimé au moins en partie. Il donne une description de la nef (1) complète et blame sévèrement la construction de la façade actuelle. Il a sauvé quelques chapitaux, il a demandé à l'entrepreneur (Prevost) de lui donner les restes du clocher, mais il a essuyé un refus catégorique ; il a eu « la douleur » de voir ces restes brisés en morceaux et jetés dans les murs.

Sans vouloir pousser trop loin l'examen des dossiers de Moreau, je ne résiste pas à la tentation de m'arrêter sur les monographies qu'il a consacrées à Fenioux et à Aunay. Je résumerai au plus vite. « A Fenioux l'église est dirigée, dit-il, du nord au midi, elle a son entrée au midi. Toute la construction principale parait être du XIIe siècle et présente partout le Roman tertaire ; ce petit monument avait fixé mon attention, il y a quatre ans, à cause du Zodiaque... la voûte de la nef surbaissée et lézardée me fit craindre une chute prochaine, et en effet, peu de mois après, nous apprîmes qu'elle était écroulée. Cet accident devait nécessairement entraîner la ruine du mur latéral dont une partie était tombée et c'en était fait de cette église, si elle eut été abandonnée. Je m'employais en ma qualité de conservateur des monumens historiques, pour obtenir quelques fonds du gouvernement. J'eus le bonheur d'être écouté. Une somme de 1200 francs fut accordée à M. Philis, sous-préfet de Saint-Jean-d'Angély, administrateur zélé pour les progrès de l'archéologie (2). La toiture fut remise en état et le mur consolidé. La nef est comme formée de deux étages, à cause d'une vaste tribune qui s'étend du portail jusqu'au tiers environ de l'église. Cette tribune voûtée en ogive est supportée par des pilastres trapus... » Il décrit le clocher, qui avait conservé deux clochetons flanquant la partie cylindrique.

Il décrit longuement le Zodiaque « à la fois astronomique, agricole et chrétien. Il peint le cours du soleil pendant la révolution

---

sait la Seugne et non la Charente. « Ce ne fut que dans le moyen âge, lorsque la Charente eut pris une nouvelle direction et élargi l'ancien lit que l'arc de triomphe se trouva dépassé par les eaux et placé au milieu du fleuve. »
Bulletin monumental 1835, p. 393.

(1) Sa description confirme l'interprétature que de Dupuy et moi avons faite du dessin de Masse.

(2) L'Eglise avait souffert de l'explosion de la poudrerie de Saint-Jean-d'Angély en 1818. C'est en 1835, que cette voûte s'écroula. On la refit en bois. Voyez sur ce point d'histoire locale *le Recueil de la Commission des Arts et Mon de la Charente-inférieure* t. I, p. 75. Discussion sur la réparation à faire à Fenioux en 1861.

annuelle de la terre, les travaux de l'agriculteur selon les changements de saison et les principales époques de la vie spirituelle. » Nous ne le suivrons pas dans ses explications compliquées. Moreau est un symboliste convaincu. Il reconnaît les vertus, parce qu'il a vu Aunay. Cependant il voit « une Sainte Vierge tenant à la main une croix » où nous voyons une Vertu tenant en effet une croix. Quant à la Croix hozannière, il l'a décrite avec soin, mais il ne lui donne d'autre destination que de servir « de phare aux pèlerins qui venaient chercher l'hospitalité dans le monastère (sic). » Un dessin termine l'article.

A Aunay, notre homme patauge jusqu'au genou. Il parle des Kaledons (sic). Il ne croit pas que la tradition populaire qui attribue la construction de l'église à Charlemagne soit exacte. Elle est du XIIe siècle, « mais il existe des constructions antérieures à cette époque ; la masse de l'église est dans le style roman tertiaire, la porte latérale est du roman secondaire, on en peut attribuer la construction à la famille des Kaledons. » De cette façade il fait deux parts : « le premier étage appartient au XIe et le second au XIIe ! ! ! Les personnages vêtus de longues robes, avec des auréoles sur la tête sont probablement des élus, au troisième rang on voit les joueurs d'instrument, simbole de l'harmonie céleste... et ressemblent à ceux de l'abbaie de Saintes. Le quatrième rang, plus curieux, est composé d'une suite de figures bizares et diformes d'hommes et de bêtes. Ces monstruosités, moitié humaines, moitié animales, sont là pour représenter des êtres souillés par le péché. On y distingue un hibou, emblème du solitaire repentant qui dans l'obscurité d'une retraite se livre à la méditation chrétienne... »

Au portail de la façade occidentale, les inscriptions lui font comprendre les sujets, mais les Vierges folles et les Vierges sages sont une énigme qu'il passe sous silence. En revanche, le Christ, qui est en haut de cette voussure, « doit être l'évêque de Saintes ou de Poitiers qui approuve la fondation de l'église ». Dans les bas reliefs des tympans il reconnait bien Saint Pierre crucifié, Marie et Saint Jean sont des anges aux côtés du Christ bénissant. Les chapitaux de la nef ne lui montrent de curieux qu'un « Christophore » personnage enveloppé d'un voile et comme à cheval sur les épaules d'un second, emblème mistérieux du christianisme caché sous des formes payennes et introduit chez les idolâtres à l'aide de faux dieux. » De quoi s'agit-il (1) ? Il ne note ni les éléphants,

(1) Probablement du second chapiteau à gauche en entrant par la grande porte. Un personnage sans tête, accroupi, la tête entre ses pieds.

ni Abel Caïn malgré leurs inscriptions, ni Samson et Dalila. La statue de Saint Pierre en pape « qui était alors reléguée dans un coin de la nef » est, selon lui, celle d'un évêque ou d'un abbé ; « figure qui vient probablement de l'extérieur, est celle de l'évêque qui confirme la fondation de l'église. »

Toutes ces rêveries sentent l'époque où symbolisme était le dernier mot du savoir. L'absence de critique et d'érudition la caractérisent. Dans le genre, Lesson a créé de véritables chefs-d'œuvre. A Echillais, il voit toute une noce sur les modillons : un homme qui à la tête en bas est le futur (fou de joie il plante la porée ! ?) la future est à côté, un homme qui sonne du cor appelle les conviés. « Un prêtre reconnaissable à la calotte qui cache sa tonsure va donner la bénédiction (1) » En fait de style, il voit du carlovingien partout : les Vertus de Fenioux sont armées d'un bouclier carlovingien ! Voici la perle fine : à Pont-Labbé le Christ est crucifié la tête en bas ! ! ! Ce n'est plus du symbolisme !

En 1841, Moreau eut à s'occuper d'une grave affaire qui durait depuis plus d'un an. Le génie militaire voulait opérer des travaux d'aménagement à la caserne. L'église gênait ses projets, son état réclamait de grosses réparations que la Guerre ne se souciait pas d'entreprendre. On ne voyait pas quelle destination lui donner. On parlait sérieusement de la démolir (2). Mais les Beaux-Arts s'y refusaient. L'église était alors dans la dépendance de quatre ministères. Après plusieurs mois d'échanges de rapports, Moreau recevait le 1er décembre 1840 la lettre suivante :

« Monsieur, mon collègue M. le ministre de la Guerre vient de décider que l'affaire de Sainte-Marie-des-Dames serait jugée par une commission composée de quatre membres, délégués chacun par un des ministres que cette question concerne, le ministre de la Guerre, celui des Cultes, celui de l'Instruction publique et celui de l'Intérieur. Je vous ai désigné pour remplir ces fonctions qui consistent à vous entendre avec les représentants des autres ministres pour juger des moyens les plus convenables de concilier la conservation de cet édifice avec les besoins du service public.

Il serait préférable à tout autre parti de rendre l'édifice à sa des-

---

(1) *Fastes* p. 101. Quelle fièvre chaude il devait avoir quand il a trouvé cette noce.

(2) Il résulte sur rapport lu au Conseil Général de notre département (voir plus loin) que l'affaire datait de 1840. En présence du tolle que la décision ministérielle provoqua, la réunion de 1841 a tout l'air de n'avoir d'autre but que de remettre le projet en discussion.

tination première et de le remettre au service du culte. Ce ne serait qu'en cas d'impossibilité absolue que vous pourriez consentir à adopter un des autres moyens proposés. Vous devrez rejeter le transport de la façade comme équivalent à une destruction complète. Il va sans dire que je suis disposé à accorder des fonds sur le crédit des monuments historiques pour y exécuter des réparations urgéntes, lorsque la conservation sera définitivement assurée... »

Moreau avait, en effet, avisé le Ministre de l'Intérieur, dans une lettre dont nous n'avons que le brouillon, non daté, que le ministre de la Guerre devait prochainement faire démolir l'église de l'abbaye.

« Ne pouvant conserver, disait-il, ce monument, que du moins les pierres de la façade soient épargnées, elles pourraient être appareillées de nouveau et être encore utiles. On se félicite d'avoir conservé les matériaux du Château de Gaillon, ils décorent maintenant le palais des Beaux-Arts.

M. le Ministre de la Guerre avait promis d'abandonner à un desservant d'une succursale de Saintes les matériaux de la démolition projetée, afin d'en orner une autre église. Monsieur le Ministre de la Guerre était alors dans la persuasion qu'il s'agissait de restaurer une antique basilique en harmonie par le style architectonique avec cette ornementation. Mais c'est une église entière qu'on se propose de bâtir (1), et non une restauration qu'on veut faire. L'ordre d'architecture qu'on a adopté pour le nouvel édifice ne peut admettre, sans la plus choquante inconvenance, des ornements du XIe siècle, le desservant déclare renoncer à l'emploi des matériaux qui lui avaient été accordés. » Moreau a une idée qui ne vaut pas mieux ! Il demande que la surveillance de la démolition lui soit confiée, que les pierres lui soient livrées, qu'on lui alloue un léger crédit pour payer les frais de transports, (la ville se désintéressant de la chose) et il emploiera ces matériaux à « orner

---

(1) Moreau fait allusion au projet de bâtir une église à Saint-Vivien.

Nos grands-pères voyaient grand ! Les projets sont peu onéreux, ils entretiennent les parlottes des cercles... quand il s'agit de les exécuter, l'enthousiasme tombe à zéro. Moreau ne dit pas ici tout le projet relatif à l'abbaye, mais dans sa *Topographie* il l'énonce : on se proposait de construire une caserne (aménager, je suppose, les bâtiments de l'abbaye ?), de joindre à la place Saint-Pallais la première cour du monastère, de rendre l'église au culte, de démolir l'église Saint-Pallais, de manière à établir une grande place.

Les journaux de Saintes ne disent rien de l'affaire.

l'entrée d'un musée archéologique, dont le besoin se fait sentir depuis longtemps. Le conseil général de la Charente-Inférieure avait, à ma demande, attribué pour un musée, à Saintes, un local qui était la propriété départementale, mais l'administration municipale sollicita la destruction de ce local et l'établissement du musée ne fut pas effectué. Aujourd'hui la ville est en possession de terrains vagues qu'elle se propose de vendre, pourquoi ne réserverait-elle pas une petite portion de ce terrain pour faire un musée. »

Moreau se contentait de peu. Son musée se composait d'un mur, monté avec les débris, « susceptible de recevoir un toit à temps opportun. »

L'intention du génie militaire avait provoqué une grosse émotion en ville et sans doute dans la région. Les pouvoirs publics s'en émurent, et il semble qu'il n'y eut qu'une voix pour critiquer et blâmer les exigences du Ministre de la Guerre (1). Nous pouvons juger de l'intensité de la réprobation générale par le fait vraiment caractéristique que le Conseil Municipal de Saintes était prêt à voter les dépenses qu'aurait entraînées la démolition et la transplantation de la façade au moins ! Ce mode de sauver les monuments était dans l'air, puisque, trois ans plus tard, Mérimée devait déménager l'arc romain et le refaire ? (2)

A la séance du 30 août 1840, le Conseil général eut à émettre son avis sur un vœu du Conseil d'Arrondissement de Saintes. Le rapport expose que : « Malgré les plus vives instances, on n'a pas pu obtenir, jusqu'à ce jour, que l'autorisation d'en enlever les pierres pour les réédifiier ailleurs. Les difficultés, la dépense et même l'insuccès d'une telle opération sont d'une évidence irrécusable, et c'est pour ainsi dire ne rien accorder que de permettre l'enlèvement dont il s'agit. *Cependant la ville de Saintes, si c'était sa dernière ressource* (3), *ne reculerait* pas devant les frais d'une pa-

---

(1) En 1840 est ministre de la guerre, le lieutenant général Desplans Cubières. En 1841, c'est le Duc de Dalmatie. Le directeur du Génie est en ces deux années le colonel Boquet.

(2) Moreau écrit à de Caumont, et, dans sa séance du 2 avril 1840, la société française d'Archéologie discute l'affaire. Elle chargea Moreau et l'abbé Lacurie de « sauver ce morceau superbe. » En juin, au Congrès de la société à Niort, Moreau reparle du projet de démolition. (*Bulletin monumental* 1840, p. 331) ; la reconstruction comme façade d'une autre église fut approuvée.

(3) La municipalité qui manifestait cette rare intention, d'accord, sans doute, avec le Conseil, était composée de J.-B Lemercier, maire, A.-Fr. Laferrière et Emile Giraudiat, adjoints. Dans le Conseil, P.-H. Claviez, Dumontet, Limal,

reille entreprise. Mais nous devons, tout en admirant son zèle, en arrêter les conséquence onéreuses. D'après l'assertion du Conseil d'Arrondissement, il parait démontré que l'on pourrait, à raison de l'étendue de terrain qui avoisine l'église, modifier les plans de la caserne, sans nuire à la nouvelle destination de cet établissement et laisser intacte l'église là où elle est placée. »

Voilà dans quelle disposition d'esprit se réunit, le 23 septembre 1841, la Commission officielle, composée de Moreau, inspecteur des monuments historiques, l'abbé Lacurie, aumônier du collège, Faveuil, capitaine du génie, Segretain, architecte à Niort. Moreau fut chargé de rédiger le rapport. Ce document dont nous avons la minute, contient six pages et demie. On connaît la thèse que Moreau dut soutenir. L'abbé Lacurie lit une lettre de l'évêché, demande la restitution de l'église au culte, en échange, s'il le faut, de l'église Saint-Pallais, « insuffisante aux besoins. » (Déjà ?) D'après le capitaine Faveuil, l'église qui occupe un espace considérable ne peut être affectée au service militaire dans sa forme actuelle, même comme magasin de fourrage. Il croit que la démolition s'impose.

Après un long examen des travaux à exécuter, la Commission conclut que : « le meilleur parti à prendre serait d'isoler l'église, de la restaurer et de la rendre au culte, en remplacement de Saint Pallais, si l'administration de la guerre peut abandonner l'emplacement nécessaire (1) ; que si ce parti ne prévaut pas, il serait convenable de saisir avec empressement, sans perdre un seul jour, et comme une véritable bonne fortune (*Sic* !) de l'occasion prochaine d'une église à Saint-Vivien pour lui donner un plan et des coupes qui la rendissent susceptible de n'être, pour ainsi dire, que la reproduction religieuse de Sainte-Marie avec les matériaux de celle-ci. L'utilisation comme mur de musée ne serait qu'un pis aller. »

En 1841, Moreau avait 60 ans, l'âge n'avait pas mis de sens pratique dans sa cervelle.

La raison prévalut, le Génie renonça à sa folle intention. On attri-

---

H. Savary, juge. Drillon, avocat, Lambert, notaire, Brung, président du tribunal civil, Giraudias, avocat, Bargignac, Gout, L. Dangibeaud, juge.

La réflexion et la forte dépense avaient sans doute refroidi l'indignation et la première ardeur, puisque Moreau dit que la municipalité se désintéressait du sort de l'édifice (1841).

(1) Au rapport est annexé un plan qui montre un partage de la cour à peu près égal à celui qui vient d'être exécuté.

bue cette conversion à l'influence de L. Vitet. On abattit les bâtiments accolés au mur nord de l'église et ceux qui barraient complètement l'accès de la grande cour : une construction avec un escalier de 12 ou 15 marches joignant l'angle ouest de l'église aux bâtiments encore subsistants. Le génie aurait pu concevoir cette possibiliié un peu plus tôt. La nef coupée par un plancher devint magasin d'habillement et logement de la Compagnie hors rang... En 1925, seulement la proposition de l'évêché devait se réaliser ! La guerre de 1914-18 était nécessaire pour sa réussite ! ! !

Ne nous étonnons donc pas trop du dérèglement d'imagination de M. Moreau. Il est de son temps, il subit l'ambiance, il ne sait pas réagir et voir autrement. Cet autodidacte partage ses erreurs avec d'autres hommes plus instruits que lui (1). Nous ne pouvons lui en vouloir de manquer du génie nécessaire à rénoverla science. On peut toutefois s'étonner que la lecture du *Bulletin monumental* et du *Cours d'antiquité* de Caumont, qu'au contact de Vitet, son esprit ne se soit pas ouvert à des conceptions plus judicieuses.

Accordons-lui notre indulgence et rendons hommage aux services qu'il a rendus. Ses manuscrits ne sont pas remplis que de bellevisées, on peut y récolter de bonnes observations, notamment dans sa *Topographie* de Saintes. Mais son album de 121 dessins fera négliger ses défaillances, ses rêveries. Moreau n'est pas un artiste au sens littéral du mot : il n'embellit rien, il dessine correctement, scrupuleusement, il cherche le détail. Il a du moins la qualité de l'exactitude, en quoi il est très supérieur à Lesson à Augüin et autres. Ses dessins inspirent confiance, ce sont des documents évocateurs de premier ordre (2). Exécutés au trait, d'un crayon très fin, sans ombres (sauf un), jamais datés malheureusement, identifiés par un nom, souvent peu lisible, ou pas identifiés du tout, ils nous montrent quelques-uns de nos monuments, aujourd'hui détruits ou bien détériorés, dans un état d'élégance

(1) Moreau écrit dans sa *Topographie* (p. 36), et l'on retrouve dans Chaudruc « qu'au milieu du XIVe siècle, après que le fougueux duc d'Alençon eut renversé le Capitole et démantelé la cité, les murailles de circonvallation furent reconstruites avec les débris des temples et des palais romains. Mais l'étendue de la ville fut encore rétrécie, la ceinture des côtés nord et ouest fut rapprochée de la *Roche de Saintes*, nom que prit le Château bâti sur les ruines du Capitole. » « Le capitole existait dans toute sa splendeur au temps de Charlemagne. Les invasions le respectèrent. » Or nous tenons que les murs de l'hôpital datent du IVe siècle.

(2) Voir les planches des *Antiquités de la ville de Saintes* de Chaudruc de Crazannes.

et de conservation que nous ne soupçonnions pas. Le Château de Crazannes apparaît intact, avec ses hautes fenêtres sculptées, sa toiture, sa terrasse : le propriétaire n'a pas encore rasé la moitié de la façade par mesure d'économie, un peu avant 1830. Le Château d'Ecoyeux, déjà raccourci, nous est montré double de ce que nous le voyons aujourd'hui : un escalier extérieur d'une quinzaine de marches, à double rempant, accédait à un élégant péristyle à trois colonnes. La tour de Ganelon, à Tonnay-Boutonne, avec une silhouette du donjon démoli en 1838, les ruines d'un Château du xve siècle et la porte flanquée de deux tours à Brizambourg revivifient des souvenirs évanouis (1). Le clocher massif des Nouillers écroulé en 1842, pourrait être reconstruit exactement. Une haute tour carrée à Ransannes, la tour de Lisleau, le curieux et rare porche de Champagnoles, une longue galerie, à arcades, à Saujon, une vue de la cour de l'abbaye à Saintes, une vue de l'abside de saint Eutrope, avec vestige du clocher sur le transept, une vue du modeste Saint-Vivien duquel on n'avait aucun souvenir (2), deux vues des futs de colonnes du temple romain en place découvert en 1791, sont autant de renseignements précis — sans compter des détails intéressants — sur notre architecture saintongaise, et qui nous inspirent le regret très vif de ne pas posséder d'autres dessins (3) que nous savons avoir été exécutés.

Le nom de Nicolas Moreau mériterait d'être attaché à quelque nouvelle rue autant que d'autres, ses contemporains ou successeurs.

Ch. Dangibeaud.

---

(1) La liste des destructions entre 1790 et 1840 est longue et lamentable. Nos vénérés grands-pères eurent la rage de la démolition, sous prétexte d'économies. S'ils avaient dépensé en consolidation seulement l'argent que la démolition leur a coûtée, ils nous auraient transmis de très beaux monuments, que nous nous serions empressés de restaurer ou d'enlaidir.

(2) Il existe toutefois un plan qui ferait douter que ce dessin fut Saint-Vivien. Il serait alors la chapelle du Séminaire.

(3) Moreau parle dans ses Mémoires de dessins : Tour de la Nipontière, saint Saloine ; on n'a rien pour la région Pont-Labbé, Pons, Echebrune, il est invraisemblable qu'il n'y soit pas allé. Son album est côté F, ce qui permet d'en admettre de précédents. Il a semé dans ses notes quelques dessins parfois très poussés.

LA CHAIRE DE L'ÉGLISE DE GEMOZAC

Bien qu'elle soit d'origine plus modeste et d'environ deux siècles plus jeune que la chaire illustre de Saint-Jean-d'Angély, dont s'enorgueillit aujourd'hui l'église de Quarré-les-Tombes et dont l'historique a été donné dans la *Revue* XLII, 137-139, d'après le troisième numéro du *Bulletin de la Société d'Archéologie* de la noble cité abbatiale ; bien encore qu'elle ait des états de service moins brillants et soit de facture sans doute moins artistique que sa sœur aînée, la chaire à prêcher de Gemozac, sans avoir droit à la même vénération des fidèles et à la même considération de la part des archéologues, mérite cependant d'arrêter quelques instants l'attention des amis de la sympathique bourgade, fière d'ailleurs de son titre administratif de chef-lieu de canton et de sa dignité ecclésiastique de doyenné, et cela en raison de certaine particularité savoureuse qui a présidé à la genèse de ladite pièce de haute ébénisterie. Elle a certainement quelque droit qu'on s'occupe d'elle, ne serait-ce que pour allonger la notice (1) historique, publiée en 1876 par « un indigène » (P. Jônain) « d'après les mémoires du curé Poüzaux et autres manuscrits » où l'auteur commence par regretter de n'avoir aucune curiosité, « pas la moindre pierre druidique, le moindre dolmen, pas même de ruines du moyen âge », à présenter à ses compatriotes avides de recherches instructives.

L'histoire de la confection du meuble sacré fait partie des souvenirs d'un prêtre distingué, l'abbé Marcellin Moreau (2), l'un des plus anciens professeurs du petit séminaire de Montlieu, consignés dans « la *Chronique de saint Roch* (nom du village où florissait cet établissement diocésain) dont je dois la communication à M. le Docteur Charles Vigen, mon condisciple et ami.

Il convient de rappeler ici qu'il y avait à Montlieu, à l'époque

(1) Chez Lemarié, éditeur à Saint-Jean-d'Angély, MDCCCLXXVI.

(2) Marcellin Moreau, chanoine honoraire, né à Pons en 1816, professeur à Montlieu de 1837 à 1885, décédé à Saint-Fort-sur-Gironde le 30 octobre 1888. « La *Chronique* de Montlieu a été rédigée par M. l'abbé Moreau ; c'est un vrai trésor de renseignements de toute sorte et des plus précieux, lisons-nous dans un travail (en note) signé A. L. (Armand de Laage, supérieur 1891-1901) sur les origines du petit séminaire, *Annuaire de l'Association Amicale des anciens élèves de Montlieu*, année 1894. La Chronique a été reprise et continuée rétrospectivement depuis janvier 1871 jusqu'à février 1882 (mort de l'abbé Richard, hydrogéologue) par M. l'abbé de Laage lui-même, sous le titre de *Nouvelle Chronique de Montlieu*.

relativement reculée où il nous faut remonter, un petit bout d'homme nommé Métayer, excellent maître charpentier, menuisier, ébéniste même, qui cumulait, comme cela se rencontrait alors fréquemment dans les petits centres de population, avec un certain talent incontestable, l'exercice de ces diverses professions très apparentées d'ailleurs ensemble. Il se targuait orgueilleusement de son titre de compagnon, sous le beau surnom de *l'Enfant du Génie*, par lequel on le désignait habituellement ; avec cela très prétentieux sous divers rapports, mais particulièrement dans le choix des expressions grandiloquentes dont il émaillait sa conversation, surtout quand il avait affaire à des personnes d'un rang supérieur.

C'est ainsi qu'au temps où l'économe de la maison, dit procureur, l'abbé Sellier (1), lui aussi un des plus anciens auxiliaires du supérieur, l'abbé Rainguet (2), faisait extraire des carreaux de pierre de taille dans une carrière pratiquée à ciel ouvert, au pied du coteau où s'étendait le jardin, en vue de l'édification de la troisième aile du séminaire, vers 1867, notre artiste le rencontrant aux abords du chantier ne put s'empêcher de lui adresser la parole en ces termes obscurément recherchés : « Voyez, Monsieur le Procureur, comme ces lieux sont pittoresques maintenant avec tous ces *sinistres*. » Le bon abbé Sellier, en relatant cet entretien, nous avoua qu'il avait été fort embarrassé pour dégager de cette expression une signification exactement conforme à celle que son interlocuteur avait prétendu lui attribuer. Son esprit flotta un moment entre *accident* et *sinuosité*. Cependant, comme l'emplacement de la carrière constituait un bassin composé de trois côtés en lignes droites et d'un quatrième courant en ligne sinueuse le long du pied du coteau, bassin où s'écoulait l'eau d'une source (3) qui jaillissait, à quelques pas, du flanc du rocher,

---

(1) Jean-Baptiste Sellier, né à Marennes en 1823, disciple de l'abbé Rémy Raoul, élève de Pons, professeur à Montlieu de 1844 à 1881. A la fois vicaire de Saint-Louis de Rochefort, auprès de son ancien maître, et aumônier des Orphelins de la Marine, décédé le 10 février 1893.

(2) Antoine-Augustin Rainguet, né à Saint-Fort-sur-Gironde, le 16 avril 1809, élève du petit séminaire de Saint-Jean-d'Angély, du grand séminaire de Bordeaux, professeur au petit séminaire de Pons, supérieur du petit séminaire de Montlieu de 1837 à 1844 et de 1847 à 1871, vicaire général honoraire, chanoine honoraire, chanoine titulaire (doyen du chapitre en 1877), décédé à Saint-Fort le 24 décembre 1882.

(3) Cette source acquit une petite renommée par la mention qu'en fit Mgr Landriot, évêque de La Rochelle et Saintes, dans l'une de ses conférences

l'interpellé reconnaissant à la réflexion que le mot *accident* s'appliquait plus proprement aux surfaces, inclina pour *sinuosité*, en raison de l'identité de la première syllabe de ce mot avec celle du mot qui avait été prononcé par l'Enfant du Génie, ce qui semblait offrir le sens le plus acceptable.

Je demande pardon au lecteur de cette longue digression qui m'a parue nécessaire pour fixer tout d'abord le caractère du principal personnage qui va figurer dans la brève éphéméride dont je sollicite la permission de citer fidèlement le texte même, emprunté au précieux document précité :

« Août 1849 — 10 — vendredi. — M. Méchain, curé de Gemozac, est venu voir la chaire que lui construit l'Enfant du Génie, notre Métayer, sous la direction de M. le Supérieur (A. Rainguet).

« Décembre, 14 — vendredi. — M. Méchain, curé de Gemozac, est venu nous voir, espérant emmener avec lui la chaire de son église, confiée au travail lent de notre Métayer. L'Enfant du Génie a bien déjà gravé ce glorieux surnom sur son œuvre, comme l'écolier le sien (1) en tête d'une copie blanche ; mais la besogne n'en est pas plus avancée pour cela. Il lui faut, en outre, refaire des parties de son travail gâtées par sa manie de renchérir sur les plans de M. le Supérieur ! (ces quatre derniers mots sont rayés) dont il altère l'élégante simplicité. »

Là s'arrête la partie du texte que j'ai sous les yeux. Mais le travail si lentement exécuté finit d'ailleurs par être achevé et livré, car, me trouvant moi-même, il y a quelques années, de passage à Gemozac, et ayant de courts instants à disposer, je suis entré à l'église, et, après avoir salué le Maître de la maison, je pus identifier l'objet que j'y cherchais, en déchiffrant sur une bande plate ménagée extérieurement en saillie, comme une ceinture, autour de la chaire de Vérité, le glorieux *châfre* d'Enfant du Génie, gravé en longs caractères majuscules d'écriture, si jalousement mis en vedette par son ineffable constructeur, pour assurer la pérennité de son auguste renommée *per sæcula sæculorum*. Il est regrettable

---

aux Dames du monde, parues sous le titre de la *La Femme forte*, et aussi par la part qui lui revient dans les observations qui servirent aux découvertes hydroscopiques du célèbre abbé Richard, conformément à la légende accréditée par lui-même, suivant son biographe, notre confrère, M. le Docteur Charles Vigen. Cf. *Revue* XXVI, p. 18 (en note). — Pierre-Théophile Richard, né à Tesson le 2 février 1822, professeur à Montlieu de 1852 à 1861, décédé à Monza, près Milan, le 12 février 1882.

(1) Lisez : comme l'écolier qui inscrit son nom, etc.

au surplus, que cet oiseau rare ne figure pas aujourd'hui, faute sans doute d'un plumage approprié, dans la riche collection ornithologique de mon condisciple et ami, M. le Doyen Eugène Robin, parmi les remarquables échantillons de sujets empaillés qui font les délices de leur propriétaire devenu par les attributions de sa charge le gardien de l'élégante tribune sacrée conçue par notre vénéré ancien supérieur, à l'usage d'un de ses éminents prédécesseurs, et le conservateur, à son insu peut-être, de la mirifique *étiquette* qui en fait l'ornement. MARCEL PELLISSON.

MONNAIES DE CONFIANCE

La Rochelle, 19 août 1927.

Monsieur,

J'ai lu avec grand plaisir votre étude sur « LA MONNAIE FIDUCIAIRE EN CHARENTE-INFÉRIEURE (1792-1924) parue dans le dernier numéro de notre *Revue*. Permettez-moi d'y apporter ma modeste contribution : c'est avec des petits éléments patiemment amassés que s'édifient les inventaires tels que l'intéressant travail que vous venez de publier.

Dans votre série révolutionnaire, vous citez : page 185, un petit carton émis par le Conseil général de la commune de La Rochelle « *Bon pour quatre sous payables en assignats.* » Nous avons dans nos cartons un bon de la même série, d'une valeur de sept sous. La disposition typographique en est la même : à droite un mot en caractères hébraïques, à gauche un mot en caractères grecs. Les dimensions sont 55 millimètres sur 43. Le tout dans un encadrement composé de trois motifs (1). Au verso (2) le timbre sec que vous décrivez.

Devançant la Chambre de Commerce de 1915, celle du XVIIIe siècle émit, elle aussi, des coupures. Nous en possédons une imprimée en noir sur carton rouge brique dont la disposition est la suivante :

---

(1) Les dimensions de notre exemplaire sont inférieures à celles de celui que vous décrivez : cela tient à ce que l'encadrement du nôtre est rogné.

(2) D'après votre description le timbre sec semble être estampé au recto. C'est le verso qui est marqué à sec dans notre specimen. Est-ce une variante ?

CHAMBRE DE COMMERCE
DE LA ROCHELLE 20 S
Bon pour VINGT SOUS, *payable*
en Assignals

le tout dans un encadrement qui mesure 62 millimètres sur 44. Deux signatures manuscrites : à gauche *Goguet*, à droite *illisible*.

Le verso est estampé d'un timbre sec représentant un navire sans voiles, sans légende. Exergue : *Hôtel de Ville de La Rochelle*, en deux lignes. Il est curieux de voir une vignette de l'Hôtel de Ville sur un bon émis par la Chambre de Commerce (1).

Le même timbre sec est aussi estampé au revers d'un autre bon émis par la Chambre de Commerce, à la même époque, et reproduit par M. Couneau dans son ouvrage *La Rochelle Disparue*, et par M. Ch. Roy (2). Cette pièce, qui est aussi dans notre collection, a déjà été reproduite deux fois : nous nous dispenserons de la décrire.

Parmi les villes charentaises qui, à la Révolution, ont fait des émissions de papier-monnaie, vous citez Saintes et Saint-Martin-de-Ré. Permettez-moi de vous signaler, dans notre collection, un bon émis par le Conseil général de la Commune de Saint-Pierre d'Oléron. En voici la disposition.

Dans un encadrement mesurant 74 millimètres sur 44 :

CONSEIL G[al] DE LA COMMUNE
DE SAINT-PIERRE, ISLE D'OLÉRON.
Billet de confiance de Dix sous
Bon pour DIX *sous*
payable en Assignats de Cinq livres
BOUHONS (*sign. ms.*) DESMORTIERS (*sign. ms.*)

Nous ne pouvons malheureusement pas en décrire le verso, notre pièce, déchirée, a été mal remontée. Dr R. BOURRIAU.

RÉFLEXIONS D'UN CONFRÈRE SUR LA CHARENTE MARITIME. — En relisant dans la dernière livraison de la *Revue*, les réflexions sur la conférence de M. Métadier faite le 28 janvier par T. S. F. à la tri-

(1) Le dessin de cette vignette est d'ailleurs le même que celui de l'envers du jeton d'un usage inconnu, dont le coin est à la Chambre de Commerce de La Rochelle. Voir CHARLES ROY, *La Rochelle, ses jetons, ses médailles*. La Rochelle, Impr. Noël Texier, 1916, in-8, 33 p., p. 11.

(2) *Loc. cit.*, p. 12.

bune du Radio-Œuvre, sur son entreprise de substituer le nom de Charente-Maritime à celui de Charente-Inférieure, dont un des principaux avantages serait de relever le prestige des eaux-de-vie de ce département, je ne puis m'empêcher de songer que c'est précisément la partie maritime de ce département, La Rochelle, les Iles, etc., qui fournissent les produits les moins prisés, et que certains crûs renommés notamment dans les régions d'Archiac, Jonzac, Pons, etc., n'auraient qu'à perdre au contraire dans l'estime de la clientèle étrangère à se trouver englobés dans l'appellation de maritime non moins malsonnante en tout cas à leur égard, par assimilation, que celle d'inférieur.

AVIS ET NOUVELLES

Admissions :

M. Chenereau, Paris.

M. Triou Jean, à Thérac (Les Gonds).

M. l'abbé François Ducoux, curé-doyen de Saint-Hilaire-de-Villefranche.

M. du Pavillon, Paris.

M. le docteur Torlais, La Rochelle.

Les volumes d'archives ou Revue, *en nombre*, sont majorés de 20 pour cent, ceux en petit nombre de 40 pour cent. Le cartulaire de Saint-Jean n'est plus disponible que complet en deux volumes.

Une dizaine de nos confrères n'ont pas encore acquitté leur cotisation de 1927, nous les prions instamment *de le faire de suite* en *envoyant celle de 1928.*

Ci-inclus un mandat chèque.

Les tables du tome XLII paraîtront en juillet seulement.

Le ministre de l'Intérieur a adressé aux préfets une circulaire relative aux fondations pieuses. Le Conseil d'Etat consulté a émis l'avis « que les établissements publics attributaires de biens provenant d'anciens établissements publics du culte, s'ils sont dispensés de toute obligation quant à l'exécution des charges pieuses attenantes à ces biens, conservent cependant, s'ils le jugent à propos, la faculté de faire exécuter les dites charges dans des conditions déterminées, c'est-à-dire qu'ils pourraient confier à un organe régulièrement qualifié à cet effet, tel qu'une Association cultuelle diocésaine, le soin d'assurer, en tout ou en partie, l'exécution de semblables charges, sur la base des tarifs indiqués dans les actes de fondations ou, à défaut, sur la base des tarifs en vigueur au 9 décembre 1905.

Cet été 1927, il n'a été fait en Charente-Inférieure que 50 tonnes de sel, un peu moins du tiers de la production totale de quatre départements. La Vendée n'a eu que 20 tonnes.

Le 10 décembre 1927, le Conseil général a autorisé les travaux de démolition à l'hospice des vieillards de Montlieu.

COMPTE RENDU FINANCIER DU 31 DÉCEMBRE 1927

Actif.

En caisse au 1er janvier 1927	54 80
Compte chèques	322 06
En banque	219 94
	596 80
Cotisation	525 00
Vente de bulletin	7 00
Vente de volumes	277 00
Virement par chèques postaux	1.977 93
Retiré du Crédit Lyonnais	300 00
Divers	181 45
	3.865 18

Passif.

Facture de l'imprimerie Pacteau	300 00
Prime d'assurances	47 75
Affranchissement	131 95
Fournitures du Bureau	80 25
Paiement de factures Pacteau (Revue)	1.977 93
Divers	26 00
En caisse — En numéraire	578 25
En caisse — Compte chèques	193 43
En caisse — Compte banque	529 62
	3.865 18

Saintes, le 18 janvier 1928.

Le Trésosier,
E. TEXIER.

Une légende joyeuse. — Tout le monde est au courant de la grande querelle de Glozel qui fait plus de bruit que jamais. La discussion vive sur l'authenticité des alphabets, des gravures, des os travaillés, troubla la sérénité de l'Institut. Dans le but de mettre la paix et d'en finir avec les opinions opposées, une commission officielle composée de savants notoires en préhistoire fut nommée. Elle rendit un arrêt qui plongea les défenseurs de l'authenticité, surpris et dépités, dans une grande colère, tandis que leurs adversaires triomphaient. Du coup la réserve que chacun, dans le public, s'était imposée jusqu'alors, fut rompue et la controverse s'anima et s'envenima. La Presse ne tarit pas d'articles quotidiens, d'interviews plus ou moins autorisés ; ses reporters furent même envoyés sur place faire leur petite enquête et découverte, sans que l'authenticité y gagnât beaucoup de partisans nouveaux. La décision de la commission enhardit les détracteurs et les Fradin, *proprio motu* ou non, auraient pris la grave détermination de saisir la Justice et d'essayer de se faire octroyer par elle un diplôme d'honnêteté. Autrement dit des juristes devront déclarer que les sigles glozeliens sont néolithiques, non du IIIe siècle ou du XXe et que le fameux renne est un renne de 3.000 ans et non de 19... Là où des épigraphistes compétents et des archéologues, habiles à démasquer les truquages, ne réussissent pas à se mettre d'accord, ils devront prendre parti ! Si les Fradin ont en main la preuve indéniable que les accusations dont on les accable sont fausses, pourquoi ne la portent-ils pas au premier journal venu qui accepterait l'aubaine avec reconnaissance ?

En attendant, voici un épisode que nous, Saintongeais, nous ne pouvons ignorer : il ne manque ni d'imprévu ni de drolatique.

A Lyon, un certain Claude Fradin, âgé de 50 ans, petit cousin des Fradin, propriétaires du terrain de Glozel, qui a passé sa jeunesse à Ferrière-sur-Sichon, aujourd'hui employé obscur à la Compagnie du Gaz, donne une explication des inscriptions trouvées (on sait qu'elles ont une importance capitale) inattendue et simpliste. Cet homme a le « grand vice » (le mot est de sa femme) d'employer ses loisirs à lire des livres d'histoire. Il a raconté à M. Jean Pages, qui publie sa conversation dans le *Petit Parisien* du 3 janvier, que du XVIe à la fin du XVIIIe siècle, dans le vallon de Glozel, fonctionna une tuilerie. La main-d'œuvre était fournie en grande partie par des ouvriers venus du *Poitou et surtout d'Aunis et de Saintonge*. Ils arrivaient le lundi de Pâques, travaillaient tout l'été...et quand la bise fut venue ils retournaient chez eux. Pas tous, car un Fradin, apparenté à Jean (*erreur de prénom !*) Fradin, maire de Saint-Jean-d'Angély, s'établit dans la région.

Quant aux briques cuites ou crues sur lesquelles on lit des caractères inconnus, réputés néolithiques par certains savants, ce sont des sigles mnémotechniques, tracés par une main inexpérimentée d'un contremaître, presque illettré, notant des commandes à lui faites ! D'ailleurs, lui, Claude Frapin, lit sans hésiter *Glozet 1720* sur une brique ! Si non e vero... mais où cet homme a-t-il pris tout ça ? Serait-il un pince-sans-rire !

Un centenaire : L'*Echo Rochelais* entre dans sa centième année.

L'*Illustration* du 14 janvier 1928 contient la reproduction en couleurs du tableau d'Albert Lebourg, le *port de la Rochelle.*

Le monument à la mémoire de Mgr Eyssautier, dans la cathédrale de La Rochelle, a été inauguré le 20 octobre 1927.

C'est Mgr du Vauroux, évêque d'Agen, qui prononça le panégyrique.

Le *Bulletin religieux* du 29 octobre a publié son discours.

Le *triduum* solennel en l'honneur de Mgr de La Rochefoucauld, évêque de Saintes, massacré aux Carmes, à Paris, le 2 septembre 1792, béatifié à Saint-Pierre de Rome le 17 octobre 1926, a été célébré en grande pompe à Saint-Pierre de Saintes. Mgr Curien présida les cérémonies assisté de NN. SS. Du Vauroux, Légasse, évêque de Périgueux, Arlet, évêque d'Angoulême, Garnier, évêque de Luçon, Duparc, évêque de Quimper. Mgr Du Vauroux célébra les vertus du Bienheureux et Mgr Baudrillard, le dimanche, tint sous le charme d'une parole captivante une foule dense et émerveillée.

Le *Bulletin religieux* a publié le Panégyrique.

NOTES D'ÉTAT-CIVIL

Décès

Le 27 septembre 1927, est décédé au Plessis, commune d'Allonne, dans les Deux-Sèvres, le lieutenant-colonel en retraite Frédéric Regelsperger, qui a été un brave et excellent officier, et qui, par ses diverses branches de famille, se rattachait à toute notre région de l'ouest.

Né à Rochefort-sur-Mer le 30 juin 1866, *Frédéric*-Joseph-Jules Regelsperger fut reçu à l'Ecole de Saint-Cyr en 1887 et toute sa carrière militaire fut suivie dans l'infanterie. Lieutenant à Brest au 19e régiment d'infanterie, puis capitaine à Tours au 32e, c'est avec ce grade, au 232e, qu'il a commencé la guerre de 1914.

Il a pris part aussitôt à une suite de fortes opérations. Le 14 novembre 1914, il a conduit sa compagnie sous un feu des plus meurtriers à l'assaut des tranchées allemandes et, n'ayant pu y prendre pied, il a su, tous les officiers supérieurs ayant été tués ou blessés, maintenir la ligne de combat, étant prêt à arrêter toute contre-offensive ennemie. Décoré de la Légion d'honneur et cité à l'ordre du jour, il fut promu chef de bataillon le 6 décembre.

Continuant toute la campagne, Frédéric Regelsperger se trouvait adjoint au chef de corps, au 149e, quand, lors des attaques allemandes sur l'Aisne en mai 1918, il fut sérieusement blessé au bras et à la main. Promu lieutenant-colonel par un décret du 6 juillet 1918, il reçut une brillante citation à l'ordre de l'armée où tous ses mérites sont mis justement en relief : « Officier supérieur d'une haute valeur morale, dont le courage, le sang-froid et l'allant ne se démentent jamais. D'une activité toujours en éveil, il n'a cessé au cours des combats des... (1) de seconder utilement le chef de corps. Glorieusement blessé à son poste de combat (2). » En 1920, il fut élevé au grade d'officier de la Légion d'honneur (3), conformément à la loi du 15 juin 1920 en vertu de laquelle une promotion spéciale avait été instituée au titre des services de guerre.

Après la guerre, il fut affecté à divers services, puis il fut rattaché à l'Etat-major du 3e corps d'armée à Rouen. Il s'occupa beaucoup de questions de gymnastique et d'escrime, et il écrivit un certain nombre d'articles dans une publication de Rouen, *L'escrime et le tir* (4). Chef du service régional d'instruction physique à Rouen, il avait été nommé, en janvier 1922, officier d'Académie. Nous rappelons aussi qu'en 1899, à Brest, il avait reçu un témoignage de satisfaction du Ministre pour la recherche de documents historiques intéressant en Bretagne la période de la Révolution. Il a été appelé à prendre sa retraite en 1924.

Frédéric Regelsperger avait épousé, à Bressuire, le 12 octobre 1897, *Marguerite*-Catherine Bernard, née à Bressuire le 4 mai 1875,

---

(1) Combats des 28 et 29 mai 1918.

(2) *Journal Officiel*, 14 juillet 1918, p. 6091.

(3) *Journal Officiel*, 11 juillet 1920, p. 9765.

(4) Le numéro de juin 1921 porte son portrait joint à un de ses articles.

fille de M. Bathilde Bernard qui a été maire de Bressuire de 1871 à 1873 et de 1876 à 1898, et de *Berthe*-Augustine Jouffrault.

De son mariage étaient nés trois fils :

1° Yves, né à Brest, le 13 juillet 1898, docteur en droit, aujourd'hui adjoint à l'inspection de la Banque de France, qui fut pendant la guerre sous-lieutenant au 109e régiment d'artillerie, se montra très brave et reçut une très brillante citation pour l'énergie et le dévouement qu'il avait eus le 16 août 1917. Il a épousé, à Vichy, le 23 septembre 1919, Mlle Germaine Déléage, fille du Dr Déléage, médecin à Vichy. Trois enfants.

2° *Jacques*-Louis, né à Brest le 30 septembre 1899, ingénieur des Travaux Publics, mort malheureusement à Grenoble, le 29 janvier 1927, des suites d'une grave blessure que lui amena, à son poste de travail, l'explosion d'une mine. Il avait épousé, à Poitiers, Mlle Françoise Hambis. Sans enfants.

3° Claude, né à Brest le 23 février 1901, ingénieur des Travaux Publics, qui a épousé à Chavagnes-les-Redoux (Vendée), le 24 août 1926, Mlle Georgette Berjonneau. Elle est décédée à Paris le 31 décembre 1927. Sans enfants.

Le père de Frédéric Regelsperger, Joseph *Jules*, né le 24 juin 1814, à Chaudesaigues (Cantal), appartenait à une famille se rattachant beaucoup à La Rochelle. Jules Regelsperger, ainsi que son père, *Frédéric*-Mathieu-Pierre, avait fait toute sa carrière dans l'administration des Contributions Indirectes. La plus grande partie s'était écoulée dans la Charente-Inférieure. Il avait été contrôleur à Rochefort de 1854 à 1856, inspecteur à Saintes en 1863, puis inspecteur et sous-directeur à Rochefort de 1863 à 1874. Sa carrière s'acheva comme directeur à Guéret, puis à Niort. Il est décédé à Royan le 28 août 1885.

La mère de Frédéric Regelsperger était *Anna*-Eugénie Maisonneuve, née à Rochefort le 19 février 1829, que Jules Regelsperger avait épousée à Rochefort le 18 juin 1855 et qui est décédée à Guéret le 7 janvier 1875. Elle appartenait à une famille très connue à Rochefort (1), et Frédéric Regelsperger se trouvait avoir dans cette ville et dans la région de nombreux liens de parenté.

Frère du regretté disparu, Auguste-Camille-*Gustave* Regelsper-

---

(1) Nous avons eu diverses occasions d'en parler dans la *Revue*. Voir notamment : *Le commandant E. Maisonneuve* (novembre 1895, p. 416-421) ; *Marie-Camille-Hortense Maisonneuve* (mai 1896, p. 175-179).

ger, né à Rochefort le 31 juillet 1856, docteur en droit, qui avait eu à guider dans sa jeunesse ce frère moins âgé, privé de ses parents, avait pour lui un attachement presque paternel et, partageant le grand chagrin de tout son groupe familial, il avait tenu à mettre ici en relief tous les hauts mérites de sa carrière et de sa vie.

GUSTAVE REGELSPERGER.

Le 28 septembre 1927, ont eu lieu à Blanzac-lès-Matha, les obsèques de Mme de Fleuriau, femme du docteur de Fleuriau, de Soubise, fille de M. de Grieu.

Octobre (premiers jours) 1927. Décès de M. F. Barbedette, vice-président de la Fédération des S. I. d'Algérie, fils de M. Barbedette, ancien député.

Le 31 octobre 1927, est décédé, à Jonzac, M. l'abbé Camille Fouché. Des obsèques imposantes, présidées par Mgr Curien, lui ont été faites le 4 novembre.

M. l'abbé Camille Fouché, chanoine honoraire, curé archiprêtre de Jonzac, né à Taillebourg le 12 juin 1855, était un prêtre éminent, à l'intelligence cultivée. Son histoire de la collégiale de Taillebourg, celle des seigneurs de Taillebourg, celle de la collégiale de Jonzac le prouvent abondamment. Il avait entrepris de faire canoniser saint Anthème. Il composa, à l'avance, l'office liturgique du futur saint.

Il avait été curé de Crazannes, Fontenet, Gemozac. « C'était un prêtre de l'ancien temps. Il en avait l'esprit, l'urbanité, la distinction, le tact, la grâce et la noblesse. Il n'était déplacé dans aucun monde, car, partout, il inspirait le respect. »

Cf. *Bulletin religieux* du 26 novembre 1927.

Il a donné à la Bibliothèque de Saintes les cinq volumes de *Les La Tremoille pendant cinq siècles*.

Le 4 novembre, à La Rochelle, est décédé le docteur Jules Guillemin, chevalier de la Légion d'Honneur, directeur du Bureau d'Hygiène de La Rochelle, âgé de 60 ans. Inhumation à Rochefort.

Le 1er ou 2 novembre, à La Rochelle, est décédé M. Marc Brault de Bournonville, âgé de 77 ans, ancien aide-major, époux de N. Perraud de La Garlière.

Le 25 novembre 1927, à Chatelaillon, est décédée Mme Georges Barraud, née Constant, femme de notre confrère le docteur Barraud,

âgée de 31 ans. L'inhumation a eu lieu à Saujon. Elle laisse une fille, Mlle Françoise, et un fils, M. Jean Barraud.

M. Ch. Lecrivain retrace dans le *Bulletin de la Société archéologique du midi de la France*, n° 47 (1921-1925), la vie de M. Ernest Mérimée, décédé à Madrid le 14 janvier 1924, professeur au Lycée de Toulouse, directeur du *Bulletin hispanique*, fils de Césaire Ernest, médecin militaire qui habita La Rochelle et l'île d'Oleron.

M. Georges Pierrefotte donne une notice sur M. Emmanuel Delorme (1846-1925) qui, entre autres travaux de numismatique, a écrit sur les mereaux protestants poitevins et saintongeais.

Le 18 novembre 1927, est décédé, asphyxié par les émanations d'un poêle, le docteur Faneuil, âgé de 80 ans, maire de Saujon depuis 28 ans.

Le 7 janvier 1928, à Saintes, est décédée Mme Moinet, née Anna Lortie, veuve du docteur J.-Ch. Moinet, sénateur de la Charente-Inférieure, âgée de 77 ans, mère de Mme H. Moinet, directrice de l'Institution Magestel.

Mariage

Le 27 décembre 1927, à Saintes, a été béni le mariage de M. Jean Gautret (de Jonzac), avec Mlle Simone Auger, fille de M. et de Mme Paul Auger.

Le 11 janvier 1928, à Paris, a été célébré le mariage de Mlle Fernande Chapsal, fille de M. Chapsal, sénateur, avec M. François André Hesse, fils du député.

LIVRES ET REVUES

Archives historiques du Poitou, tome 41. *Recueils des documents concernant le Poitou* contenus *dans les Registres de la Chancellerie de France* (c'est une suite) : p. 95 une octroyée à Colas de Maulévrier, prévôt de Poitiers, commis à la garde du château d'Aunay (1476 26 août) accompagnée de plusieurs notes importantes, relatant des documents des archives nationales (Louis, Poitevin, curé d'Aunay) ; p. 238, autres notes sur Gaston du Lyon, sénéchal de Saintonge (1461, 12 août) ; p. 359, mention des Lettres patentes portant union des seigneuries de l'île de Ré et de Marans au comté de Benon sous un seul hommage au lieu de trois (1480 septembre) ; Lettres patentes portant confirmation de François de la Rochefoucauld dans la possession de la seigneurie de Montandre qui lui venait de sa mère, Marguerite de la Roche (1480 octobre) ; p. 491. Don de la terrede Nieul en Aunis à l'abbaye de Notre-Dame de Valence en compensation des arrérages qui lui étaient dus d'une rente annuelle de cent soixante livres tournois sur le domaine de la ville de la Rochelle et du pays d'Aunis. (1482, janvier) ; p. 607. Remisson à Jean Jeudy, boucher de La Rochelle pour vol. (1483 mai.)

Le tome 43 est tout entier consacré à une très importante nomenclature des *Artistes* (et artisans) *du Poitou*, jusqu'au XIXe siècle, par M. Rambaud.

Nous y relevons, p. 70, une nouvelle lecture d'un nom Saintongeais : Audebert *Erard*, sculpteur à Saint-Jean-d'Angély, au XIIe siècle, auteur des statues trouvées dans l'église de Chalais (Vendée), et, p. 101, Audebert Gérard, architecte et sculpteur, dont le nom figure sur son bas-relief *dans* l'église de *Fouassant*. L'auteur renvoie au volume du *Congrès archéologique* de Fontenay-le-Comte (1864) p. 118, où on lit qu'*Eraudus* Audebert aurait construit l'église d'Esnandes (note de l'abbé Cholet) et la *Revue du Bas Poitou* (*1890*). Cf. aussi *Mémoires de la société des antiquaires de l'ouest* t. XXVIII, p. 214.

En réalité, il s'agit de la Crucifixion du portail de Foussais, signée [Ge]raudus ou [Be]raudus Audebertus, ou peut-être [He] raudus, les deux premières lettres du prénom étant absentes.

Bulletin de la Société de l'Histoire du Protestantisme français 1926 et janvier 1927. Lettres de Jeanne d'Albret annotées et publiées par M. H. Aubert de La Rue. Elles proviennent des Archives nationales série K carton 100. Janvier, avril, mai 1571, elles sont datées de La Rochelle. Note biographique sur Nicolas de Grouchy qui avait accepté d'enseigner la philosophie en 1571, au collège nouvellement fondé à La Rochelle par les protestants, mais il contracta la fièvre en venant en plein hiver à La Rochelle au début de janvier 1572, et mourut peu de jours après son arrivée. La reine lui adresse une lettre datée de La Jarrie le 2 ou 3 août 1571. Elle lui vante « le pays fort sain pour gens de vostre aage. »

Le Protestantisme à La Tremblade principalement de 1750 à 1825 d'après des documents inédits. Ce sont des registres d'état civil. Les noms des pasteurs sont annotés. M. Jacques Marty ne donne que les dates extrêmes de deux registres, reproduit 4 abjurations, le procès verbal de la bénédiction de l'église d'Arvert le 6 août 1684, et les noms des anciens de La Tremblade depuis 1763.

Les protestants de la presqu'île d'Arvert se sont servis, en pleine période du désert, de granges, pourvues de bancs et d'une chaire. La première aménagée, en 1755, fut celle de Breuillet. Avalon, Royan (au hameau du Maine-Geoffroy) Paterre, Cozes, Gemozac, suivirent l'exemple. La Tremblade en 1757, rue des Sables. En 1768 les maisons d'oraison de Cozes et Gemozac étaient démolies, ainsi que celles du Pouyau en Médis, Didonne et Meschers. Celle de La Trèmblade subsista jusqu'en 1823, date de l'inauguration du temple actuel. Paterre fut desservi jusqu'au milieu du XIXe siècle. Un plan dressé en 1786 appartient à M. Vaurigaud, à Chaillevette.

Détails sur les communions : 294 entre 1774 et 1786 (50 aujourd'hui), une miche de pain de 6 livres et 4 ou 3 bouteilles de vin suffisaient. M. Delongueville s'était donné la peine de numéroter 250 jetons au burin, parce qu'on en rendait peu ou on les perdait.

N° d'avril-juin. — *Réfugiés à Genève* Remi Chabot de La Rochelle (19 oct. 1713), Pierre de Rogis, de Saint-Jean-d'Angély (28 mai 1711) ; Joseph Ferrand de Jarney (*sic*) en Saintonge (18 sept. 1710) ; Jean Fleuri, de Saintonge (13 déc. 1710) ; Madeleine Guillot, de La Rochelle (13 sept. 1710) ; Elisée Paillet, de Marenne (15 sept. 1712) ; Pierre Vaurigaud, de Pons en Saintonge (6 avril 1713).

Janvier 1927. — Parmi les *prosélytes et réfugiés* à Genève à partir de 1704 (voir 1914, 1915, 1916) Jean Gaurin, de Montignac, en Angoumois, ci-devant hermite de l'ordre de saint François, sans avoir prononcé aucun vœu (1705, 17 décembre).

Les donations et les legs aux consistoires sous l'ancienne monarchie (1593-1688) par M. Armand Lods (intéressant et utile à savoir).

M. N. Weiss rend compte des articles de M. Ch. Dangibeaud, parus dans la *Revue* sur l'*histoire du protestantisme à Cozes*. Il révoque en doute qu'il soit possible de se faire une idée des suites de la Révocation, d'après les registres des notaires, « comme si ceux-ci s'étaient plu à signaler tous les sévices des convertisseurs, les évasions... etc. dont parlent d'autres documents... » C'est une opinion ; il est permis d'en avoir une toute contraire lorsque l'on connaît un peu les minutes du temps.

Bulletin de la Société des Antiquaires de l'Ouest, 4e trimestre 1926.

A la séance du 16 décembre, M. Tourneur-Aumont a discuté

« avec humour et érudition », la question suivante : « les habitants de l'île de Ré doivent-ils orthographier leur nom : *Retais* ou Rhétais ? » « Il y a chose jugée *Rétais* est la vérité : *Rhétais* n'est qu'une routine ingénue, une complaisance ou un divertissement. » M. G. Musset a déjà rompu quelques lances à ce sujet, ce nous semble.

M. l'abbé G. Chapeau étudie d'après les textes la *Fondation de l'abbaye de Charroux*.

A la date du testament du comte Roger, probablement 17 mai 783, l'abbaye est déjà fondée : elle est l'œuvre concertée de Roger et de sa femme Euphrasie, sans aucune ingérence royale : cette fondation comprend un monastère *in Dei nomine* et une église élevée en l'honneur du saint Sauveur, de la sainte Mère et des saints martyrs. Il n'est nullement question ni de la relique de la croix, ni de la sainte Vertu.

M. le Dr M. Vincent décrit les *signes lapidaires du* XIVe *siècle* sur le rempart Sud-Ouest de Poitiers.

« Ils étaient, en quelques localités seulement, des repères utilisés par les appareilleurs. Ils constituaient non pas la marque d'un ouvrier mais celle d'un chantier ou loge. La confrérie des maçons n'en eut pas le monopole. »

Revue celtique, tome XLIII, p. 429. *Un mot breton en poitevin.* Il s'agit du mot « *pri* » argile qui a envahi la Vendée et même l'Aunis avec son sens propre, voire au sens de « cambouis » l'arrondissement de Civray. Dans le supplément au *Dictionnaire* de Littré, p. 54, est enregistré le mot « bry », nom de l'argile employé dans la Charente-Inférieure à la construction des digues, et nom donné en Saintonge aux terres des marais, qui sont argileuses, noirâtres et fertiles.

L'identité de ce mot avec le *prit* (*z*) du breton est des plus vraisemblables. S'il est possible de faire intervenir l'influence du français *brai*, le changement de *pri* en *bri* s'explique mieux encore. Le breton *pri* est masculin.

C'est par le commerce que ce mot breton aura passé dans nos provinces de l'Ouest. Il n'aurait pas été signalé dans les parlés français de la Bretagne. Aurait-il été transporté par des ouvriers bas-bretons ? C'était peut-être à l'origine un mot technique dans les parlers du Poitou.

Nota. — De ce mot Brie, nom de terre grasse, plusieurs communes ont tiré leur nom. Brie-sous-Archiac, Brie-sous-Matha.

Cappon (P.) ingénieur. — *La faïencerie de Marans.*

Collection d'actes qu'il conviendrait d'appeler contribution à l'histoire de la faïencerie de Marans. Les 21 premiers concernent Jean Bottelin de Lincé, qui se marie le 1er février 1723 avec Jeanne-Françoise Gazeau. Il est qualifié capitaine et contrôleur des fermes du Roy, âgé de 34 ans, habitant Marans depuis neuf ans.

Naissance d'un fils le 10 octobre 1725, Michel-François. Jean-Baptiste Bottelin est appelé contrôleur général du tabac et café de Fontenay-le-Comte, puis receveur de la marque des fers... etc., puis (1742) commissaire pour les cadres de la marine, major général de la capitainerie garde côtes de Marans.

En 1745, Amédée Bottelin de Lincé, bourgeois de Marans, sous l'autorité de Jean-Baptiste. Celui-ci est enterré le 3 janvier 1760. On le voit en 1749 démolir les fours de sa manufacture.

Son fils Michel-Jean-François, bourgeois et commissaire aux classes de la marine.

Les 40 pièces suivantes se rapportent à Pierre Roussencq et à sa famille (1729-1768). Son mariage avec Marguerite Goyneau est du 23 février 1729. Il vend de la faïence. Le 13 mai 1749, il passe un contrat d'association avec Daniel Besse de la Barte, fils, et Henri Brevet, négociants à La Rochelle, qui résilient le 26 novembre 1750. Il y a procès entre eux. P. Roussencq meurt le 17 mars 1756. Il a deux enfants Pierre-Jacques âgé de 19 ans, et Suzanne-Blanche âgée de 23 ans.

La terre employée était prise au cousteau de la Vendée, et le sable était vendu par un marchand de Saintes, Angibaud.

Antoine Couanon, ouvrier faïencier chez Bottelin et Roussencq (1746-1751), s'installa à Nantes et à Chantilly. René Garnier, apprenti de 1746 à 1749, est faïencier peintre à La Rochelle. — Liste des ouvriers en 1749 et 1750.

Six planches très bien faites par Mme Aymé terminent ce volume.

Bulletins et Mémoires de la Société archéologique de Bordeaux, tome XXXVIII (1918-19).

M. l'abbé Royer décrit un *vieux plat à quêtes à Beliet.* Ce vieux plat qui sert encore tous les dimanches à faire la quête dans l'église (neuve) est en cuivre jaune battu, les rebords sont ondulés : son diamètre est de 25 centimètres. Sur le bord de 3 centimètres se développe l'inscription suivante en majuscules irrégulières :

LEGLIZE + LAIS + AMIS + S^T ANTOINE + NOTE + DAME ET + LAIS + CAPTIF + S^T ROC + LALAMPE + S^T MICHE + S^T HVTROPE + ET S^T VITAL.

On comprend que ces noms rappellent les buts des quêtes. L'ordre de la Merci qui quêtait pour le rachat des captifs tombés aux mains des pirates ayant été aboli en 1768, le plat est très antérieur à cette date.

Saint Eutrope l'évêque de Saintes a sa statue dans l'église ; un pèlerinage a lieu le dimanche le plus proche de sa fête (29 avril). Un dicton en patois indique ce jour pour fin avril ou commencement de mai.

Per saint Estropie, Mais enteram
Se n'y em pas anuit y seram douman.

La fontaine saint Eutrope est proche.

Bulletins et Mémoires de la Société archéologique de la Charente 1925. M. Léon Burias réimprime les *Mémoires (rarissimes) et instructions pour les églises prétendues réformées de la province d'Angoumois par Jacques Vigier (1664)*. M. Martin Civat a donné une étude sur *la paroisse Notre-Dame et le culte de la Vierge à Cognac sous l'ancien régime.*

Brackenhoffer (Élie). — *Voyage de Paris en Italie.* La fin du chapitre II parle de Marans (1 page). Le chapitre III (90-105) est consacré à La Rochelle (7 pages), Brouage (4), l'île d'Oleron (1), Saintes (2) Blaye, en Saintonge, comme d'autres voyageurs le disent, mais sur la Garonne.

L'auteur est Huguenot, il le montre ; les notes incomplètes sont curieuses et donnent quelques observations intéressantes.

Il séjourne trois jours à La Rochelle dont l'état lamentable — en particulier le temple — l'attriste. « Les Hugenots sont en mauvaise posture », « l'hôtel de ville est vieux, mais il est joli et bien bâti. » Le port « sert aux divertissements les dimanches et jours de fêtes, on y navigue en petits bateaux, avec des ménétriers et des musiciens, et on s'amuse à boire et autrement. »

Le long des routes l'état florissant de l'agriculture le frappe, « aussi le pays de Saintonge est appelé *la perle de la France.* » Le 13 mars 1645, il est à Brouage et il arrive à Saintes le 14. Il a fait une excursion au *fort* de l'île d'Oleron dévastée par un raz-de-marée récent. A Saintes il loge au *Chapeau rouche* (1) (sic) « elle

(1) Faubourg Saint-Eutrope. En 1648, l'hôtellerie était tenue par un notaire. Voir Ch. Dangibeaud, *Les Enseignes.*

a des rues étroites et très laides, comme à Paris » mais « n'a rien du tout qui puisse solliciter un voyageur à y aller, si son chemin ne l'y mène pas de toute manière. » L'arc, le clocher de Saint-Pierre, retiennent son attention, mais les arènes sont évidemment comprises dans le « *rien du tout.* »

Il part de Saintes le 15 à 1 heure de l'après-midi avec le messager de La Rochelle et n'arrive qu'à nuit noire à Pons, trempé jusqu'aux os ; il y mange bien, (malgré que ce fut le carême), boit d'excellent vin, dort bien. Le lendemain, il part avant jour, avec assez beau temps, mais par des mauvais chemins, dîne au Petit Niort et arrive à Blaye.

M. Lehr assimile le Petit Niort avec Mirambeau (voir sa carte). Cette petite localité à 1.500 mètres de Mirambeau a toujours été l'étape ou le relai. Sur la route de Brouage à Saintes, M. Lehr n'a pu identifier *Saint Adou*, mais il n'y a pas d'erreur possible, c'est à Saint-Nadeau, entre Saint-Sornin et Nancras.

A Toulouse, B transcrit l'inscription sur la porte de l'église du Taur.

Rupella, labore indefessa et arte inusitata mensibus XV, etc.

Docteur Bourriau... *Les ex-libris d'Aunis et de Saintonge.*

A part ceux en simples caractères d'imprimerie de L. Delayant, Dupinier, Michel-François, curé de Loix, Garrigues, les Carmes de Jonzac, Lacurie, Messeix, Pinet, J. Ranson, E. de la Sauzaye, les 35 autres ex-libris sont des compositions héraldiques — et combien charmantes — du XVIIIe siècle. Le docteur Bourriau a accompagné chacun d'eux d'une notice biographique qui dénote beaucoup de recherches. Il faut espérer qu'il ne s'arrêtera pas là. Bien d'autres ex-libris, pour être modestes et venir de gens moins couronnés, sont fort curieux et amusants.

Revue archéologique, tome XXIV (1926), p. 32-63. M. Paul Couissin publie une longue étude sur *Les glaives anthropoïdes à antennes* : deux nouveaux exemplaires. On nommait ces armes, jadis, poignards, mais l'auteur déclare ce mot « trop limitatif difficilement applicable à certains des specimens dont la longueur dépasse 50 centimètres. » Il cite douze exemplaires pseudo-anthropoïdes et treize anthropoïdes. Parmi ces derniers figure le glaive trouvé à Tesson en 1876, aujourd'hui au musée de Saint-Germain, publié dans le premier volume de notre *Bulletin*, p. 332, sous le nom d'Acinaces. « Poignée analogue, dit M. C., à celle de Chaumont, poignée identique à celle de Ballyshaunon, mais avec antennes plus courtes et plus obliques. La chevelure traitée avec plus d'art, se présente par derrière sous forme de triangles striés représentant des boucles. Gros yeux à fleur de tête, lame à bords parallèles. Fourreau de bronze à entrée chantournée ; au revers, pontet dont les pattes sont élégamment travaillées en palmettes ou en coquilles ; vers l'extrémité du fourreau, disques existant sur ceux de Kastel, du Faou et de Neuchâtel. »

L'origine de ces armes n'est plus contestée par personne. Elles procèdent des épées à antennes de la deuxième période de Hallstatt.

En ce qui concerne la date, c'est sans doute à Latène I qu'il convient de placer la diffusion du glaive pseudo-anthropoïde, quoiqu'on ne puisse, avec certitude, attribuer à cette période aucun des exemplaires connus ; mais l'apparition du type eut lieu un peu plus tôt, si, comme il semble évident, on doit considérer comme le plus ancien exemplaire la grande épée de Kisicky, qui appartient à Hallstatt II.

Le glaive pseudo-anthropoïde dépassa la deuxième période de Latène, et il donne naissance au glaive anthropoïde vrai, mais ne disparaît pas ; les deux séries coexistent jusqu'à la fin de Latène III en Gaule et (le pseudo-anthropoïde du moins) jusqu'à Latène IV en Grande Bretagne.

La rareté des armes du type anthropoïde s'explique en partie par l'aversion que les Gaulois manifestèrent à l'égard des épées courtes, aversion de plus en plus marquée à mesure que l'on avance dans l'époque de Latène ; mais la cause principale de l'échec fut dans le goût particulier du style décoratif celtique. Ce style est essentiellement géométrique et antiréaliste.

Bulletin de la Société archéologique et historique du Limousin, t. LXXII, p. XXXVI.

M. Louis Lacrocq signale que dans un exploit d'huissier du 20 juin 1792 (Archiv. de la Creuse, papiers Nonique série E), il a trouvé une indication curieuse sur le commerce des bestiaux dans le centre et l'ouest de la France avant la Révolution. C'est un exploit d'huissier à propos d'un marché fait en novembre 1785 par Pierre Yvonnet, fournisseur de vivres de la Marine, à Rochefort, avec un sieur Pain, marchand de bestiaux lequel s'était engagé à livrer 3.000 porcs et 1.000 bœufs gras. Pain avait acheté des animaux dont « la majeure partie de la marchandise fut rebutée pour cause de maladie ou autrement », qu'il ne payait pas d'ailleurs.

Luçon. — Imp. S. Pacteau.

REVUE
DE SAINTONGE ET D'AUNIS
REVUE DE LA SOCIÉTÉ DES ARCHIVES

SOMMAIRE

LE GOUVERNEMENT DE BROUAGE ET LA ROCHELLE SOUS MAZARIN

(1653-1664) — (*suite et fin*)

XX

La Marine en 1660. — Brouage et Toulon

Tandis que Marie Mancini, abattue et résignée, prenait le chemin du nord, le roi, la reine, Mazarin et la Cour traversaient le Languedoc, se dirigeant vers la Provence. La Cour était à Aix depuis le 17 janvier 1661 quand Marie Mancini arriva à Paris, à la fin du même mois.

Colbert de Terron, après avoir accompagné les nièces du Cardinal pendant le premier jour de leur route de retour, était rentré à Brouage, heureux, sans doute, de sortir d'une situation délicate dans laquelle il n'avait pas su « trop bien se conduire. » Il en sortait sans grand dommage pour lui. Les affaires qu'il gérait pour le compte du Cardinal dans ses gouvernements étaient trop importantes pour que celui-ci ne fût pas obligé à de grands ménagements, surtout dans la période accablante qu'il traversait.

L'incartade de Terron fut pardonnée sinon oubliée ; rien n'apparaît changé dans les lettres que Mazarin lui écrit si ce n'est qu'on ne retrouvera jamais plus, à la fin de ces lettres, ces témoignages d'affection et d'estime que l'on remarque dans plusieurs des lettres antérieures.

Quelque temps avant de quitter Saint-Jean de-Luz, Mazarin avait donné à Terron des instructions pour le partage de la dépense qu'il avait faite, dépense dont une partie doit entrer dans le compte qu'il tient avec Colbert pour le remboursement et dont l'autre sera imputée à « Le Normand parce qu'elle doit être comprise dans les dépenses ordinaires de la maison. »

Pour cette partie, Terron avait adressé au Cardinal (1) un état de ce qu'il avait remis à Son Eminence depuis qu'elle était à Saint-Jean-de-Luz, soit environ 104.000 livres, le sieur Le Normand devant « payer à V. E[ce], à Thoulouze, 2820 l. pour achever ces cent quatre mil livres. »

Le Cardinal s'éloignant du gouvernement de Brouage, Colbert de Terron se trouve moins directement appelé à fournir à celui-ci les ressources en espèce et en nature provenant de son département.

Colbert demeure à Paris, travaillant chaque jour de cinq heures du matin à onze heures du soir, plongé dans cet « abisme d'affaires » qui était comme une nécessité de sa vie.

Non seulement Colbert garde la charge entière et de plus en plus lourde des affaires particulières du Cardinal, non seulement il doit faire préparer la plus grande partie du matériel nécessaire pour la cérémonie du mariage du roi et pour les solennités et les réceptions qui suivront, mais il a encore la tâche absorbante et grave de servir d'intermédiaire entre le ministre éloigné de Paris et le surintendant des finances, le chancelier, le Parlement, et l'Hôtel de Vendôme, pour la marine.

Comme son cousin, au temps des conférences près Saint-Jean-de-Luz, mais agissant par lui-même, il fait parvenir au Cardinal des provisions de bouche choisies, des légumes frais, des vins fins, des fruits, notamment des oranges.

De longue date, le Cardinal avait l'habitude d'offrir des oranges et surtout les premières oranges à la reine Anne d'Autriche. Colbert de Terron était d'ordinaire chargé de cette fourniture ; chaque

(1) Terron à Mazarin, Brouage, 14 octobre 1659 (aff. Etr., *France* 1477, fol. 78).

année, à l'autómne, il prenait arrangement avec un marchand de La Rochelle qui, par la voie de mer, faisait venir de Portugal des oranges ordinaires et des oranges de Chine, des mandarines. Terron les expédiait ensuite à son cousin, en des caisses, par le messager de La Rochelle ; mais, comme cette expédition se faisait en décembre et en janvier, bien souvent il arrivait que les oranges étaient gelées.

Colbert ne reculait devant aucun sacrifice pour se procurer les oranges tant désirées, et il les payait jusqu'à six livres pièce et maintes fois il ne réussissait pas.

Au mois de février 1660, étant à Aix, Mazarin accusait réception d'un envoi (1). « On receut hier icy quatre caisses d'oranges de Portugal qui devoient estre portées il y a longtemps à Tholoze : il ne s'y en est trouvé pas une qui ne fust gastée. Ainsy on aura faict despense de la voiture pour porter une chose qui, en arrivant, devoit estre jettée à la rivière. Vous pouvez faire là-dessus une réprimande à ceux que vous avez chargez de prendre ce soin. » En terminant ces lignes, le Cardinal pensait à Colbert de Terron ; mais Colbert se hâte d'excuser son cousin. « C'est moy, répond il (2), qui ay fait cette faute et non le sieur de Terron. »

A ce moment Colbert de Terron était de nouveau occupé aux choses de la marine pour le rétablissement de laquelle Mazarin paraissait disposé à faire un certain effort.

A la fin de la guerre avec l'Espagne, la marine royale, presque abandonnée, était dans un état lamentable. Les deux chefs-lieux du Ponant, Brouage et Brest, étaient vides de vaisseaux armés. A Brest était *le Vendôme*, de 1500 tonneaux, le plus grand vaisseau de la marine royale, en état de radoub depuis des années, et deux frégates (3) en construction sur les devis de Carteret. A Brouage, c'est-à-dire en Seudre qu'on appelait la rivière de Brouage, *le Saint-Louis* et *la Victoire* que nous connaissons étaient encore sans artillerie, comme aussi *la Flûte Royale*. Enfin deux petits vaisseaux étaient au Havre, également sans canons.

Toute la flotte avait passé dans la Méditerranée à Toulon. Là se trouvaient environ 25 vaisseaux ou frégates et cinq ou six flûtes,

---

(1) Mazarin à Colbert, [Aix], 24 février 1660 (Aff. Etr., *France* 284, fol. 179).

(2) Colbert à Mazarin, Paris, 6 mars 1660 (P. Clément, *Lettres de Colbert*, t. I, p. 426).

(3) Qui furent *la Fleur de Lys* et *l'Hercule*, de 400 tx.

mais huit de ces vaisseaux étaient coulés à fond dans le port et cinq d'entre eux étaient complètement perdus.

Sur une vingtaine de galères stationnant à Marseille et à Toulon, plus de la moitié étaient ruinées et les autres hors d'état de servir sans remise en état du corps du bâtiment et rétablissement de la chiourme.

Tel était l'état du matériel dont Mazarin songeait à tirer parti aussitôt la paix rétablie avec l'Espagne, ayant d'ailleurs ordonné des constructions afin de remplacer au moins quelques unités anéanties.

Pour le premier point, un projet de campagne était déjà formé. Il s'agissait de fournir aux Vénitiens un secours de quelques milliers d'hommes et de les aider dans leur lutte contre les Turcs qui assiégeaient Candie. Mais pour éviter d'entrer en conflit avec le Grand Seigneur, on mettait ce secours sous le pavillon de Sa Sainteté le pape et les vaisseaux français déposaient aux îles Ioniennes les troupes qui seraient reprises par les navires vénitiens avant d'entrer en action.

Dès le mois d'avril 1659, le lieutenant général de l'armée navale du Levant, le chevalier Paul, était désigné pour la conduite de l'expédition (1). Et, à son retour, il devait agir contre les Régences de Tripoli, de Tunis et d'Alger pour réfréner les pirateries des Barbaresques et les obliger à rendre les captifs.

Quelques semaines plus tard, Mazarin mande au chevalier Paul que « le roi a fait choix de M. de La Guette pour l'envoyer à Toulon prendre soin des vaisseaux comme faisait le sieur d'Infreville (2). »

Le besoin d'un administrateur supérieur de la marine se faisait sentir à Toulon ; le commissaire général Gravier, que nous avons vu agir en 1657, n'avait pas tenu ; dès le mois d'août de cette année-là, Mazarin avait confié au président d'Oppède (3) qu'on avait « résolu de le retirer ». L'intendant en titre, Louis Le Roux d'In-

---

(1) 20 avril 1659. Instructions pour le chevalier Paul s'en allant conduire les troupes pour le service de Sa Sainteté (Aff. Etr., *France* 907, fol. 83).

(2) Mazarin au Chevalier Paul, Paris, 15 juin 1659 (Aff. Etr., *France* 907, fol. 114). — Commission d'intendant de la justice, police et finances aux armées navales du Levant, en faveur du sieur de La Guette, Paris, 18 juin 1659 (*Ibidem*, fol. 124). — Louis Testard de La Guette, seigneur de Sancy, d'abord lieutenant d'artillerie ; révoqué de son poste d'intendant à Toulon en 1664, mort à Toulon, le 10 avril 1665, à 56 ans.

(3) Lettre de Sedan, 20 août 1657 (Aff. Etr., *France* 1720, fol. 285).

freville (1), étant en disponibilité, M. de La Guette le remplaçait par commission. Comme l'avait fait Gravier, il va correspondre avec son collègue du Ponant, Colbert de Terron ; comme Gravier, il entrera en lutte avec les officiers de la marine, comme lui, il essuyera les « bourrasques » de l'amirauté.

Avant de laisser Toulon où nous avons dû nous arrêter quelque peu parce que, comme nous verrons, l'activité qui régnait dans ce port commandait celle de Brouage, je dirai encore que des constructions navales y étaient entreprises sous la conduite de Maître Rodolphe, du « maistre d'hache » Chabert qu'on rappela de Malte (2), et du charpentier Baube.

Deux vaisseaux, qui furent *le Saint-Philippe* et *le Jules* et deux frégates : *la Manchini* et *le Mercœur*, étaient en chantier, et, bientôt après, *le Triomphe* de 700 tonneaux.

Du côté du Ponant, une escadre devait être rétablie à Brouage et à Brest. A Brouage, c'est-à-dire en Seudre, qui allait être le lieu de rassemblement le plus important, un premier noyau de formation était constitué par *le Saint-Louis* et *la Victoire*.

Depuis longtemps, Mazarin voulait y joindre les deux vaisseaux du président Chaslin, construits à Concarneau, et nous avons vu précédemment (3) qu'au mois d'octobre 1658, Terron se disposait à aller lui-même voir ces vaisseaux et à les faire passer dans son département, quand Mazarin lui écrivit, le 3 novembre, de différer son voyage jusqu'à nouvel ordre.

Lorsque le Cardinal rencontra Terron à Poitiers, le 5 juillet 1659, il lui recommanda de nouveau les deux vaisseaux de Concarneau et Terron prit l'engagement de les faire passer en Seudre à la première occasion favorable. Il estimait les frais de ce déplacement à 1200 livres. Cette question des frais restait une cause permanente de retard quand, sur la fin de l'année, Mazarin crut avoir trouvé l'occasion souhaitée, dans l'armement de gardes-côtes que faisaient effectuer les traitants du nouveau droit de 50 sous par tonneau. « Je croy, écrivait le Cardinal (4), qu'on pourra

(1) Louis Le Roux d'Infreville, commissaire général de la marine en 1627, intendant des armées navales du Levant et du Ponant en 1645, intendant à Toulon en 1650 et, de nouveau, en 1665, à la retraite en 1670.

(2) Par lettre adressée au Grand Maître le 16 février 1660 (Arch. Hist. de la guerre, vol. 161, fol. 212).

(3) V. *Suprà*, chap. VIII.

(4) Mazarin à Terron, Toulouse, 4 décembre 1659 (Aff. Etr., *France* 1477, fol. 92).

s'en prévaloir pour amener en Seudre les deux vaisseaux de Concarneau, et ainsy m'espargner la despense qu'il falloit faire. »

Cette combinaison n'étant pas réalisable, Terron se résout à faire les frais de l'entreprise ; il rassemble des matelots, commence à faire acheter des vivres, mais il apprend « que ces navires sont à présent en sy meschant estat » qu'il doit renoncer à prendre aucune mesure avant de les avoir fait visiter et avant qu'il « sçache ce qu'il y a à faire pour les pouvoir conduire icy en seureté (1). »

Pour le coup, Mazarin décide que Terron ira lui-même examiner les bâtiments, mais celui-ci ne pourra se mettre en route qu'après avoir terminé les affaires importantes qui le retiennent encore à Brouage et pour lesquelles il est en correspondance avec l'intendant de la marine à Toulon.

Toujours en vue de reconstituer la flotte du Ponant, six des vaisseaux de Toulon étaient appelés à passer dans l'Océan pour aller désarmer en Seudre. Ces vaisseaux devaient aussi transporter un assez grand nombre de pièces de canon, afin de munir les vaisseaux qui avaient été construits à Brouage et à Brest, car la réserve d'artillerie était épuisée dans les ports du Ponant alors qu'elle était surabondante à Toulon par suite de la désaffectation de plusieurs unités condamnées.

Colbert de Terron réclamait ces canons depuis longtemps pour armer *le Saint-Louis* et *la Victoire* ; mais comme le secours de Toulon se faisait attendre, Colbert avait écrit au chevalier de Terlon, ambassadeur à Stockholm, d'acheter, pour le compte du roi, cent pièces de fer du calibre de 12 et 18 livres. Au mois de juillet 1659, il informait le Cardinal (2) que l'achat était effectué et Mazarin lui répondait de faire porter ces pièces à Brest ou à La Rochelle.

A cette époque, l'état des six vaisseaux de la flotte du Levant désignés pour passer dans l'Océan était dressé (3). Il comprenait *l'Admiral*, *le César*, *le Brezé*, *le Mazarin*, *le Dragon* et *le Tigre*.

Au mois de décembre, Mazarin mandait à Terron (4) de fermer les ports de son département et de se préparer à faire une levée

---

(1) Terron à Mazarin, Brouage, 19 décembre 1659 (*Ibidem*, fol. 85).

(2) Colbert à Mazarin, Paris, 13 juillet 1659 (Bibl. Nat., Ms., *Baluze* 331, fol. 145).

(3) Arch. Nat., *Marine* B[4] 2, fol. 67. — Le devis de dépense montait à la somme de 114.767 livres 12 sols.

(4) Mazarin à Terron, Toulouse, 2 et 9 décembre 1659 (Aff. Etr., *France* 1477, fol. 91 et 93).

de 600 matelots qu'il aurait à diriger sur Toulon pour équiper les vaisseaux. Les capitaines Hector des Ardents et La Rabesnières-Treslebois, qui étaient chargés de la conduite de ces matelots, allaient passer à Brouage avec des lettres pour Terron.

Bientôt celui ci rendait compte de leur arrivée (1) et des mesures qu'il avait examinées avec eux pour la levée et le passage des matelots en Provence. Les capitaines, quoique marins, préféraient la route par terre, estimant que dans la saison où l'on était on pourrait bien rester trois mois en mer « et, outre celà, ils disent qu'il y a beaucoup de Turcs en mer et qu'il y a du risque à passer le détroit. »

Terron aurait pu mettre à leur disposition *la Victoire* et *la Flûte Royale*, mais vraiment ce n'était pas le cas d'envoyer encore des navires à Toulon et « il faut considérer qu'il y aura quelque despence à faire pour les naviguer à leur retour. » On s'en tint donc à la voie de terre et Terron calculait que les frais d'étape reviendraient à 15 ou 16 livres par homme.

C'est de Toulon que devait venir le signal de la mise en route, afin de faire coïncider l'arrivée des équipages avec le moment de l'embarquement (2).

Le 10 février Terron rendait compte à Mazarin du départ de la levée et il envoyait un rôle des matelots avec l'état de la dépense. Or, un mois après, le Cardinal signalait (3) qu'il n'était arrivé à Toulon que 508 matelots pour 561 portés sur le rôle. Il constatait aussi que l'on avait dépensé une somme « beaucoup au delà de ce qu'on avoit accoustumé de donner aux capitaines des vaisseaux du Roy quand ils faisoient leurs équipages pour leur compte, puisque les-dits matelots et officiers mariniers reviennent, l'un portant l'autre, à vingt-deux escus chacun. » Enfin il s'étonnait qu'on eût donné aux deux capitaines des Ardents et Treslebois, à un lieutenant et deux enseignes, 800 écus pour leur voyage.

Peu de temps après le départ des levées, Colbert de Terron avait pris le chemin de la Bretagne. Il ne s'agissait plus seulement pour lui de visiter les deux vaisseaux de Concarneau ; poussé probablement encore par Colbert, il allait faire un réel voyage d'inspection de la marine à Brest.

---

(1) Terron à Mazarin, lettre citée, 19 décembre 1659.

(2) Mazarin à Terron, Aix, 25 janvier 1660 (Aff. Etr., *France* 1477, fol. 99).

(3) Mazarin à Terron, Aix, 9 mars 1660 (Aff. Etr., *France* 909, fol. 54).

Le rapport qu'il adressa à Mazarin le jour même de son retour à La Rochelle, le 10 mars (1), révèle l'importance et l'étendue de sa mission.

A Brest, il avait examiné les ouvrages de maître Laurent Hubac : *le Vendôme*, qui allait être remis à l'eau après avoir subi un radoub de 14 000 livres, et deux frégates neuves (*l'Hercule* et *la Fleur de lys*). Les comptes étaient parfaitement en règle, les états de dépense justifiés, l'ouvrage bien exécuté ; il y avait lieu d'être satisfait du maître charpentier.

Pour le gréement et toute la garniture de ces bâtiments, Terron avait passé avec Hubac de nouveaux marchés et il faisait monter la dépense jusqu'à 56 000 livres pour *le Vendôme* et 43 000 pour les deux frégates. Mais tout était compris, même la poudre, bien qu'il dût la « fournir de celle qui a esté faicte à Brouage. »

Terron fit aussi un marché conditionnel pour la construction de deux autres frégates, l'une de 800 tonneaux et de 60 pièces de canon, l'autre de 400 à 500 tonneaux et de 34 pièces (2).

Examinant la comptabilité générale du port de Brest, il constatait que la somme de 50 000 livres qui avait été destinée à ce port n'avait pas été envoyée en totalité. Il se proposait donc d'avancer, sur sa caisse de Brouage, ce qui manquait ; le trésorier de la marine n'aurait qu'à remettre l'équivalent à Colbert « et je fournirois les acquits nécessaires à la descharge du trésorier pour l'argent qu'il donneroit. » Encore une fois c'était autant d'argent de Brouage viré à Paris, sans frais. Enfin Terron ordonnançait la distribution de certaines sommes affectées à Brest, puis il s'occupait du personnel, recommandait le sieur Leroy, commissaire, pour quelques appointements, et le chevalier d'Humières pour le commandement d'un vaisseau.

Quant aux deux vaisseaux de Concarneau, *le Grand Chaslin* et *l'Ecureuil* (le Fouquet), Terron les avait trouvés enfin terminés et en bon estat ; malheureusement il y avait « de grands manquemens dans les façons de ces deux navires », au point de rendre leur navigation scabreuse. Enfin, il arrête les comptes, les vaisseaux sont prêts, il va pouvoir les envoyer quérir, mais tout dépend « de l'estat auquel sont à présent nos garde-costes. »

Quelques mois plus tard, ces vaisseaux étaient dans la Seudre

---

(1) Aff. Etr., *France* 909, fol. 58.

(2) Ces deux vaisseaux dont les proportions furent modifiées par Duquesne, devinrent *La Frégate Royale* de 1000 tx et *l'Infante* de 600.

où l'on put, à loisir, reconnaître leurs malfaçons. Pendant plus d'un an encore on dut les éprouver et les réparer. « Il serait à désirer, écrivait alors Terron (1), que le roy eust perdu 25 000 escus et qu'il n'eust point achepté ces deux Challins (2). »

Ayant pris connaissance du mémoire de Terron, Mazarin désapprouvait en principe le marché à forfait ; en tout cas, il rognait largement sur les fournitures attribuées au charpentier, prétendant qu'on aurait meilleur compte « en les faisant achepter nous-mesmes (3). »

Pour les deux frégates proposées, il n'acceptait que la moindre à condition d'abaisser le prix « le plus qu'il se pourra, car il ne faut pas penser à cette heure à celle de huit cens tonneaux. » Mais il mandait à Terron d'examiner un projet de construction de trois ou quatre frégates, à l'anglaise, de quatre à cinq cents tonneaux, rases sur l'eau et percées pour 30 ou 34 pièces de canon.

C'est à Toulon que régnait l'activité la plus grande ; et M. de La Guette s'occupait d'abord de la préparation des six vaisseaux qui devaient passer l'artillerie en Ponant.

Dès le 30 septembre 1659, il avait adressé à Mazarin un état de l'armement de ces six vaisseaux, tel qu'il l'avait conçu avec le chevalier Paul, et ce même mémoire était vivement critiqué par le contrôleur général de la marine Lambert qui ne parlait que du désordre des magasins, d'absurdités commises et de friponneries (4). »

La tâche de l'intendant n'était pas aisée car il n'avait pas que des difficultés matérielles à surmonter, mais aussi les critiques et les traverses du personnel administratif, l'insubordination des officiers de marine ; et, pour avoir fait preuve d'initiative et d'autorité, il se voyait déjà « en beaux draps blancs auprès de M. de Vandosme. »

Dans le milieu du mois de décembre, Mazarin renouvelait à l'intendant (5) ses instructions, non seulement au sujet de l'arme-

(1) Terron à Colbert, Brouage, 30 octobre 1661 (Bibl. Nat., Ms., *Mél. Colbert* 106, fol. 313).

(2) Mais Terron n'a-t-il pas suggéré de les passer au compte du roi ? V. *Suprà*, chap. VIII, *in fine*.

(3) Mazarin à Terron, Carcassonne, 15 avril 1660 (Aff. Etr., *France* 909, fol. 127).

(4) M. de La Guette à Mazarin, Toulon, 30 septembre 1659, — Lambert à Mazarin, dernier jour de septembre 1659 (Aff. Étr., *France* 908, fol. 161 et 168.)

(5) Mazarin à M. de La Guette, Toulouse, 14 décembre 1659 (Bibl. Nat., Ms., *Mél. Colbert* 52 B, fol. 394.)

ment des six vaisseaux mais aussi au sujet de l'impulsion qu'il devait donner à tous les services, construction des vaisseaux, fonderie des canons, rétablissement de la chiourme et d'au moins une galère, en raison de la visite que le roi ferait à Toulon au cours de son voyage.

Le 26 décembre, le capitaine de vaisseau Guillaume d'Alméras arrivait à Toulon. C'est à lui qu'était confiée la conduite des six vaisseaux pour le Ponant. D'accord avec le chevalier Paul et l'intendant, il règle définitivement le détail de l'armement de ses vaisseaux et il donne le signal de la mise en route des matelots de Brouage. Il est d'ailleurs décidé que sa division de six vaisseaux entrera dans l'escadre du chevalier Paul et qu'elle prendra part à la campagne avant de passer en Ponant.

Le roi vint à Toulon le 7 février 1660 et cette visite fut l'occasion d'un certain nombre de décisions importantes pour le rétablissement de la marine et la réforme du corps des galères.

Enfin, le 31 mars, le chevalier Paul reçut, d'Avignon, commission du roi pour commander l'escadre en préparation. Cette commission, qui apportait une consécration aux instructions que le chevalier avait reçues le 29 avril de l'année précédente, évoquait les « nécessités pressantes » qui avaient jusqu'alors contraint le roi à « négliger l'entretènement » de ses flottes et donnait les raisons pour lesquelles le roi avait pourvu « au restablissement d'un bon nombre de vaisseaux... et à la construction de quelques autres. »

Quatre des grands vaisseaux de la division d'Alméras, sur lesquels avaient été embarqués les 200 pièces de canon destinées au Ponant, furent les premiers prêts. Le 18 mars, M. de La Guette avait écrit au Cardinal, à Avignon, que ces vaisseaux étaient en rade. La constitution du reste de l'escadre du chevalier Paul fut beaucoup plus laborieuse.

Au surplus, M. de la Guette s'occupait encore d'un autre armement. Il s'agissait de faire porter directement au Havre dix pièces de canon de fonte verte pour un vaisseau de 400 tonneaux, *le Chasseur*, qui se trouvait dans ce port.

Le Chasseur, acheté en Suède au mois d'avril ou de mai 1647, était ce vaisseau qui, avec *la Régine*, aussi de provenance suédoise, avait été saisi par Ruyter dans la Méditerranée le 28 février 1657 (1)

---

(1) V. *Suprà*, chap. VII, *in fine*.

et qui avait été rendu au Havre au mois d'août de la même année. Une partie de l'artillerie de ce bâtiment et toute celle de *la Régine* avaient, dans la suite, été remises à Toulon par Ruyter qui était venu dans ce port, avec son escadre, aussi au mois d'août 1657, pour sceller la réconciliation des Etats Généraux avec la France.

Outre ces pièces d'artillerie, M. de La Guette avait à faire transporter au Havre plusieurs ballots appartenant à Son Eminence, dont la plupart se trouvaient à Marseille alors que d'autres encore étaient attendus de Rome.

Pour le transport du canon et des ballots, l'intendant proposait le vaisseau *la Vierge* de 700 tonneaux et de 32 pièces de canon, vaisseau assez fort pour être en état de naviguer isolément sans exposer les ballots de Son Eminence à être enlevés par les Turcs. Puis, sur l'ordre de Mazarin, il se prépara à équiper aussi *l'Anna* (1) qui accompagnerait *la Vierge* dans son voyage.

On avait d'abord songé à joindre ces deux vaisseaux aux six qui suivaient l'escadre du chevalier Paul avant de passer en Ponant, mais on y renonça pour ne pas retarder davantage le départ de cette escadre qui fit voile à Toulon en trois divisions détachées successivement (2) en mai-juin 1660.

A cette époque, les Cours de France et d'Espagne étaient réunies à la frontière des Pyrénées.

Le mariage du roi Louis XIV et de l'infante Marie-Thérèse ayant été célébré à Fontarabie, le 3 juin, et, le 9 juin, à Saint-Jean-de-Luz, le roi, les deux reines, Mazarin et la Cour reprenaient, le 15, le chemin de Paris. Le 23, on était à Bordeaux et le 27, à Blaye.

En ce lieu, le roi déclara qu'il allait visiter Brouage. Si la véritable cause de ce désir ne pouvait échapper à Mazarin, à la reine-mère et à beaucoup d'autres, il était cependant possible de la

---

(1) Le vaisseau *L'Anna*, qui appartenait à Mazarin, entra alors dans la marine du roi ; il fut vendu 156 000 l. par acte passé, le 10 avril 1660, par devant M. Liévraux, notaire à Toulon, entre le s[r] Mancourant, fondé de pouvoir du Cardinal, et l'intendant général de La Guette, représentant le roi (Inventaire de la succession de Mazarin. *Mél. Colbert* 75, fol. 716vo).

(2) Le 3 mai, division chevalier Paul, 4 vaisseaux : *L'Admiral, le Brézé, le Mazarin* et *le Dragon*, une *Galléasse*, 2 flûtes : *l'Ucedon, le Cancre Doré* (hôpital) ; le 15 mai, division d'Alméras, 2 vaisseaux : *le César, le Dauphin*, 3 flûtes : *l'Espérance, la Teste-Noire, la Licorne*, une polacre (munitions) ; le 15 juin, division Mathurin Gabaret, 2 vaisseaux : *le Tigre, le Faucon*, une frégate : *la Françoise*. 2 navires de transport nolisés ; troupes : 4400 hommes sous le commandement du prince Alméric de Modène, par commission du 29 mars 1660.

masquer à la foule et aussi à la jeune reine. Allant en Provence, le roi avait visité Toulon ; traversant la Saintonge, il pouvait manifester la volonté de connaître Brouage et les établissements maritimes qui en dépendaient. L'objection même la plus habilement présentée n'eût fait qu'accentuer une équivoque qu'il importait par-dessus tout d'écarter.

Aussi le Cardinal, quoiqu'il pût penser, se contenta de prier le roi de lui permettre de l'accompagner. Il couvrait ainsi, dans une certaine mesure, ce qui pouvait paraître une romanesque équipée et d'ailleurs son titre de gouverneur du pays d'Aunis lui imposait le devoir d'y recevoir son souverain.

Ainsi le roi, quelques jours seulement après son mariage, subissant une réaction violente et bien humaine, était obsédé par le souvenir de Marie ; il était envahi par l'irrésistible désir de voir le lieu d'exil de son amie ; le jeune cœur meurtri gardait son jardin secret.

On connaît mal, et pour cause, les détails de cette excursion sentimentale, on sait seulement que, tandis que les reines prenaient la grande route vers Saintes où elles séjournèrent trois jours, le roi partait de Blaye le 28 juin au matin, avec le duc de Saint-Simon, gouverneur de Blaye, et trois jeunes seigneurs parmi lesquels était le frère de Marie, Philippe Mancini, et qu'il alla coucher à Saint-Fort, à l'entrée de l'unique avenue qui conduisait à Brouage.

C'est le lendemain, mardi 29 juin, qu'il dut éprouver les émotions les plus vives. Il fut reçu à Brouage par le maréchal de Clérambault et il y passa la journée jusqu'au lendemain.

Le mercredi 30, il allait dîner au Château d'Oléron et, après avoir visité les vaisseaux qui étaient dans la rivière de Seudre, il revint coucher à Brouage. Philippe Mancini écrivit à sa sœur une lettre qui dut fort la troubler, il lui racontait les soupirs et les larmes du roi qui avait voulu habiter sa chambre au Château. Le premier juillet, le roi rejoignait les reines à Saint-Jean-d'Angély.

Officiellement et pour la *Gazette de France*, Mazarin n'avait pas quitté le roi ; mais, dans l'état de santé où il se trouvait, il n'était guère capable de fournir un pareil effort et il est probable qu'il se contenta d'en faire le simulacre par un simple détour qu'il abrégea d'ailleurs en devançant le retour du roi.

La Cour reprit alors sa route. Le 13 juillet elle était à Fontainebleau, où elle séjourna cinq jours, et le 19 à Vincennes où l'on attendit six semaines le jour, 26 août, de l'entrée solennelle du roi et de la reine à Paris, par le faubourg Saint-Antoine et par Notre-Dame, jusqu'au Louvre.

Colbert, qui était venu à Saint-Jean-de-Luz pour assister le Cardinal au temps du mariage du roi, avait pris les devants pour rentrer à Paris où l'attendaient de nouvelles occupations : préparation de l'entrée du roi, aménagement de Vincennes, du Palais Cardinal et du Louvre. Avant son départ, il avait réglé le retour des bagages du Cardinal dont la partie la plus encombrante allait être charroyée à La Rochelle où Terron prendrait le soin de la faire embarquer pour le Havre.

Au milieu du mois de juillet, Colbert s'inquiétait de ce que les deux barques chargées de la plus grande partie de l'équipage de son Eminence n'avaient pas encore quitté La Rochelle le 5 juillet. — « Je crains bien, insinuait le Cardinal, que les deux barques n'arrivent pas à temps (1). »

Ayant rempli la première partie de sa mission en débarquant aux îles Ioniennes le corps expéditionnaire du prince de Modène, le chevalier Paul ramena son escadre en vue des côtes d'Afrique et la porta successivement devant Tripoli, vers le 15 juillet, devant Tunis, le 7 août, et devant Alger, le 30. Les propositions qu'il fit aux Régences n'obtinrent que des réponses vaines, fières ou menaçantes et le seul résultat tangible de l'expédition fut le rachat de 186 captifs à Tripoli.

Le chevalier Paul était d'ailleurs mal secondé par ses officiers dont le mauvais vouloir avait pour cause la méthode nouvelle qui avait présidé à l'armement de l'escadre. On avait en effet, cette fois, ôté aux capitaines le soin de lever leurs équipages et de faire leurs vivres, opérations dont ils tiraient un important profit.

D'autre part, les officiers de la division du Ponant avaient hâte de voir la fin de cette campagne pour aboutir à leur mission particulière c'est-à-dire le passage dans l'Océan. Ce sont eux qui se montraient les plus difficiles, sauf cependant le capitaine d'Alméras dont la conduite restait correcte.

M. de La Guette était informé des difficultés qu'éprouvait le chevalier Paul, il en connaissait la véritable cause et il ne la célait pas à Mazarin (2). Les capitaines se plaignaient du mauvais état des vais-

---

(1) Colbert à Mazarin, Paris, 14 juillet 1660, et réponse marginale de Mazarin, Fontainebleau, 16 juillet (Bibl. Nat., Ms., *Baluze* 332, fol. 304).

(2) Lettres de M. de La Guette à Mazarin, Toulon, 30 et 31 août 1680 (aff. Etr., *France* 909, fol. 248 et 250).

seaux, qui étaient « restés deux ans coulés », et de la mauvaise qualités des vivres. « Je ne m'estonne pas, écrit M. de la Guette, qu'ils facent des difficultés après avoir esté 4 mois à la mer puisque, dès la rade, ils m'ont pensé faire désespérer. Ce sont des gens avec lesquels il est difficile de réussir, veu qu'ils se sont mis dans la teste de traverser le nouvel établissement que faict S. E., et, quand on leur donneroit le double de touttes choses (Et du Rotty (*sic*) tous les jours) et du cordage de soye, ils soustiendroient ne pouvoir naviguer. »

Après avoir stationné devant Alger pendant quelques jours, le chevalier Paul, désolé du peu de succès de sa croisière, dut se résigner à donner le signal du retour, le 6 septembre, sur l'avis signé de tous ses officiers réunis en conseil de guerre. C'est alors qu'il se sépara de la division d'Alméras.

« Le 7e du mois de Setembre, écrivait-il à Mazarin (1), à cinquante milles au large d'Alger, je me sépara de Monsieur d'Alméras avec un fort bon vent pour la route de La Rochelle. Je luy donna les ordres que Monsieur Matharel (2) m'avoit envoyé pour luy, n'en ayant point d'autre. »

Les instructions du secrétaire de la marine étant des plus imprécises le chevalier Paul dut les compléter et remettre à Guillaume d'Alméras un ordre écrit de gagner La Rochelle. Mais celui-ci ne put emmener que cinq vaisseaux (*l'Admiral, le Brezé, le Mazarin, le César et le Dragon*).

Le chevalier Paul garde *le Tigre* qu'il monte pour retourner en Provence, « les autres vaisseaux qui restent se sont trouvez hors d'estat de pouvoir passer en ponnant à cause qu'ils coulent bas d'eau. » Le 5 octobre, il était en rade de Toulon avec le reste de son escadre, ayant laissé deux flûtes et un vaisseau devant Port-Vendres pour embarquer le matériel provenant de Rosas et de Cap-de-Quiers.

Avant d'avoir reçu la missive du chevalier Paul, Mazarin avait écrit à Colbert de Terron (3) pour l'avertir qu'il verrait « au premier jour », à La Rochelle, les six vaisseaux de la division d'Al-

(1) « Au travers de l'isle de Maillorque, le 15e setembre 1660 » (*Ibidem*, fol. 257).

(2) Louis Matharel, né à Paris le 4 octobre 1619, était, depuis le 31 octobre 1658, secrétaire général de la marine en remplacement de César Chappelain. Il quitta ce poste le 12 novembre 1669 puis fut intendant à Toulon à la place de d'Infreville en 1670, il mourut à Toulon le 29 juin 1673.

(3) De Paris, 17 septembre 1660 (aff. Etr., *France* 1447, fol. 104).

méras et lui rappeler, en quelques mots, ce qu'il avait à faire. « Il faudra faire un inventaire bien exact de tous les agrez, poudres, munitions et autres choses, et mettre les dits vaisseaux dans la rivière de Seudre. »

Favorisée par le vent, la division d'Alméras effectua sa traversée en moins d'un mois. Mazarin ne comptait pas qu'elle serait rendue si tôt à La Rochelle car les vivres avaient été livrés pour durer jusqu'au 20 novembre. Comme il était mal disposé à l'endroit des capitaines en raison des rapports de l'intendant de Toulon, c'est dans cet état d'esprit qu'il écrivait à celui-ci (1) : « Vous avez veu paroistre le chevalier Paul, avec ses vaisseaux, puisque le sieur d'Alméras, avec les siens, est desjà à La Rochelle, Sa Majesté résoudra ce qu'il y aura à faire sur un retour sy précipité de l'escadre dudit sieur d'Alméras, ne voyant pas de quelle cause on le pourroit colorer, puisque les vivres ne manquoyent pas et qu'il n'estoit survenu aucune bourasque quy eust desgréé les vaisseaux. »

Mais il y avait mécompte dans la consommation des vivres ; les inventaires de M. de la Guette au départ, ceux de Terron à l'arrivée et les états de consommation ne cadraient pas et l'intendant de Toulon s'en prenait à Guillaume d'Alméras comme au chef responsable. Ce dernier, par contre, s'était plaint au Cardinal de la qualité des vivres dans une lettre dont le contenu fut transmis à M. de la Guette.

« Je vous envoye, écrit Mazarin (2), la coppie d'une lettre du sieur d'Alméras par laquelle vous verrez ce que l'on dit des victuailles du dernier armement. Si celà est vray, le Roy a esté bien mal servy, mais il n'est pas hors d'apparence que les capitaines crient ainsy tant pour s'excuser que pour desgouster Sa Majesté de l'œconomie des vaisseaux et l'obliger à la leur rendre comme ils avoyent cy-devant. »

En effet le nouveau régime d'armement des vaisseaux était trop contraire aux intérêts matériels des capitaines pour être facilement accepté. Il faudra des années encore, avec la patience et l'énergie de Colbert, pour l'imposer.

Le même désaccord au sujet des vivres allait se reproduire dans

---

(1) Mazarin à M. de la Guette, Paris, 8 septembre [1re octobre] 1660 (Aff. Etr., *France* 909, fol. 273).

(2) Mazarin à M. de la Guette, Paris, 7 octobre 1660 (Aff. Etr., *France* 909, fol. 285).

les deux vaisseaux *la Vierge* et *l'Anna* dont M. de la Guette avait poursuivi l'armement après le départ de l'escadre du chevalier Paul, au mois de juin.

A cette époque, l'intendant de Toulon avait acquis des données précises sur le chargement de ces vaisseaux et comme, après avoir embarqué les canons du Havre et les ballots de Son Eminence, on laisserait encore place à un autre chargement éventuel, il proposait de faire toucher les deux vaisseaux à Alicante, sur la côte de Valence, où ils trouveraient un fret pour lequel des marchands de Marseille offraient de payer 15.000 livres au Havre ou à La Rochelle, proposition qui fut, naturellement, acceptée par le Cardinal. M. de la Guette demandait aussi des matelots et des pilotes ponantais pour la sécurité des vaisseaux, et ces vaisseaux étaient solidement armés à cause des Turcs et des ballots de Son Eminence.

Au commencement du mois d'août, tout étant prêt pour le départ, on était arrêté par le règlement de certaines formalités avec l'amirauté et les équipages consommaient les vivres inutilement.

Ces retards, si souvent provoqués par la même cause, avaient le don d'exaspérer le Cardinal : « Au nom de Dieu, écrivait-il à M. de la Guette (1), défaites-vous de ces esgards et de ses petits ménagements quy sont excusables, à la vérité, quand le service n'en souffre point, mais quy doivent estre comptez pour rien quand ils sont capables de causer le moindre préjudice aux affaires qui vous sont commises. »

Mazarin en parlait à son aise tandis que l'intendant de Toulouse savait ce qu'il en coûtait de mécontenter le Grand Maître de la Navigation. Il fit parvenir à Roze, le secrétaire de Mazarin, une lettre « assez désobligeante » qu'il avait reçue de M. de Vendôme, « afin qu'il juge de l'esprit avec lequel elle a esté conçue (2). »

La brouille venait d'un malentendu au sujet des commissions de capitaines pour les deux vaisseaux. M. de La Guette avait pris ses dispositions pour donner *la Vierge* au fils de Mathurin Gabaret et *l'Anna* au chevalier de Buous (3), neveu de l'Archevêque d'Arles (4) et candidat agréé par le Cardinal.

(1) Le 15 août 1660 (*Ibidem*, fol. 240).

(2) M. de la Guette à Mazarin, Toulon, 17 août 1660 (*Ibidem*, fol. 241).

(3) Gabriel de Portenier, chevalier de Buous, capitaine de vaisseau en 1656, se retira en 1680.

(4) François Adhémar de Monteil de Grignan, archevêque d'Arles de 1643 à 1689.

Tout semblait accordé avec le secrétariat de la marine et Matharel avait même envoyé des commissions en blanc en déclarant que « l'affaire estoit sans difficulté », lorsque M. de Vendôme commanda brusquement et avec aigreur de donner *l'Anna* au capitaine Gombault (1) et *la Vierge* au sieur Ripert (2), de Toulon.

Enfin *l'Anna* et *la Vierge* étaient à Marseille le 15 août, pour charger les ballots de Son Eminence, devant laisser ce port le 20 ou le 22 pour aller toucher à Alicante. Dans leur trajet, ces vaisseaux s'arrêtèrent aussi à Cadix pour y prendre des piastres « et, notait M. de La Guette (3), comme cela n'est point de mon marché, V. E. y fera prendre garde doucement à leur arrivée au Havre de Grâce. »

Dans l'océan, les deux conserves furent assaillies par la tempête et parvinrent non sans peine au port de La Rochelle où elles durent relâcher, désemparées et faisant eau. Terron en rendait compte à Mazarin, le 10 octobre, en se demandant s'il n'allait pas être contraint de faire décharger ces vaisseaux.

Mazarin mande alors à Terron (4) de voir si l'on ne pourrait pas opérer un transbordement sur la flotte des gabelles qui venait au Havre.

L'Anna put cependant poursuivre sa route jusqu'au Havre ; quant au vaisseau *la Vierge*, il ne devait pas s'en relever. Terron le fit entrer dans le havre de Brouage, qui admettait encore des vaisseaux de 700 tonneaux, et il fit venir de Seudre *la Flûte Royale*, capitaine Baron, qui fut chargée des marchandises et les porta au Havre. Remisé en Seudre, le vaisseau *la Vierge* fut dans la suite rasé et transformé en ponton.

Outre ces disgrâces, la campagne de *la Vierge* et de *l'Anna* se terminait sur deux difficultés. La première, inéluctable, concernait les vivres ; pour la deuxième, il manquait cinq ballots à la cargaison de Son Eminence.

Au sujet de la première, le cardinal écrivait à M. de la Guette (5) : « Je vous envoye coppie d'un mémoire du sieur du Terron, par

(1) Gombault, capitaine de vaisseau en 1654, mort à La Rochelle en février 1675.

(2) C'est le sieur de Carqueranne qui commanda *la Vierge* pendant la traversée.

(3) M. de La Guette à Mazarin, Toulon, 9 novembre 1660 (Aff. Etr., *France* 909, fol. 334).

(4) De Paris, 29 octobre 1660 (Aff. Etr., *France* 1697, fol. 124).

(5) De Paris, 12 novembre 1660 (Aff. Etr., *France* 909, fol. 335).

lequel vous verrez combien le Roy est mal servy sur le fait des victuailles et du mesnagement quy s'en devroit faire dans les vaisseaux, vous y ferez réflexion.»

Déjà aux prises avec les capitaines de la division d'Alméras qui le taxaient « mesme d'estre inthéressé, ce qui me convient aussy mal que d'estre taxé de magie », le pauvre M. de La Guette avait encore à répondre de cet autre avitaillement.

Par des « appostilles au mémoire de M. du Terron » il démontrait (1) que tout avait été fourni correctement à *la Vierge* et à *l'Anna*, à la réserve d'un lot de bœuf salé qui s'était gâté et pour lequel il obligeait le munitionnaire Beuf à une rescription de 400 livres. « Ainsy V. E. peut juger sy je suis trop indulgent. »

Restait la question la plus grave, la disparition des cinq ballots. Les recherches furent d'autant plus longues que les vaisseaux portaient d'autres marchandises que les ballots du Cardinal, ce qui exposait à des méprises dans la livraison, et que la cargaison d'un des vaisseaux avait été l'objet d'un transbordement au port de relâche.

A cet égard, Colbert de Terron répondait du capitaine Baron auquel il avait confié les effets transbordés. « Tandis qu'il estoit à la Tremblade pour achepter des victuailles, précisait Terron (2), *la Vierge* et *la Flutte-Royale* estant toutes deux dans le havre de Brouage, bord à bord l'une de l'autre, M. de Carqueranne et le sieur Ycart, son lieutenant, firent passer tous les ballots de *la Vierge* sur *la Flutte* et les firent arrimer, sans la participation dudit sieur Baron, et il est vrai qu'il ne s'en est chargé que sur la confiance que je luy ay dit de prendre à M. de Carqueranne lequel, au fondz, doibt demeurer chargé du contenu en son inventaire et convenir de ce que je vous viens de dire. »

Enfin tout s'éclaircit quand M. de La Guette eut découvert une erreur de transcription qui avait fait porter en sortie d'un magasin dix caisses pour cinq qui avaient été réellement délivrées.

M. de La Guette attendait d'ailleurs d'autres ballots venant de Rome pour le Cardinal et il proposait de les faire suivre par la voie du Rhône, « à moins que de rencontrer un vaisseau de guerre qui passast en Normandie, veu qu'il y a tant de corsaires de bar-

---

(1) M. de La Guette à Mazarin, Toulon, 23 novembre 1660 (*Ibidem*, fol. 347).

(2) Terron à Colbert, La Rochelle, 16 janvier 1661 (Bibl. Nat., Ms., *Mél. Colbert* 104, fol. 408).

barie qui tiennent la mer qu'il seroit à craindre que les ballotz n'alassent plus tost en Alger qu'à Paris (1). »

Cette plaie des corsaires barbaresques devenait intolérable, aussi des campagnes successives furent-elles entreprises pour y parer. Le chevalier Paul n'était pas encore rentré de sa croisière que Mazarin se disposait à en ordonner une nouvelle, mais autrement conçue. Le retour du chevalier Paul et de sa pesante escadre allait être le signal d'une envolée de corsaires des ports des Régences ; c'était le moment de leur tomber dessus avec un petit nombre de vaisseaux rapides et bien armés. Par exemple, on donnerait à Gabaret le commandement du *Tigre*, de *la Française* et de *la Galléasse* avec aussi un brûlot, trois ou quatre mois de vivres, et cette petite division entrerait en action dès le 15 novembre (2).

Mazarin voulait, en même temps, faire armer au Havre le vaisseau *le Chasseur* et sa frégate de Dunkerque (*l'Eminente* ou *Donkerquoise*) qui passeraient en Levant pour participer à la campagne de course (3).

Mais entre le projet, l'ordre précis et l'exécution, plusieurs mois s'écoulèrent et, avec le temps, il survint des modifications.

D'abord l'état dans lequel on trouva *le Chasseur* ne permit pas d'utiliser ce vaisseau ; Mazarin pensa le remplacer par un vaisseau que le charpentier du Halde construisait, par son ordre, à Saint-Jean-de-Luz.

A Toulon, il avait été arrêté que le chevalier Paul prendrait le commandement avec la frégate *la Françoise*, ayant, pour second, Mathurin Gabaret sur *le Saint-Antoine-de-Sel* (une prise que M. de La Guette avait transformée en une forte frégate de 40 canons). On y joignait un brûlot, *le Cheval-Marin*, capitaine Campagne. Le chevalier demandait que *l'Eminente*, à laquelle il fixait un rendez-vous à l'île Majorque, fut percée entre les sabords pour armer des avirons de galères en temps de calme ; il demandait aussi qu'elle amenât en Levant douze bons canonniers de supplément (4).

Le Cardinal décide alors que cette frégate ira compléter son ar-

(1) M. de la Guette à Colbert, Toulon, 11 janvier 1661 (*Ibidem, Mél. Colbert* 102, fol. 86).

(2) Mazarin à M. de La Guette, Paris, 5 octobre 1660 (Aff. Étr., *France* 909, fol. 280).

(3) Mazarin à M. de La Guette, Paris, 13 octobre 1660 (*Ibidem*, fol. 294).

(4) Le chevalier Paul à Mazarin, Toulon, 7 décembre 1660 (*Ibidem*, fol. 363).

mement à Brouage. Par une lettre du 24 décembre à Terron (1), il informe celui-ci que la frégate, commandée par le chevalier de Buous, arrivera « au premier jour à La Rochelle » et il lui fait part des desiderata du chevalier Paul. En même temps, Terron aura à s'occuper de l'armement du vaisseau de Saint-Jean-de-Luz qu'il devra faire mettre en route de ce lieu même pour gagner le même rendez-vous de Majorque assigné à *l'Eminente*. On décida ensuite de faire passer ce vaisseau à Brouage pour y être armé (2).

L'Eminente quitta le Havre en même temps que *l'Anna* et *la Flûte-Royale* qui reçurent leurs vivres le 16 et le 17 décembre. Et les trois navires arrivèrent ensemble, à Brouage, le 15 février 1661.

Dès le lendemain, Terron adressait à son cousin un devis complet des aménagements qu'il comptait faire exécuter sur la frégate percée pour 26 canons. Il renonçait à faire ouvrir des dalots pour les avirons, dans la crainte d'affaiblir la muraille du bâtiment dont les sabords étaient « extraordinairement grands », mais il prévoyait l'établissement d'un château d'avant et de bouteilles à l'arrière, ce qui fut exécuté, pour le plus grand dommage du bâtiment. Il allait aussi, ce qui était mieux, unifier l'artillerie, composée de pièces disparates et ne comprenant que deux affûts. Le devis montait à la somme de 16.028 livres.

Il demandait enfin des ordres de l'amirauté pour utiliser le matériel provenant de *la Vierge* désarmée définitivement (3). Tous ces soins allaient remplir plusieurs semaines.

Cependant, le chevalier Paul était parti de Toulon le 9 février 1661 et, poursuivant sa croisière, il laissait, en passant à Majorque, de nouveaux ordres pour les vaisseaux qu'il ne vit jamais venir. La mort du Cardinal, survenue le 9 mars, arrêta sur place l'armement du Ponant qui se faisait à ses frais.

---

(1) *Ibidem*, fol. 373. — Ces dernières sources sont des copies, et les originaux n'étaient certainement pas de la main de Mazarin trop malade alors pour s'occuper de ces détails dont la direction était remise à Colbert, représentant le Cardinal, et d'ailleurs intendant des finances « ayant le département de la marine. »

(2) Le vaisseau de Saint-Jean-de-Luz n'arriva à Brouage que le 5 mai 1661.

(3) Terron à Colbert, Brouage, 16 février 1661 (Bibl. Nat., Ms., *Mél. Colbert* 104, fol. 416 et 422).

XXI

La mort et la succession de Mazarin. Evolution et décadence de Brouage

Au temps où Mazarin allait entrer dans la phase décisive de sa grande œuvre diplomatique, il connaissait la goutte et ses manifestations douloureuses depuis plusieurs années. Il n'ignorait pas que chaque période de surmenage était pour lui le prélude d'une attaque de fluxions articulaires ou de gravelle ; il devait donc prévoir ce qui l'attendait quand il entreprit son voyage, à la fin du mois de juin 1659.

Dès le 16 juillet, sur la route, il était aux prises avec son ennemie ; et, durement éprouvé pendant la longue période des négociations avec don Louis de Haro, il ne fut pas épargné au cours de la fatigante randonnée de quatre mois, en Provence, avec les « étranges avantures » d'un perpétuel déménagement, les incommodités d'une santé délabrée et le souci continuel des affaires.

A partir du mois de mai 1660, aux récidives des douleurs s'ajoutent les premiers symptômes d'une déchéance organique profonde ; et, quand il rentre enfin au Louvre, le 22 juillet, après ce long voyage de plus d'une année, il est à bout de forces.

Successivement se développent les complications viscérales les plus graves ; à la fin du mois de janvier 1661, l'état de crise est presque continu.

Sentant sa fin approcher, Mazarin dit un dernier adieu à son splendide palais, puis il se retire, le 10 février, à Vincennes, où il meurt, le mercredi, 9 mars, à deux heures et quart du matin, ayant épuisé toutes les angoisses et les suffocations de l'urémie (1). Il était âgé, d'après son biographe (2), de cinquante-huit ans, sept mois et vingt-cinq jours.

Le cardinal avait employé les derniers jours de sa vie à mettre en ordre ses affaires temporelles et spirituelles. Peut-être la solidarité qu'il établissait entre ces deux préoccupations lui inspira-t-elle la décision de faire don au roi de ce qu'il avait amassé par tous les moyens, ou plutôt eut-il l'astuce d'en assurer à ses héri-

---

(1) Cf. *La maladie et la mort du Cardinal Mazarin* (*La Chronique Médicale*, juillet 1925 à janvier 1926).

(2) Aubery, *Histoire du Cardinal Mazarin*, 1751, t. IV, p. 393.

tiers la possession incontestée par un acte officiel de donation au roi, comptant bien que le roi ne l'accepterait pas.

Le trois mars 1661, « sur les neuf heures du matin (1) », les notaires Le Vasseur et Le Fouin (2) se rendirent à Vincennes pour rédiger cet acte d'une donation dont le roi fit aussitôt retour au Cardinal.

Déchargé de cette préoccupation, Mazarin n'eut plus qu'à dicter ses dernières volontés. Son testament (3), reçu par les mêmes notaires dans la matinée et dans l'après-midi du 6 mars, fut, dès le lendemain, confirmé par le roi qui le signa de sa main.

Dans cette même journée du 6 mars, le cardinal avait passé contrat, par devant les notaires Le Vasseur et Le Fouin, pour fonder le collège Mazarin, ou collège des Quatre-Nations, auquel il léguait sa bibliothèque avec deux millions de francs affectés à l'achat des terrains et aux constructions, plus 15 000 livres de rente sur l'Hôtel de Ville ; et, pour incorporer à cette fondation, l'abbaye de Saint-Michel-en-l'Herm (4) « en supprimant le titre d'icelle » ; le revenu étant destiné au collège, sauf le nécessaire pour entretenir « quatre prêtres seulement » quand les religieux seraient tous morts.

Il semble que, jusqu'à sa mort, Mazarin ait été dominé dans ses actes intimes, par le souvenir et l'exemple de Richelieu.

Richelieu, en ce qui concerne Brouage, avait partagé son héritage entre son neveu Brezé qui eut le gouvernement de Brouage et d'Aunis, et son petit neveu Vignerot auquel il laissait des possessions foncières et mobilières de la châtellenie d'Hiers-Brouage avec le titre de duc de Richelieu.

Mazarin l'imita dans la distribution de son héritage. Il avait un neveu, Philippe Mancini, qu'il n'estimait guère ; il en choisit un second, dans la famille même du cardinal de Richelieu, en la personne de Armand-Charles de La Porte, Grand Maître de l'artillerie, fils de Charles de La Porte, duc de la Meilleraye, maréchal

---

(1) « Testament du Cardinal Mazariny », copie (Aff. Etr., *France* 911, fol. 53 et suiv.).

(2) François Le Fouin, notaire à Paris, du 20 février 1650 au 25 avril 1670 ; il eut pour successeur Noël de Beauvais.

(3) Ce testament fut dressé par l'avocat Jean de Gomont auquel le Cardinal laissait une somme de douze mille livres.

(4) Brevet d'union accordé par le roi le 20 avril suivant. Copie de l'acte (Aff. Etr., *France* 911, fol. 46).

de France, et de Marie Ruzé d'Effiat, et petit-fils d'un oncle de Richelieu.

A cet Armand de La Porte, déjà riche d'argent mais assez pauvre d'esprit, il avait donné, par contrat du 28 février 1661, sa nièce Hortense Mancini, née à Rome le 6 juin 1646 et n'ayant pas encore quinze ans d'âge.

Il les institua tous deux ses héritiers légataires universels (c'est-à-dire qu'ils pouvaient retenir de ses biens, sans avoir à rendre aucun compte, tout ce qui n'était pas légué spécialement à d'autres personnes) ; et, à l'imitation de Richelieu, il imposait à son neveu par alliance le nom de Mazarin par substitution au sien propre, avec le titre de duc.

A son neveu Mancini, le cardinal laissait le duché de Nevers, la moitié du palais Mazarin avec la moitié des meubles et des œuvres d'art qu'il contenait, plus cent mille livres en meubles, trente mille livres pour payer ses dettes et quatre cent mille livres de rente. Mais ici, le cardinal prend une précaution. Connaissant son neveu, il stipule, à l'égard de ces quatre cent mille livres de rente, que Mancini n'en « pourra jouir qu'en l'âge de vingt-cinq ans ; cependant, M. Colbert en aura le gouvernement et ne lui donnera que quarante-cinq mille livres de rente. »

Enfin le cardinal priait le roi « de recepvoir ledit sieur marquis Manchiny, son nepveu, en survivance aux gouvernemens et lieutenance de Roy de Brouage et de La Rochelle dont les provisions demeurent ès mains du dit sieur Colbert. »

A chacune de ses nièces, le cardinal laissait une importante somme d'argent et des rentes, sauf à Marie Mancini qu'il avait pourvue peu de temps auparavant. Quelques jours, en effet, avant le mariage d'Hortense avec le Grand-Maître, il avait conclu celui de Marie avec un prince italien, le connétable Colonna (1) ; il avait doté sa nièce de cent mille livres de rente et lui avait donné un palais qu'il possédait à Rome.

Mais ce n'est pas ici le lieu de rappeler le détail des dispositions testamentaires de Mazarin ni de ses autres libéralités posthumes. Je ne m'arrêterai qu'aux dispositions se rapportant au gouvernement de Brouage.

A part la haute charge de gouverneur général et les charges vénales de sénéchal de La Rochelle et de sénéchal de Marennes qu'il

(1) Le mariage ne fut célébré que le 11 avril 1661, au Louvre, par procuration ; aussitôt après, Marie partait pour Milan et Rome.

voulait transmettre à son neveu Mancini, Mazarin ne possédait en propre dans ce gouvernement que quelques basses charges de courtiers, de mesureurs, de contrôleurs et une partie des droits particuliers sur le sel, soit un droit de 19 sols 3 deniers qui donnait un revenu annuel de 130 500 livres.

L'ensemble revenait à son légataire universel, Armand de La Porte, duc Mazarini, sauf 7 sols de droits sur le sel qui étaient attribués à Philippe Mancini, 3 sols qu'il laissait à sa nièce Anne Martinozzi, mariée, le 22 février 1654, au prince de Conti, et 3 autres sols à Laure Martinozzi, mariée, le 30 juin 1655, au duc de Modène.

Philippe Julien Mancini, né à Rome le 26 mai 1641, n'avait pas encore vingt ans à la mort de son oncle qu'il avait constamment inquiété par son caractère et sa conduite.

A la suite d'une incartade scandaleuse commise pendant la semaine sainte de l'année 1659, avec quelques autres jeunes étourdis, il avait été, le 2 mai, exilé à Brisach et c'est seulement le 24 janvier 1660 que le Cardinal, étant à Aix-en-Provence, lui avait écrit de quitter Brisach et de le rejoindre *incognito* à Valence. Pendant tout ce temps, il l'avait tenu éloigné de la Cour, ayant déjà fort à faire avec Marie Mancini et redoutant de voir ses mesures traversées par le manège de ce neveu qui s'entendait trop bien avec sa sœur et qui était particulièrement affectionné par le roi.

Ce Mancini était un grand garçon distrait, original, indépendant, poète et bel esprit, fantasque, mais généreux et bon. Faisant peu de fonds sur ces qualités diverses, Mazarin mourant le remettait à la direction de Colbert.

Peu de temps après la mort de son oncle, Philippe Mancini échappe à Colbert et part retrouver sa sœur à Rome. En cours de route, il écrit à Colbert (1) pour s'excuser sur son « départ précipité, sans l'aveu du Roy » ; il compte que, par ses « bons ofices, cela ne produira pas un méchant effet », promettant d'ailleurs de revenir dans deux mois.

Effectivement, le 12 juillet, Mancini avisait Colbert (2) de son retour à Paris, depuis la veille. S'il ne s'est pas rendu aussitôt à

---

(1) Le duc de Nevers à Colbert, Lyon, 29 avril 1661 (Bibl. Nat., Ms., *Mél. Colbert* 102, fol. 484).

(2) Le duc de Nevers à Colbert, « ce mercredi à midi » [Paris, 12 juillet 1661] (*Ibidem, Mél. Colbert* 109 bis, fol. 779).

Saint-Germain, c'est qu'il est encore fatigué de son voyage et son « tailleur mesme n'ayant pas été ponctuel », il doit remettre au lendemain de se trouver au lever du roi.

Le jeune duc de Nevers, étant à Paris, ne néglige pas de recueillir quelques sommes d'argent qui lui reviennent. Je trouve, signée de sa main, à la date du 22 juillet 1662, une quittance de 1800 livres donnée à Antoine Jossier, trésorier général de l'Extraordinaire des Guerres, pour les appointements de lieutenant général au gouvernement d'Oléron pendant quatre des six premiers mois de l'année 1661, à raison de 450 livres par mois (1). C'est en fait son premier émargement pour le gouvernement d'Oléron. Il eut à en signer d'autres pour les charges de gouverneur et de lieutenant général dans les autres gouvernements que lui avaient légués le Cardinal (2).

Mais ce grand garçon « qui ne se souciait de quoi que ce fût », écrit Saint-Simon, ne pensait pas un seul instant à s'appliquer au soin des charges dont il était revêtu ou qui lui étaient destinées. Il ne les regardait que comme autant d'obstacles à son besoin d'indépendance. Fort aimé du roi, il occupait les postes les plus brillants : capitaine-lieutenant de la première compagnie des mousquetaires, dont le roi lui-même était capitaine, colonel du régiment d'infanterie du roi ; rien de cela, pas plus que son gouvernement d'Aunis et de Brouage, n'était capable de le retenir.

Après être resté un an à la cour, après avoir été fait chevalier de l'Ordre à la promotion du 31 décembre 1661, il ne songe plus qu'à s'échapper et il finit par obtenir du roi la permission de donner cours à sa nouvelle fantaisie.

Au mois d'août 1662, sur la route d'Allemagne, il écrivait à Colbert démonté par tant de désinvolture. Le sage et impuissant directeur redoute pour son pupille les conséquences de sa conduite inconsidérée ; il s'en ouvre au cardinal Mancini (3), à Rome, et même à la connétable Colonna (4), Marie Mancini, la propre sœur

---

(1) Bibl. Nat., Ms., *Pièces originales* 1824, dossier *Mancini-Mazarini*, pièce 4.

(2) Le détail des appointements que touchait le duc de Nevers, au titre temporaire de gouverneur général, lieutenant général et gouverneur particulier dans les quatre gouvernements de Brouage, La Rochelle, Oléron et Ré, se trouve dans la compilation, année par année, des registres de l'Extraordinaire des guerres, faite par l'abbé Dangeau (Bibl. Nat., Ms., France 22735, fol. 154 et suiv.).

(3) Colbert au Cardinal Mancini, Paris, 1er septembre et 16 octobre 1662 (P. Clément, *Lettres de Colbert*, t. VII, p. 23 et 27).

(4) Colbert à la connétable Colonna, Paris, 26 octobre 1662 (*Ibidem*, p. 28).

de l'étourdi qui est précisément sur les chemins pour aller la rejoindre en Italie.

Le duc de Nevers, déplore Colbert, « s'est mis dans l'esprit de remettre sa charge et ses gouvernemens entre les mains du Roy pour avoir la liberté de vivre selon son humeur. » Rien ne semble capable de suspendre sa détermination, le roi ne peut donc penser à lui donner en titre les gouvernements que lui a laissés le Cardinal.

Mancini poursuit sa route par Strasbourg, il va visiter l'empereur, à Vienne, il pousse jusqu'à Prague. Dans une lettre (1), partie en vers burlesques, partie en latin et signée *Dux Niversensium*, il narre son « bizarre voyage » au Père Petigot, le Père Jésuite qui lui servit d'instituteur pendant son exil à Brisach.

Il vagabonde depuis plus de trois mois ;

« *Enfin las de gémir sous les faix des voictures,*
Dans Venise je vais faire une station
Et puis, avec ma sœur, manger des confitures »,

à Rome où il fera un long séjour.

Colbert l'adjure encore, avec l'aide de sa sœur à laquelle il écrit de nouveau (2), de se ressaisir. Si l'on pouvait le fixer et le marier, on tâcherait « par ce moyen d'obtenir de la bonté du Roy de luy donner les gouvernemens de La Rochelle et de Brouage. » Mais il semble que cette insistance même n'a pour effet que de le tenir plus obstinément éloigné.

Au printemps de l'année 1664, il est à Venise ; l'état de sa santé, prétend-il (3), l'oblige à différer son retour. Il fait cependant un voyage en Espagne et, de retour à Venise, au milieu du mois de décembre, il écrit, peu après, à Colbert (4) : « J'espère passer icy le carnaval et puis me préparer à vous venir remercier en personne de toutes les bontés dont vous avés esté envers moy si libéral...! »

Or, au mois d'août 1666, il était encore en Italie. Il va, décidément, reprendre le chemin de la France, mais ce sera pour aller soigner sa santé aux eaux de Bourbon l'Archambault (5).

---

(1) Du 11 novembre 1662 (Bibl. Nat., Ms., *Mél. Colbert* 112 bis, fol. 454).

(2) Colbert à la Connétable Colonna, Paris, 27 juin 1663 (P. Clément, *loc. cit.*. p. 38).

(3) Le duc de Nevers à Colbert, Venise, 24 mars 1664 (Bibl. Nat., Ms., *Mél. Colbert* 119 bis, fol. 1108).

(4) Le duc de Nevers à Colbert, Venise, 21 décembre 1664 (*Ibidem, Mél. Colbert*, 127, fol. 329).

(5) Le duc de Nevers à Colbert, Milan, 18 août 1666 (*Ibidem, Mél. Colbert*, 139, fol. 275 bis).

Quand il rentra en France, tout était consommé ; sa compagnie de mousquetaires était passée à son lieutenant, le fameux d'Artagnan, et le duc de Navailles avait pris possession du gouvernement de l'Aunis au mois d'octobre 1665. Le duc de Nevers était libre et bien son maître, il était majeur depuis le 26 mai 1666.

La mort de Mazarin ne pouvait manquer de faire sensation à Brouage. A l'exception de Colbert de Terron qui savait trop bien quel personnage était alors son cousin pour craindre d'être atteint par l'événement, tout ce qui, à Brouage, tenait place de la main du Cardinal se mit à penser à soi et à songer aux moyens de se pourvoir.

Un des premiers atteints fut le chevalier de Buous qui était à Brouage avec sa frégate, sur le point de partir en course dans la Méditerranée. « Comme la mort d'un si grand homme ne peut ariver sans aporter beaucoup de changement, écrivait-il à Rose (1), je viens d'en resentir, en mon particulier, un prompt effet par l'ordre que j'ay receu de M. Matharel de ne point partir jusques à un nouveau ; ce qui ne m'a point surpris, conoissant, comme je fais, les choses et que tout ne provient que d'avoir esté à feu Mgr le Cardinal. »

Tel était l'état d'esprit dans la marine. A Toulon, c'était la même note, l'intendant, M. de la Guette, était inquiété ou inquiet (2).

Les officiers de la garnison de Brouage et ceux des autres places du gouvernement ne l'étaient pas moins. D'ailleurs, depuis quelque temps déjà, même du vivant du Cardinal, ils se sentaient menacés par certaines nouveautés. Le régiment des Vaisseaux était venu prendre quartier dans le gouvernement, un détachement s'était même installé dans Brouage, on n'était plus tout à fait chez soi.

Les officiers de Brouage avait député à Paris, auprès de Colbert, le plus respectable d'entre eux, le vieux capitaine de l'Isle, pour tâcher de connaître le sort qui leur était réservé. Les nouvelles que rapporta le capitaine n'étaient pas rassurantes car ils prièrent

---

(1) Le Chevalier de Buous à Rose, « secrétaire du Cabinet de Sa Majesté, au palais Mazarin », Brouage, 27 mars 1661. (Bibl. Nat., Ms. *Mél. Colbert.* 104, fol. 444).

(2) M. de la Guette à Colbert, Toulon, 29 mars 1661 (*Ibidem, Mél. Colbert* 102, fol. 376).

Terron d'écrire en leur faveur, et Camparan, dans une lettre (1) que signèrent tous les capitaines, suppliait Colbert de prendre pitié de leurs alarmes « sur le bruict qui court que Sa Majestay a résolu de nous casser et de mettre d'autres troupes pour la garde de cette place. »

A deux reprises le capitaine de l'Isle, qui a quarant-sept ans de service, écrit pour son propre compte, demandant le poste de major, si l'état-major doit être remanié, ou le maintien de sa charge et de sa pension (2).

Du Vignau, lieutenant de la compagnie de Villette-Mursay et commissaire de l'artillerie, se rend à la Cour au mois de juin avec une lettre de recommandation de Terron (3) « pour la conservation des charges qu'il y a icy. »

Le capitaine de La Villette, de l'Ile d'Oléron, se fait aussi recommander.

Colbert était assailli de lettres, même de la part des directeurs d'abbayes ; mais les sujets n'étaient pas tous également intéressants. « Je vous envoye aussy, écrivait Terron à son cousin (4) une lettre de M. Bomier, advocat du Roy à La Rochelle, pour M. de Mancini. Ce sont des orateurs qui ne perdent point d'occasion de se faire valoir. »

Quelque changement était inévitable dans le gouvernement de feu Son Eminence, cela devait s'opérer doucement par le retour naturel au régime commun, et là n'était pas le plus important.

Colbert de Terron, qui assurait l'administration financière de ce département, et Colbert, qui en avait l'inspection au titre d'intendant des finances (5), ne pouvaient méconnaître que le moment était venu de ramener à la situation la plus nette l'état de la perception dans le département, comme de réaliser au plus tôt l'actif de la succession qui permettrait l'exécution parfaite des dispositions testamentaires du Cardinal, et de sortir d'affaires avec les bureaux des finances quand ceux-ci allaient reprendre la disposi-

---

(1) Terron à Colbert, Brouage, 28 avril 1661 (*Ibidem*, *Mél.-Colbert* 104, fol. 464) ; — Camparan et les officiers de Brouage à Colbert, même date (*Mél. Colbert* 102, fol. 419).

(2) Le capitaine de l'Isle à Colbert, Brouage, 4 mai 1661 (*Iibdem. Mél. Colbert* 102, fol. 568) ; le même, sans date (*Mél. Colbert* 104, fol. 382).

(3) Terron à Colbert, 6 juin 1661 (*Mél. Colbert* 104, fol. 492).

(4) Terron à Colbert, Brouage, 17 avril 1661 (*Ibidem*, fol. 452).

(5) « Outre les autres raisons qui vous obligent à regarder à ce gouvernement », écrivait Terron à Colbert le 24 avril 1661.

tion de la ferme du sel et des élections annexées au gouvernement.

Or, depuis deux ans environ, le retard dans la recette des tailles s'était considérablement accru et la mort du Cardinal n'était pas un événement propre à accélérer les rentrées, bien au contraire.

Dans cette conjoncture, Terron songe à tirer parti de la présence de plusieurs corps de troupes comme d'un moyen de pression et il adresse à Colbert un projet d'arrêt affectant aux troupes « pour leurs monstres et pretz » ce qui reste dû des tailles et des autres impositions « et ce suivant les indications et ordonnances du Sieur Colbert de Terron. » S'il est nécessaire, « les habitans seront contraints au payement par le logement effectif des soldats. »

Les contribuables opposent une résistance active. Le marquis de Surgères, à la tête des habitants de cette paroisse, court sus aux huissiers qui ont arrêté quatre récalcitrants. « Vous pouvez juger que cela ne se fait pas sans viollence et sans dire que les tailles sont remises et que l'on est des volleurs (1). »

Le baron de Nuaillé n'agit pas mieux à Saint-Jean-de-Liversay, et son frère, le sieur de La Ferrière, « a pensé arracher le nez à un sergent avec les dents (2). »

Les droits des aides provoquent aussi des bagares avec incendie, à La Rochelle ; avec mort d'homme, dans l'île de Ré qui pourtant ne connaissait pas la taille.

Il y avait encore d'autres obstacles à la régularité des recettes. On sait que dans les élections du Cardinal, le régime des recouvrements était quelque peu insolite. Les quittances et décharges étaient expédiées de Paris par les soins de Colbert, avec un retard toujours considérable et dans une forme souvent irrégulière parce qu'on s'efforçait d'éviter l'attache onéreuse des receveurs généraux. C'était une cause de perpétuelles difficultés.

« Il est impossible que je ne vous sois pas à charge pour sortir de nos affaires de taille — écrivait Terron à son cousin (3), en lui retournant trois quittances de l'épargne inutilisables dans la forme qu'elles étaient, — les receveurs généraux de Poittiers, pour l'année 1660, m'ont faict demander sy j'aurois agréable qu'ilz fissent quelques poursuittes sur ce que l'on ne leur fournit aucune dé-

---

(1) Terron à Colbert, Brouage, 16 mai 1661 (*Ibidem, Mél. Colbert 104*, fol. 478).

(2) Terron à Colbert, La Rochelle, 9 juillet 1661 (*Ibidem*, fol. 524).

(3) Terron à Colbert, Brouage, 22 mai 1661 (*Ibidem*, fol. 480).

charge pour l'eslection de La Rochelle. » Sous une forme courtoise, c'est, de la part des receveurs, un rappel à l'ordre.

Chaque lettre de Terron ramène à la même question. « Il est impossible, lui répond Colbert (1), de pouvoir travailler à retirer ces descharges ; je vous assure que c'est une estrange chose que d'avoir à sortir d'affaires de la qualité de celles de S. E. »

Cependant, Terron travaillait à mettre en état le compte de toutes ses affaires « jusques au jour de la mort de feu Monseigneur le cardinal. » Le 17 avril, il avait envoyé à Colbert un état de la recette des droits sur le sel (2) « appartenants à la succession. »

Simultanément, les héritiers commençaient à faire acte de possession. Un sieur Morel avait été envoyé par le duc de Mazarin pour faire enregistrer dans les juridictions les actes de ses droits. « Il a esté à Marennes, écrit Terron, sans que l'on aye rien sceu, et n'y ayant pas été receu avec trop de civilité, il a creu qu'il estoit bon de me voir avant que d'aller à La Rochelle. » Terron lui donne des lettres de créance et même une lettre de crédit.

Dans la suite, les différents héritiers intéressés, le duc de Nevers, la princesse de Conti, la duchesse de Modène retirent leurs effets par l'intermédiaire d'agents d'affaires qui produisent à Brouage les procurations nécessaires.

Colbert de Terron, détourné par d'autres occupations et appelé bientôt à faire d'assez longues absences, remet peu à peu le soin de la succession du Cardinal à son neveu de Seuil qui devient l'agent d'exécution.

A Paris, le règlement de la succession avait été poussé avec la plus grande activité. Peu de jours après la mort du Cardinal, les cinq exécuteurs testamentaires désignés par le défunt : le premier président Guillaume de Lamoignon, le surintendant Fouquet, l'évêque de Fréjus, Le Tellier et Colbert, s'étaient réunis et avaient fixé au 18 mars le jour de la première séance d'un conseil de l'exécution testamentaire qu'ils constituaient et dont le travail était confié au sieur Jacques Desfita et à l'avocat Jean de Gomont, au titre de conseillers.

Le sieur François Le Bas, conseiller du roi, avait le maniement des fonds et le notaire François Le Fouin, greffier du conseil, tenait le registre des délibérations.

---

(1) Réponse de Colbert, Fontainebleau, 19 juin 1661, à une lettre de Terron, de La Rochelle, 13 juin (*Ibidem*, fol. 501).

(2) « Estat de la recette..... » (*Ibidem*, fol. 454).

A ce conseil, les légataires universels, le duc et la duchesse Mazarini, furent représentés d'abord par le sieur Boucherat, maître des requêtes, puis par Louis Berryer (1), « conseiller et secrétaire ordinaire du conseil d'Estat, direction et finances du Roy », fondé de pouvoir par acte du 25 juillet 1661.

Le conseil de l'exécution testamentaire multiplia ses réunions en même temps qu'était effectué l'inventaire général ordonné par le roi, commencé le 31 mars et terminé le 22 juillet.

Enfin, le 21 septembre 1661, le sieur Berryer, le notaire Le Fouin et l'avocat Jean de Gomont se réunissaient, ayant « achevé tout ce qui restoit à faire pour l'exécution testamentaire. »

« Nous attendons vostre volonté, Monsieur, auparavant de mettre le *finito* sur le compte, pour nous y conformer — écrivait Berryer à Colbert (2), à Fontainebleau. — Sy nous le recevons vendredy matin, nous partirons, M. Le Fouin et moy, le mesme jour pour aller à Basville faire signer ledit compte à M. le Pr président (3) et, delà, à Fontainebleau. »

Le compte ayant été arrêté et signé le 29 septembre, les exécuteurs testamentaires se félicitaient de leur diligence. « Peut-estre, écrivent-ils, qu'il n'y a jamais eu d'exemple de tant de choses exécutées en si peu de temps et avec tant de délibérations, tant de justice et tant de bonne foi (4). »

En ce qui concerne le gouvernement de Brouage, il n'y avait aucun passif ; tout au contraire, l'inventaire faisait état d'un actif en assez fortes sommes.

---

(1) Louis Berryer devint secrétaire du conseil puis des commandements de la reine Marie-Thérèse et procureur syndic des secrétaires du roi ; Colbert en faisait le plus grand cas et l'employait depuis longtemps dans les affaires qui intéressaient la fortune personnel du Cardinal ; cependant, à la mort de Colbert, on le dénonça comme concussionnaire, il mourut comme on allait vérifier ses comptes.

(2) Berryer à Colbert, Clignancourt, [mercredi] 21 septembre 1661 (Bibl. Nat., Ms., *Mél. de Colbert*, 106, fol. 231).

(3) Guillaume de Lamoignon, sieur de Basville, né et mort à Paris (1617-1677), avocat au parlement et conseiller en 1635, maître des requêtes en 1644, premier président, le 20 octobre 1658 ; il était le premier des exécuteurs testamentaires ; l'un de ceux-ci, le surintendant Fouquet, était arrêté et au secret depuis le 5 septembre.

(4) Bibl. Nat., Ms., *Mél. Colbert*, 74, fol. 67vo. — Il fut fait trois expéditions du compte de l'exécution testamentaire et trois de l'inventaire général destinés au premier président, au sieur Le Bas qui avait manié les fonds et à Colbert ; les deux registres de Colbert sont conservés dans les *Mélanges de Colbert*, vol. 74 et 75.

Il y avait d'abord une somme de 1.200.000 livres qui restait dans la caisse de Brouage et qui était représentée à l'inventaire par une promesse signée du sieur de Seuil, en date du 4 juillet 1661.

Puis la somme de 275.534 livres 1 sol 4 deniers restant à recouvrer sur les tailles des quatre élections des années 1658, 1659 et 1660.

Enfin il était dû, à la succession, 29.000 livres avancées par le Cardinal pour réparations aux bâtiments et fortifications de Brouage, îles de Ré et Oléron.

Pour la première somme, les exécuteurs testamentaires, dans une délibération du 25 mai 1661, avaient d'abord décidé qu'elle serait voiturée à Paris, « soubz bonne et seure garde » ; puis, par une autre délibération du 6 juillet, on différa le transport. Enfin, le 13 juillet, il fut arrêté qu'elle constituerait une partie des deux millions de livres que le Cardinal avait affectés à la fondation du collège des Quatre-Nations.

D'autre part, l'attribution des revenus de l'abbaye de Saint-Michel à l'entretien du collège avait été réglée. Par lettres datées de Fontainebleau, le 10 mai 1661, le roi avait pourvu à la régie du revenu de l'abbaye et nommé un économe, avec l'adresse au juge royal de Fontenay, pour en faire l'enregistrement. Mais les officiers de la juridiction de Fontenay, prétendant s'immiscer dans l'administration de l'abbaye et ordonner l'emploi des revenus, absorbaient ceux-ci presque complètement en réparations aux bâtiments du monastère.

Terron, qui suivait de près cette affaire, avait alors adressé à Colbert (1) un projet d'arrêt qui annulait des ordonnances des juges de Fontenay.

Environ un an après, au mois d'août 1662, de Seuil, sur l'ordre des exécuteurs testamentaires, s'apprêtait à faire remettre à Paris les 1.200.000 livres de sa promesse. Il comptait faire partir, le 22 de ce mois, sur deux rouliers de La Rochelle, « la somme de quatre cent mil livres en sacs d'écus de 1000 l. pièce, mis en des barils cerclés, soubz l'escorte de deux gardes à cheval bien montez et dix fantassins tirés de Brouage, armés de mousquetons (2). »

---

(1) Lettre de Brouage, 7 septembre 1661 (*Ibidem*, fol. 59).

(2) De Seuil à Colbert, La Rochelle, 20 août 1661 (*Ibidem*, *Mél. Colbert* 110, fol. 563).

Pour parfaire la somme dont il était redevable, « suivant son billet », il faisait état de 150.500 livres avancées à l'intendant Hofman de Fontenay, pour des achats de blé remboursables à l'Epargne, et de 670.000 livres avancées à la marine « par les ordres de M. de Terron », également remboursables à Paris.

Dans une lettre ultérieure, du 6 juin 1663, du Seuil, revenant sur ce compte et le rectifiant, écrivait à Colbert (1) : « Je croy que vous estes informé, Monsieur, que j'ay payé unze cens soixante et tant de mil livres à M. Mariage, sur les 1.200.000 livres de la promesse que j'avais donnée, en faveur du Collège des Quatre-Nations ; j'ay les trente et tant de mil livres restans pretz à payer. »

Il est donc bien établi que c'est de la caisse de Brouage que fut tirée la part la plus forte des fonds d'établissement du Collège des Quatre-Nations.

La « garnison ordinaire » de Brouage, qui était un des éléments typiques de cette place fermée, avait, depuis la mort du Cardinal, perdu son caractère de groupe isolé. Fortement entamée d'abord, elle ne tardera pas à disparaître complètement pour faire place à des compagnies régimentaires.

Les six compagnies franches, qui s'y trouvaient encore à la mort du Cardinal, avaient vu, pour la première fois, entrer dans la place, vers la fin de l'année 1660, un détachement du régiment des Vaisseaux. Ce détachement en sortit à la fin du mois d'avril 1661 et, le 29 mai, arrivaient deux nouvelles compagnies ; l'une du régiment de Gramont et l'autre d'Anjou, bientôt suivies d'autres compagnies de Champagne et d'Orléans qui furent réparties dans les différentes places du gouvernement. En même temps, la plupart des compagnies franches étaient cassées.

Dans la seconde moitié de l'année 1661, l'état des troupes dans le gouvernement était le suivant (2) :

Brouage contenait six compagnies régimentaires (trois de Champagne, une d'Anjou, une d'Orléans, une de Gramont) ; deux compagnies franches seulement étaient maintenues, celles des capitaines de l'Isle et Dommartin.

Dans la citadelle d'Oléron, une compagnie de Champagne et une compagnie franche, maintenue, celle du capitaine La Villette.

---

(1) De Brouage, le 6 juin 1663 (*Ibidem, Mél. Colbert* 116, fol. 91).

(2) Extraordinaire de delà [les Monts]. 1661 (Bibl. Nat., Ms. franç. 22735, fol. 154).

Au fort de la Prée, deux compagnies régimentaires, Champagne et Anjou ; plus rien de l'ancienne garnison.

Enfin, à La Rochelle, les 24 mousquetaires de M. de Survie disparaissaient, alors que la ville recevait six compagnies d Orléans et cinq de Gramont.

Ces compagnies régimentaires ne font d'ailleurs que de courts séjours et laissent place à d'autres, par un roulement continu.

Brouage et les autres places du gouvernement sont dès lors soumis au régime établi par le règlement du 12 octobre et l'ordonnance du 1er décembre 1661 (1) « portant que dorénavant il sera envoyé des troupes d'infanterie des armées de Sa Majesté dans les chasteaux, citadelles et places fortes de son Royaume et païs de son obéissance pour servir à la garde d'icelles, conjointement avec les troupes qui composent les garnisons ordinaires. »

Des officiers on ne garda que les plus anciens, les capitaines de l'Isle et Dommartin. Le bon M. de Camparan, avec le poste de major, puis celui de lieutenant du roi, restait fixé à Brouage, jusqu'à la tombe inclusivement.

Terron se chargeait d'envoyer à Colbert, pour les officiers, des notes de recommandation qui étaient du plus grand poids. « M. de la Villette, écrivait-il (2), espère qu'en lui faisant la grâce de luy donner la majorité de Brouage en eschange de celle d'Olléron, que vous luy conserverés sa compagnie et que vous la ferés passer à Brouage, ce qui se pourroit par l'eschange de quelque autre compagnie des six nouvelles venues, ou de celle de M. de l'Isle, qui est une des deux vieilles. Vous l'obligerez fort sy vous poussez la grâce jusque là. »

Le terrible grincheux Saint-Léonard étant mort le 6 août, La Villette se rejette sur le commandement d'Oléron qu'il obtient en effet quelque temps après.

Launay du Mas, en Ré, et M. de Survie, à La Rochelle, conservaient leurs postes. A Brouage, M. de Bachois était aide-major et M. de La Neuville ingénieur des fortifications.

Les lieutenants La Chapelle et du Cros, de l'île de Ré, restaient en l'air, la garnison étant cassée. Grâce à Terron ils furent maintenus comme lieutenants appointés, à la suite.

(1) Bibl. Nat., Ms. franç. 4256, fol. 9 et suiv.

(2) Terron à Colbert, La Rochelle, 11 juillet 1661 (Bibl Nat, Ms., *Mél. Colbert* 104, fol. 526).

Au mois d'août tout était réglé et Terron pouvait écrire à son cousin (1) : « J'ay receu les commissions que vous m'avés envoyé pour les capitaines maintenus lesquelz vous remercient très humblement, aussy bien que les sieurs du Cros et de La Chapelle pour leur lieutenance. »

Le véritable chef présent des garnisons c'est Terron qui représente toujours le gouverneur ; il tient en main même les capitaines des compagnies régimentaires. Le capitaine du Clouzeau, d'une compagnie de Champagne qui était à Oléron, s'étant avisé, aussitôt après la mort de Saint-Léonard, de faire afficher une ordonnance prétentieuse, grotesque et vexatoire pour les habitants, est vertement rappelé à l'ordre. Terron passe à Oléron « et, écrit-il, après avoir fait une reveue, j'ay dit hautement et fortement à ce capitaine en quoy il manquait. »

Cette prédominance se maintient jusqu'au moment où le duc de Navailles, assez jaloux de son autorité, est pourvu du gouvernement de l'Aunis.

Brouage qui perdait ainsi sa physionomie militaire si particulière de place indépendante, va jeter un dernier éclat comme centre maritime, au moins administratif, puis tomber dans l'anéantissement.

Quand mourut le cardinal, la marine commençait à renaître et la mort du premier ministre, loin de ralentir le mouvement, ne fit que l'accélérer. Simultanément chacune des autorités qui se partageaient la haute direction de ce service, comme pressée d'accuser sa prépondérance, se mit à déployer en hâte son activité.

Les agents d'exécution répartis dans les départements maritimes reçoivent coup sur coup des demandes d'états, d'inventaires et de mémoires, du secrétaire d'Etat, M. de Brienne, des bureaux de l'Hôtel de Vendôme, du surintendant des finances, enfin de Colbert, intendant des finances « ayant le département de la marine. »

Stimulés par des ordres pressants, ces agents se mettent à la tâche et c'est dans le département de Brouage que l'élan se manifeste avec le plus d'ardeur et de résultat ; nécessairement d'abord parce que la marine de Ponant devait être reconstituée, mais surtout parce que l'agent d'exécution, qui résidait à Brouage, était le cousin et le collaborateur assidu et déjà expert de Colbert.

Comme acte initial, Terron reçoit du surintendant des finances

(1) De Brouage, 14 août 1661 (*Ibidem*, fol. 592).

puis de Colbert un questionnaire daté de Paris, 13 avril 1661. Il y répond non « en une feuille de papier » mais « par un grand mémoire » dont il n'est même pas satisfait, car « il faudroit, écrit-il à son cousin, faire un livre pour dire tout ce que l'on auroit à vous faire sçavoir sur ce sujet-là. » Et les mémoires se multiplient.

Terron ne borne pas son attention à l'armement des deux vaisseaux qui sont dans le havre de Brouage et des dix autres qui sont en Seudre, à la préparation de l'escadre que le commandeur de Nuchèzes formera par la jonction des vaisseaux de Brest à ceux de la Seudre et qu'il conduira en Méditerranée, il entre dans le détail de toutes les questions qui intéressent le développement de la marine.

Le programme est immense : marchés de bois, manutention des chanvres, confection des toiles, fournitures à demander à l'étranger, recrutement, solde et primes des matelots, écoles de canonniers que Terron voudrait voir instituer à La Tremblade, à Saint-Malo et à Toulon, école de pilotage à La Rochelle, instruction et états de service des officiers, fabrication des canons pour laquelle la fonderie de Saintes est rétablie, tandis que le chantier de Soubise est remis sur pied pour de nouvelles constructions.

Le grand centre de consultation technique est à Brouage. Duquesne y apporte, en juillet 1661, les lumières de sa compétence indiscutée, puis on y voit, en janvier 1662, l'amiral en survivance lui-même ; le duc de Beaufort qui, à défaut d'expérience, fait montre d'un zèle infatigable et parfois encombrant.

Terron s'applique aussi au relèvement du commerce maritime et au développement des colonies ; il reflète l'activité de Colbert et fournit à celui-ci plus d'une idée féconde ; il stimule les marchands de La Rochelle, il propose des primes pour la construction, il établit, avec Duquesne, un plan de relations commerciales avec les pays du nord, avec la Baltique ; il entre en correspondance avec les résidents de France en Hollande, en Danemarck et surtout en Suède pour des échanges qui fourniront des canons, des bois, des chanvres, du goudron. Un traité de commerce est signé avec la Suède le 30 décembre 1662 et, chaque année, une petite division part de La Rochelle pour une campagne commerciale. L'établissement de la compagnie du Nord est préparé dès la fin de l'année 1664, la compagnie des Indes est fondée l'année suivante.

L'Acadie, le Canada ou Nouvelle-France, Terreneuve sont réveillés de leur torpeur par l'arrivée de nouveaux colons, de trou-

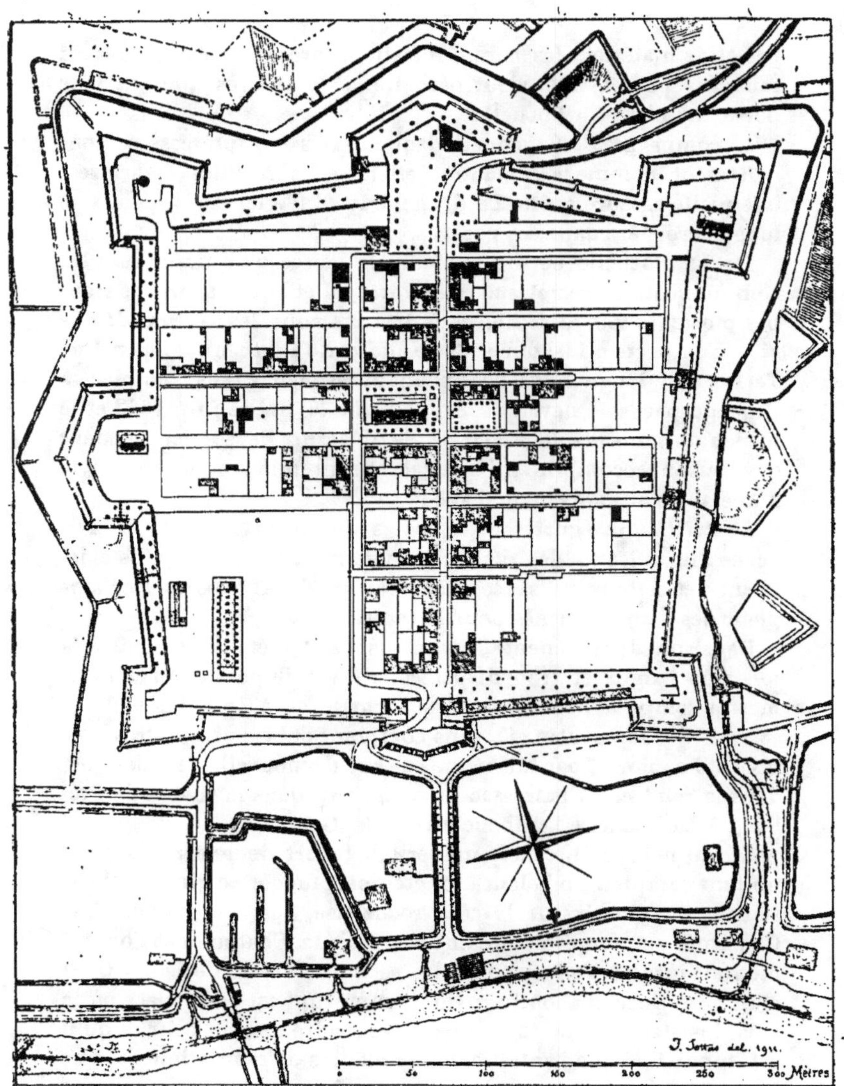

Plan de Brouage, levé en 1911.

pes et de matériel, les communications avec la métropole sont renouées par un va-et-vient périodique de navires qui ont leur port d'attache à La Rochelle.

La compagnie de Cayenne, à laquelle Terron s'intéresse personnellement comme actionnaire, englobe les Antilles françaises, une petite escadre quitte La Rochelle le 26 février 1664 pour une longue croisière dans ces parages.

De La Rochelle encore partent les vaisseaux qui assurent les communications secrètes avec le Portugal et le transport des troupes plusieurs fois rassemblées à Brouage pour les secours déguisés qu'on porte à Lisbonne. Cette affaire du Portugal oblige même Terron à de longues absences pendant lesquelles il est remplacé à Brouage par son neveu de Seuil. Entre la fin de juin 1662 et le milieu du mois d'août 1663, de Seuil assure le service pendant que Terron accomplit en Portugal une première mission suivie d'une autre au mois de mai 1664.

L'activité qui régnait sur les côtes du Ponant mettait en évidence l'insuffisance des établissements maritimes tels qu'ils existaient ; et cette insuffisance s'accordait plus mal encore avec l'ampleur des projets formés pour l'avenir.

Dans son département, Terron disposait d'établissements à la fois trop exigus et trop dispersés. « Il est impossible d'estre en mesme temps à Brouage, à La Rochelle et à la Tremblade », écrivait-il à son cousin (1), sans compter Soubise et d'autres postes qu'il explorait par lui-même en vue de nouvelles fondations, dans la Seudre, à Chatressac et, plus tard, dans le chenal de Prélart ; à La Roche, à l'embouchure de la Charente.

Ce qui manquait, c'était un véritable port de guerre formant un tout complet. On balança longtemps à fonder ce grand établissement au Plomb, sur la côte rochelaise, puis on revenait à la Charente, au Vergerou, à Saint-Nazaire (de Charente) et l'on remontait jusqu'à Tonnay-Charente sans prendre de décision. Or il était nécessaire d'aboutir. « Un homme qui est en la place où je suis, insistait Terron (2), ne peut respondre de rien pour ce qu'il est impossible que j'entretienne les affaires de mon cabinet et que je voye la dixième partye des choses qui se font pour ce qu'elles sont partagées en quatre ou cinq endroictz, et la sujettion des

(1) De La Rochelle, le 16 février 1662 (Bibl. Nat., Ms., *Mél. Colbert* 106, fol. 410).

(2) Terron à Colbert, Brouage, 16 mars 1664 (*Ibidem, Mél. Colbert* 119 bis, fol. 917).

marées faict perdre les journées entières pour aller d'un lieu à un autre. »

Mais on rencontrait tant de difficultés, on recueillait tant d'avis discordants qu'il semblait impossible d'aboutir à une détermination dans le département où se tenait Terron. Va-t-on abandonner l'Aunis pour le Port-Louis ou Brest quand l'Aunis est toujours la pépinière des marins, le grenier, le cellier où les flottes doivent s'approvisionner ?

Au retour de sa seconde mission en Portugal, Terron fait, d'octobre à décembre 1664, un voyage d'inspection sur les côtes de Normandie et de Bretagne, pour être en mesure de répondre à cette grave question. Il est précédé, accompagné ou suivi des meilleurs ingénieurs du temps, le chevalier de Clerville, Pierre Chastillon, l'ingénieur hollandais Régnier Jansse, l'architecte Blondel. Des conférences ont lieu à Brouage, en mai 1665 ; on revient à la Seudre et à la Charente et l'on s'arrête provisoirement à Tonnay-Charente.

Le 18 janvier 1665, Terron était déjà fixé à Tonnay-Charente, d'où il écrivait à son cousin : « Je suis présentement séparé de mes domestiques et de mes papiers parce que je démesnage, je quitte Brouage pour venir demeurer icy. »

Et son adieu est définitif. Nommé intendant général de la marine du Ponant le 17 août 1666, alors qu'il préludait à la fondation de Rochefort, il est souvent appelé par ses fonctions à faire de longs séjours à La Rochelle et même à Brest, mais il se désintéresse de Brouage irrévocablement perdu pour la marine, il n'y fait que de courtes apparitions pour inspecter quelque travail de réparation aux bâtiments ou aux fortifications.

C'est La Rochelle qui est le chef-lieu du gourvernement militaire auquel commande le duc de Navailles. Le port devient un grand centre d'armement pour les compagnies commerciales et coloniales, la ville sera la capitale de la nouvelle généralité constituée en 1694.

Brouage reste une simple place forte pourvue, en avril 1667, d'un gouverneur particulier, le marquis de Carnavalet, et comprise, dans la suite, tantôt dans le gouvernement général militaire de l'Aunis, tantôt dans celui de Saintonge. La ville perd peu à peu ses derniers fleurons, son siège d'amirauté transporté à Marennes en 1702, le bureau des Salines même, en 1717, son siège de juridiction, vers 1720.

Brouage est resté place militaire jusqu'en 1885. Ce que furent sa vie latente et son agonie pendant plus de deux siècles pourrait être conté en quelques pages et résumé en un mot, l'abandon. Mais le Brouage de Richelieu, le chef-lieu du riche gouvernement livré à l'exploitation de Mazarin, existe encore, telle une ruine antique au milieu d'un désert, assis devant son port comblé par une vase compacte et chevelue, dans le treizième des vingt kilomètres de la route de Rochefort à Marennes.

S'il est usé par le temps et atteint plus gravement encore par le vandalisme mercantile des démolisseurs, rien, sauf le pont tournant jeté, vers l'an 1840, sur l'étroit chenal occupant l'axe de l'ancien havre, rien du moins n'a été ajouté et c'est à l'abandon même dans lequel cette place a été laissée qu'elle doit d'avoir gardé cet aspect unique, si impressionnant, si propre à inspirer la nostalgie du passé.

Jules SOTTAS.

GÉNÉALOGIE DE LA FAMILLE DE COURBON

(*fin*)

§ V. — Branche de Blénac

9. — Courbon (Jacques de), chevalier, seigneur de Romegoux, Bresneau, l'Ileau, etc., fils puîné de Jacques de Courbon et de Jeanne Gombaud (8e degré § 1). Il se maria le 10 février 1613, (*contrat reçu Robin, notaire à Saintes*) avec Marie Tison, veuve de Godefroy de Talleyrand, comte de Grignoles, chevalier, conseiller du roi en son Conseil d'Etat, seigneur, baron de la Chaume, demeurant en son château de Blénac. Elle était fille de Jean, seigneur du Roc et de Marie de La Roche-Champagne. Jeanne Gombaud donna à son fils, en faveur de mariage, la terre de Romegoux. Il fit son testament en 1637 et en 1640. Après sa mort, Marie Tison, sa veuve demeurant au château de Blénac, fit un échange le 18 janvier 1650 avec Louis de Courbon d'Agès, marquis de Saint-Sauveur demeurant à la Roche-Courbon ; elle est dite veuve de Jacques de Courbon, chevalier de l'ordre du roi, seigneur de Romegoux, baron de Blénac, l'Ileau, etc., demeurant au château de Blénac (1). Jacques fut maître de camp d'infanterie,

---

(1) Ces notes confirment ce que dit M. Venant (*loc. cit.*, p. 333) contre Beauchet-Filleau. D'abord il n'apparaît pas que Jacques soit marquis de la Roche-Courbon ; il est marquis de Blénac. Beauchet-Filleau fait mourir le même Jacques au château de La Roche-Courbon : le château était alors habité par Jean-Louis de Courbon, dit d'Agès et Jacques dut probablement mourir dans le château de Blénac où nous voyons Marie Tison résider après la mort de son mari.

gentilhomme de la Chambre du roi et il mourut en 1640 après avoir eu : 1) *Charles*, qui suit ; 2) *Marie*, qui épousa, le 3 septembre 1639, devant Vieillevillé, notaire à Romegoux, André de Talleyrand, comte de Grignols, baron de Beauséjour et de Chavaroche, chevalier de l'ordre du roi. Elle fut dotée de 90.000 livres, dont elle se contenta par le partage noble fait entre son frère et elle, le 28 juin 1658.

10. — Courbon (Charles de), comte de Blénac, seigneur de Romegoux. En 1649, il est grand sénéchal de la province de Saintonge. Mais le premier acte que nous puissions citer le concernant est le suivant : *commission d'une compagnie franche de chevaux-légers donnée par le roi au comte de Blénac, le 18 octobre 1651*. Signé LOUIS, et plus bas, par le roi : de LOMÉNIE. Il achète en commun avec Jean-Louis de Courbon, marquis de Saint-Sauveur, seigneur de la Roche-Courbon, les terres de Torfou, du Bois et Fumeterre, qu'ils partagent et qu'ils réunissent chacun à leur propriété de Romegou et de la Roche-Courbon, par acte du 25 avril 1655. Nous trouvons ensuite : provisions de premier Chambellan du duc d'Orléans, frère unique du Roi, en date du 8 janvier 1655. Maréchal de camp en 1656. Du 27 septembre, commission de maître de camp du régiment d'infanterie des Iles. En 1659, lettres données à Toulouse qui érigent les terres de Blénac, l'Isleau et Bresneau en comté. Puis, baillette du 10 octobre 1661 où Charles prend la qualité de chevalier des ordres du roi, comte de Blénac, seigneur de Romegou. Dans une procuration de 1667, pour sa femme pour gérer ses biens pendant son absence, il est dit aussi « maréchal de camp, conseiller du roi en ses conseils, et son sénéchal en Saintonge, demeurant en son chêteau et paroisse de Romegou. » Beauchet-Filleau nous dit que Charles servit dans les armées de terre depuis le siège de Lérida. Il entra dans la marine où il fut nommé capitaine de vaisseau le 5 juillet 1670. Il reçoit le 13 juillet 1674 une lettre de Phelippeau qui dit que le roi approuve la résolution qu'il a prise de quitter le port pour se mettre à la tête de la noblesse de Saintonge dont il est sénéchal, et est satisfait de tout ce qui a été employé pour la sûreté du poste du Vergeroux. Il reçoit du roi, le 10 décembre 1670, une lettre qui lui témoigne de la reconnaissance qu'il a de ses bons services près de M. de Saint-Luc de l'armement et levée qu'il a fait d'une compagnie de gens de pied pour conserver au roi la place de Soubise attaquée par les rebelles. Par provisions données à Condé, le 13 mars 1677, il fut nommé gouverneur et lieutenant général des

îles françaises de l'Amérique. En 1683, nous le trouvons au bombardement d'Alger, puis il prend un congé en France en avril 1683. Le 31 décembre de la même année, il fait un testament mutuel entre lui et sa femme et il repasse en Amérique en 1684. En 1689, à la veille de rentrer, il demande un gouvernement en France. En 1696, enfin, « le comte de Blénac, ci-devant gouverneur des îles, demande de l'emploi, même le gouvernement d'un brûlot, plutôt que de ne rien faire. Il représente que pendant la guerre civile, il fut député par la noblesse de Saintonge à Bourges, pour assurer Sa Majesté de leur fidélité, qu'ensuite, il obtint une compagnie franche, défendit la ville de Cognac contre M. le Prince [de Condé] qui, de chagrin, fit brûler sa maison, que deux ans après, il fut incorporé dans le régiment de cavalerie du cardinal de Mazarin, commanda une brigade de cinq régiments, fut fait maître de camp d'infanterie avec brevet de maréchal de camp. En 1656, a commandé les vaisseaux du roi, puis gouverneur et lieutenant général des îles françaises de l'Amérique pendant quatorze ans. » Il mourut à la Martinique le 10 juin 1696. Il avait épousé par contrat du 27 septembre 1649 (reçu Gaillon) Angélique de la Rochefoucauld-Bayers (1), fille de Louis, seigneur de Bayers et de Marie Bouyer, et veuve de Louis de la Rochefoucauld-Bayers son cousin (2). De ce mariage sont nés onze enfants : 1) *Charles* né le 20 novembre 1651 à Romegou. En 1674, il servait en Perse depuis trois ans où il commandait une campagne d'infanterie et y avait reçu deux graves blessures. Enseigne de vaisseau en 1683, nous le trouvons dans le Levant en 1693 comme capitaine de vaisseau ; il est fait chevalier de Saint-Louis le 1er février 1694. Il a été aussi grand sénéchal de Saintonge. Il mourut célibataire à Paris le 2 janvier 1700.

2) *Louis*, marquis de Contré. Il reçoit le 21 novembre 1675 le brevet d'enseigne de vaisseau. Capitaine de vaisseau en 1689, il commande les vaisseaux « *le Maure* « et « *la Perle.* » Chevalier de Saint-Louis en 1699, il succéda à son frère le 30 janvier 1700 comme grand Sénéchal de Saintonge. En 1709, il prit le titre de

(1) Notre document indique comme étant ses armoiries : « *d'azur à trois fermeaux d'or, l'ardillon en pal, accolé d'un burelé d'argent et d'azur de dix pièces, et trois chevrons de gueules brochant sur le tout.* Etat des armoiries des habitants de Paris des 23 novembre et 20 décembre 1697.

(2) Une notice plus étendue a été donnée par Delavaud : *Lettres de Michel Bégon. Arch. Hist. Saint. et Aunis.* XLVII, 1925, p. 277.

comte de Blénac, après la mort de son frère aîné. Par une lettre du roi en date du 1er septembre 1796, il est autorisé à rentrer en France pour raison de santé, et à servir au port de Rochefort, où il mourut sans héritiers le 9 juillet 1722, ayant survécu à tous ses frères. Par son testament devant Tayaud, notaire à Rochefort, le 5 juillet 1722, il déclare que c'est Gabriel-Madeleine, son neveu, qui est appelé à la substitution dont il jouissait.

3) *François*, qui suivra ; 4) *Jean-Louis*, rapporté au § VI. 5) *François*, reçu chevalier à Malte, le 23 août 1662, enseigne de vaisseau en 1671, il demanda en 1687, alors qu'il était lieutenant de vaisseau, la majorité du Ponant, en considération de ses dix-sept années de service ; capitaine de vaisseau en 1696, il épousa en 1716 Madeleine de Bonnegens dame de Saint-Mandé, fille de Joseph, lieutenant général au siège de Saint-Jean-d'Angély et de Marie Lemaistre. Il mourut en 1719, laissant *Madeleine* qui, le 26 février 1729 épousa Armand Louis de Lescours, Chr sgr de Paransay et Machecou, près Saint-Jean-d'Angély, fils de Louis et d'Elisabeth Green de Saint-Marsault.

6) *Jean*, dit le chevalier de l'Houmée, capitaine de vaisseau, mourut sans descendance en 1696. 7) *Marie-Anne*, nommée par le roi abbesse de N. D. de Molesme (O. C.), diocèse de Châlons-sur-Saône, le 31 octobre 1711. 8) N... religieuse à Pey-Berland, Saint-Genard (Deux-Sèvres). 9) N... religieuse au couvent Fontevriste de Tusson (Charente). 10) *Claire* ; 11) *Marie* toutes deux religieuses aux Ursulines de Saint-Jean-d'Angély.

11. — Courbon (François de), dit le chevalier de Courbon, comte de Blénac, né en 1658. Chevalier de Malte en 1662, il laissa la croix en 1695, pour épouser le 7 septembre 1697 Esther Drault, nouvelle convertie, fille de Pierre, seigneur de Rochebreuil, en Poitou. En 1692, il était dans la marine depuis dix-huit ans ; il fut nommé major en 1693 et capitaine de vaisseau en 1696, il mourut en 1700 laissant deux enfants. 1) *Gabriel-Madeleine*, qui suit. 2) *Charles-Angélique*, dit comte de Blénac, marquis de Courbon et de Contré, né en 1699. Capitaine de Cavalerie au régiment de Clermont, il avait épousé le 8 novembre 1737 Anne-Marie Peirenc de Moras, qu'il avait enlevée à Paris, fille de feu Abraham, maître des requêtes ordinaires, directeur général de la compagnie des Indes, et de Anne-Marie Fargès. Le ravisseur fut condamné à avoir la tête tranchée, tandis que le curé qui le maria, François Pillot, et même son père furent condamnés par le parlement à trois ans de galères. La première sentence, au moins, ne fut pas exécutée,

puisque Charles-Angélique mourut sans héritier, à Genève. Anne-Marie de Moras, Comtesse de Courbon, épousa le 17 février 1750 le comte de Merle (1).

12. — COURBON (GABRIEL-MADELEINE), Chevalier, Comte de Blénac, Baron de l'Isleau, seigneur de Romegou, Contré et Chantemerlière (près Aulnay), grand sénéchal de Saintonge, capitaine au Royal-Piémont-Cavalerie, épousa, le 17 juin 1723, Anne Garnier de Salins, fille de Jean-Baptiste, marquis de Salins, lieutenant de vaisseau, et de Catherine de Saint-Amand. Gabriel-Madeleine décéda le 27 novembre 1755, âgé de 58 ans, tandis que sa femme mourut en 1763. Ils eurent : *Arnould-Pierre* qui suit.

13. — COURBON (ARNOULD-PIERRE DE), Comte de Blénac, baron de l'Isleau, marquis de Contré, seigneur de Chantemerlière, etc., né le 6 juin 1726. Il épousa en premières noces Anne-Catherine Barthommé de Barbeau, le 4 juin 1752 (contrat reçu Jouet, notaire à Saintes), et en deuxièmes noces Geneviève-Pétronille Mesme de Monbeau, veuve Allard. Arnould mourut à Paris le 26 mars 1784. Son testament est du 11 mars 1784, devant Chaillot et Ramsan, notaires à Paris, insinué à Saint-Jean-d'Angély le 25 septembre 1784. Du second lit il n'y eut pas d'enfant. Du premier il y eut : 1) *Arnould-Gabriel-Anne-Pétronille*, qui suit ; 2) *Anne-Christophe-Elisabeth*, né le 8 mars 1756, page de la grande écurie du roi Louis XV, sous-lieutenant au régiment Royal-Vaisseaux. Il assista en 1789 à la réunion de la noblesse de Saintonge. Colonel de la Garde nationale à Saintes en 1790, chevalier de Saint-Louis le 8 mai 1791, il émigra en Russie où l'empereur le fit chevalier de Malte en 1798. A son retour, il fut commissaire général de police à La Rochelle du 18 octobre 1815 au ... mai 1816. Il décéda à Bordeaux le 27 novembre 1825. Il avait épousé en 1781 Marie-Catherine-Elisabeth-Charlotte Viennot de Vaublanc, d'où sont nés : a) *Marie-Anne-Catherine*, née au château de Vincennes, le 27 juillet 1784 ; b) *Louise-Hyacinthe-Cécile*, née à Paris, le 23 avril 1787. Elle épousa le 13 mai 1782, Charles-Auguste de Vaublanc, son cousin germain, officier de dragons, retraité pour blessures de guerre, chevalier de la Légion d'Honneur, agent comptable du

(1) Voir au sujet de cet incident : *J. Claretie. Un enlèvement au* XVIIIe *siècle*, Paris, Dentu, 1833, in-18, quatre eaux-fortes de Lalauze. Réimpression en volume de l'article paru dans le *Journal officiel* du 9, 10, 20 et 22 décembre 1876. Analyse in : *B. A. S. A.* I, p. 12 et IV, p. 146.

dépôt de dragons de Saint-Jean-d'Angély ; elle est morte le 23 décembre 1845.

3) *Arnould-Christophe-Marguerite*, vicomte de Courbon-Blénac, ondoyé le 13 mars 1757 (cérémonies de baptêmes supplées le 28 février 1758). D'abord page du roi, il devint ensuite officier au régiment de Barrois. Il épousa le 29 mai 1792 à Lisieux, Julie de la Lande, fille de François et de feue Madeleine Porte de Marencourt. De ce mariage sont nés : a) *Henriette-Julie-Théodore*, née le 22 messidor an 8 (11 juillet 1800), à Paris, 2e arrondissement ; b) *Hippolyte-Marguerite*, née le 21 thermidor, an 10 (9 août 1802), à Poissy, arrondissement de Versailles ; c) *Théodore*. L'an II de la République, Arnould-Christophe-Marguerite, trouvant « odieux à un sans-culotte républicain » les noms qu'il porte vint à la mairie de Saintes déclarer officiellement qu'il s'appellera désormais Unité La Lande, du nom de sa femme qu'il avait épousée en 1792 (1).

4) *Charles*, qui mourut à trois ans et fut inhumé le 22 mai 1761 dans l'église Saint-Maur à Saintes (2).

14. — Courbon (Arnould-Gabriel-Anne-Pétronille), baron de Blénac, seigneur de Romegou, de Bresneau, de Contré, etc., né le 1er mars 1754, page du roi, lieutenant au régiment de Jarnac-Dragons, convoqué à la fois à Saintes et à Saint-Jean-d'Angély, pour y nommer les députés aux Etats Généraux. Il émigra en Russie où il devint premier écuyer des empereurs Paul et Alexandre, chevalier de Malte en 1798. Il mourut à Saint-Pétersbourg, le 1er avril 1801. Il avait épousé le 20 mars 1783, Marie-Anne-Rosalie Turpin de Jouhé ; le divorce fut prononcé entre eux pour cause d'émigration. Marie-Anne était fille de Casimir-Auguste-Alexandre, marquis de Jouhé, et de Jeanne Françoise du Mosnard de Villefavard. De ce mariage sont nés 1) *Anne Sophie-Constance-Rosalie-Pétronille*, née le 12 janvier 1784 à Romegou, pensionnée du roi sur sa cassette ; 2) *Françoise-Emilie*, née le 28 avril 1786, à Romegou, dame de la maison de Saint-Denis et pensionnée de la Légion d'Honneur en 1817, et du roi sur sa cassette ; elle épousa le 18 septembre 1817 Alexis de Vienne, officier du génie ; 3) *Arnould-Casimir-Sophie*, qui suit ; 4) *Marie-Eugénie*, née le 17 août 1790, élève de la maison impériale d'Ecouen ; elle avait été une des six

---

(1) Bulletin Archives Saintonge Aunis, II, p. 85.

(2) *Ibidem*, XV, p. 443, note 4.

dotée d'une pension par l'empereur ; dame de la maison royale de Saint-Denis, pensionnée de la Légion d'Honneur en 1817 et encore du roi sur sa cassette.

15. — Courbon (Arnould-Casimir-Sophie), né le 5 novembre 1787 à Romegou. En 1802 il est allé en Russie avec M. d'Hédouville son parent, qui était alors ambassadeur. Elève de l'école spéciale militaire de Fontainebleau, par décision du 1er juin 1803, admis le 31 août de la même année. Sous-lieutenant en 1805, lieutenant en 1807, capitaine en 1808, puis en 1813, capitaine au régiment des grenadiers de la Garde nationale, il prit part à plusieurs campagnes de guerre: An XIV, Armée du Nord ; 1806-1807, Prusse-Pologne ; 1808-1813, Espagne-Portugal. Il fut blessé à Friedland et à Bunaco (27 septembre 1810) (1). Chevalier de la Légion d'Honneur le 1er octobre 1807, il est mort à Mayence le 2 novembre 1803 au retour de Dresde et de Leipzick où il avait été fait officier de la Légion d'Honneur et nommé commandant de bataillon du 2e régiment de grenadiers.

§ VI. — Branche de Champdolent

11. — Courbon (Jean Louis de) seigneur de Romegou, dit le marquis de Blénac, fils puiné de Charles et d'Angélique de la Rochefoucaud (10e degré, § V.). Enseigne de vaisseau en 1673, capitaine de vaisseau à Brest en 1694, il mourut dans son château de Champdolent à la fin de 1714 (*min. Senné*). Il avait épousé par contrat du 24 juin 1706 (*reçu Barbotin*) Sophie de Pons, dame de Champdolent dont il eut : 1) *Renaud*, dit le Gros, marquis de Blénac, baron de Champdolent, Bords, Archingeay, capitaine au régiment de cuirassiers du roi, Chevalier de Saint-Louis, le 16 septembre 1748, il épousa Marie-Thérèse Poute, fille de Arnoul-Claude, dit le marquis de Nieul et d'Augustine-Jeanne des Francs. Il ne put comparaître au ban de la noblesse convoquée en 1750, en raison de ses infirmités, et il mourut le 11 août 1787 à Saintes sans postérité. Sa succession fut partagée entre Esther-Adelaïde-Marie-Madeleine de Turpin, fille de Louise-Sophie Constance de Courbon-Blénac, épouse de M. de Turpin de Jouhé, M. de Rosilly et Sophie-Jacques de Courbon, colonel d'Auvergne, ses neveux, le 17 octobre 1787, devant Bigot, notaire à Saintes.

---

(1) Ces derniers détails très aimablement communiqués par M. Léonce Grasilier.

2) *Jean-Sophie*, alias, *Charles*, qui suit ; 3) *Marie-Louise-Sophie-Constance* qui épousa le 3 juin 1732, au château du Douhet, François de Turpin comte de Jouhé, seigneur de la Vergne et de Bouin (Deux-Sèvres). 4) *René*, né en 1712, prêtre, prieur de Bonneville en 1761. 5) *Françoise-Charlotte*, indiquée dans les minutes de Senné notaire à Saintes.

12. — Courbon (Jean-Sophie, *alias* Charles), comte de Blénac, chevalier-seigneur de Champdolent, né en 1710, capitaine de vaisseau, chef d'escadre, Grand-croix de Saint-Louis. En 1762, il commandait l'escadre de Saint-Domingue, lieutenant-général des armées navales en 1764 (1). Marié à Jeanne-Sylvie de Longueville, il mourut le 23 août 1766 laissant : 1) *Sophie-Jacques* qui suivra. 2) *Marie-Renée*, qui épousa Étienne de Rosilly, contre-amiral en 1803, vice-amiral et comte en 1819, commandeur de l'ordre royal et militaire de Saint-Louis en 1818, Grand-Croix de la Légion d'Honneur en 1814.

13. — Courbon (Sophie-Jacques de), baron de Champdolent, seigneur de Bords, d'Archingeay de l'Houmé et de Baconnay, maréchal de camp, lieutenant-général des provinces de Saintonge et d'Angoumois, chevalier de Saint-Louis. Entré dans la marine en 1761, successivement enseigne, puis lieutenant de vaisseau, il quitta la marine en 1777 et, la même année, il fut nommé capitaine au régiment de Dauphiné. Maître de camp en second de ce régiment en 1780, le 10 mars 1788, il était maître de camp commandant le régiment d'Auvergne et il obtint le grade de maréchal de camp par retraite le 1er mars 1791.

Il fut convoqué aux États-Généraux de 1789, simultanément à Saintes pour sa terre de la Roche-Courbon et à Saint-Jean-d'Angély pour sa terre de Champdolent (2). Il acheta la terre de la Roche-Courbon sortie de sa famille depuis 1714.

De son mariage, contracté le 14 juin 1773 avec Léontine-Marie de Verdelin, fille de Bernard, marquis de Verdelin, et de Madeleine de Brémond d'Ars, il eut : 1) *Charles-Renaud*, né en 1775, mort à l'affaire de Quiberon (3). 2) *Charles-Pierre-Hippolyte*, né le

(1) Voir une lettre de lui publiée par L. Meschinet de Richemond : *Les marins rochelais*. 2e Edition, La Rochelle, Foucher 1906, p. 136.

(2) Pour plus de détails sur ce personnage, voir H. Venant, loc. cit. p. 343.

(3) Charles-Renaud de Courbon n'est pas indiqué dans la liste publiée par Audiat : *Bulletin Archives Saintonge Aunis* V. p. 365.

24 juillet 1778, élevé à l'école de la noblesse, à Chaillot, près Paris, chevalier de Malte, commandeur de la Légion d'Honneur, croix de Saint-Louis, il parvint au grade de colonel. Il fut chambellan du prince Gérôme, roi de Westphalie, aide de camp de Berthier, prince de Wagram, lieutenant des gardes-du-corps, compagnie de Luxembourg, maréchal de camp le 13 décembre 1821. Il mourut à Paris le 16 octobre 1859, dernier représentant mâle de sa famille. 3) *Charlotte-Ernestine*, qui épousa le 29 floréal an VII (18 mai 1199, *Contrat reçu Pichon*) Gabriel-Marie-Théodore d'Hédouville, général de division, pair de France, ambassadeur en Russie, grand officier de la Légion d'Honneur et chambellan de Napoléon III.

APPENDICES

I

Nous devons à notre collègue M. Dumontet, d'Archiac, communication d'un document relatif à un certain Henry de Courbon, écuyer, seigneur de la Broillanche. Le document que nous a communiqué notre collègue est une copie du xviiie siècle d'un acte de vente de 1458. Voici les quelques notes dont M. Dumontet a bien voulu accompagner son envoi : « Le nom de la Broillanche est inconnu dans la région, et je ne l'ai jamais rencontré dans la grande quantité de documents anciens que j'ai compulsés. »

Quant à nous, parmi les titres de seigneurs de Courbon, nous n'avons jamais rencontré celui de seigneur de Broillanche.

D'autre part, ajoute M. Dumontet, « est-ce bien dans cette seigneurie que se trouvent les pièces de terre arrentées par Henry de Courbon ? »

Mais à un kilomètre à vol d'oiseau d'Archiac, se trouve un village nommé La Roche, qui jusqu'à la fin du xviiie siècle s'appelait La Roche-Courbon, comme le prouvent les actes notariés suivants dont nous devons communication à l'amabilité de M. Dumontet :

I. « Suivant acte reçu par Chevreux, notaire à Archiac, le 12 février 1768, Henry Dusault, écuyer, sieur Delamirande demeurant en son logis de Senouches, paroisse de Saint-Sauvant, agissant comme légataire de la tante, Marguerite Dusault de Riveron, par testament du 8 juillet 1754, a cédé ses droits à Pierre Dupuy dans le logis noble, fief et métairies de Riveron, Laroche-Courbon et La Sibauderie... Droit de sépulture en la chapelle de Notre-Dame de l'église paroissiale d'Arthenac, et dans tous autres droits d'agriers ou honorifiques dépendant des susdits fiefs de Fléac et Mélas. (*Etude de M. Robert, notaire à Archiac*).

II. Acte de Chevreux, notaire à Archiac en date du 20 septembre 1775 contenant l'hommage rendu par Pierre-Jacques Bonneau, avocat en la cour à Pierre Dupuy, seigneur de Rivèron, la Sibaudérie, Laroche-Courbon, Fléac et Mélas, au sujet d'une maison, jardin et basse-cour d'Archiac, comme aussi d'une pièce de terre au court ennoblies par Dusault, sieur de la Barde, seigneur du fief de Fléac et Mélas. (*Etude de M. Robert*).

III. Acte de Brûneteau notaire en Angoumois en date du 13 juin 1786. Vente par Jean-Pierre-Marie dit Larose fils, marchand boucher demeurant à Archiac à Jean Rébillier le jeune marchand boucher, demeurant au dit lieu d'Archiac, paroisse de Saint-Pierre, d'une pièce de terre au lieu appelé le Pastis contenant quarante carreaux à 27 pieds la chaine, confrontant au nord au chemin qui conduit du dit lieu d'Archiac à La Roche-Courbon, etc .. (Archives de M. Dumontet).

Le nom de ce village ne peut dater que de l'époque ou ce fief était possédé par Henry de Courbon, nous fait remarquer M. Dumontet. Or, au XVIIIe siècle, la famille de Courbon ne possédait plus ce fief, on est ainsi porté à croire que peut-être ce La Roche-Courbon serait l'origine du nom de la famille que nous venons d'étudier.

Le document, dont la longueur rend la publication difficile, ainsi que les actes notariés sont très intéressants : l'un en ce qu'il nous révèle l'existence d'un Henry de Courbon, écuyer, seigneur de la Broillanche ; les autres en ce qu'ils nous apprennent qu'il existe à proximité d'Archiac un lieu dit de même nom que celui qui nous intéresse. Malheureusement, en l'absence de titres, il est impossible de rapporter à aucun des Courbon que nous avons signalé, celui dont la pièce de M. Dumontet nous révèle l'existence, Henry de Courbon, seigneur de la Broillanche.

Mais peut-être pourrait-on demander davantage à cet acte de vente du XVIe siècle qui nous parle du seigneur de la Broillanche. On sait que ce n'est qu'en 1575, que la famille de Courbon devint propriétaire de Romette, appelé par la suite la Roche-Courbon. On sait également que la famille de Courbon était établie en Saintonge depuis le XIVe siècle, où elle comptait parmi les meilleures familles de la province. Peut-être est-on autorisé à voir dans le La Roche-Courbon des environs d'Archiac, l'origine du nom de la famille qui fait l'objet de notre étude. En l'absence de documents plus précis, il serait imprudent d'être affirmatif.

II

Aussitôt la distribution du numéro de la *Revue de Saintonge et d'Aunis* dans lequel avait paru la première partie de notre étude, nous avons reçu une intéressante lettre de notre aimable collègue M. Maurice Pouliot, secrétaire de la Société des Antiquaires de l'Ouest. A propos de Jacques de Courbon (§ I. Branche de Saint-Léger. II. Jacques de Courbon), nous disions : « Un extrait des actes et ordonnances de l'église collégiale de Poitiers... ». « Cela n'est nullement une désignation », nous fait remarquer le savant poitevin. Car à Poitiers, il y avait les collégiales de Saint-Hilaire, Notre-Dame-la-Grande, Sainte-Radégonde, Saint-Pierre-le-Puellier. De laquelle de ces églises s'agit-il ? Aux archives de la Vienne, il serait peut-être possible de retrouver l'original puisque nous donnions la date du 11 avril 1665.

Notre collègue M. Salvini a bien voulu se charger de faire ces recherches, et il nous a fait savoir qu'il n'a pu découvrir de quel chapitre de Poitiers il s'agissait dans notre citation. « J'ai cherché dans les fonds des quatre collégiales et aussi dans celui de la cathédrale », nous dit M. Salvini.

Sur le même personnage de notre généalogie, M. Pouliot nous fait remarquer : « D'autre part, vous dites que dans la sacristie de cette église, il y a un vieux tableau où on lit : « Cy-git Jacques de Courbon... tué à la bataille que donna le roi Jean contre les Anglais en 1356. » « Il s'agit évidemment de la bataille de Maupertuis, dite de Poitiers, à laquelle le roi Jean fut fait prisonnier. Or une tradition prouvée, je crois, et qui est bien plus qu'une légende, rapporte que les chevaliers tués à cette bataille furent enterrés à l'église des Cordeliers de Poitiers, dont quelques débris subsistent encore au centre de la ville en face du chevet du Palais. »

Question de la collégiale ! Question de la bataille de Poitiers ! Le mutisme des documents d'une part, l'inexactitude d'un fait de l'autre, viennent donner du poids au « tout cela est bien douteux » de Beauchet-Filleau et viennent s'ajouter aux arguments donnés par Mgr de Beaumont dans la partie de son mémoire où il discute des origines de la famille de Courbon.

Les deux points que la lettre de M. Maurice Pouliot nous a donné l'occasion de préciser montrent bien qu'il n'y a rien de moins sûr que les deux premiers degrés de la généalogie de Courbon tels que la famille et les vieux généalogistes l'avaient indiqué. Répétons que la vérité historique n'est solidement établie qu'à partir d'Arnauld, fils de ce Jacques objet de la lettre de M. Pouliot.

R.-P. B.

NOTES D'ÉTAT CIVIL

A La Rochelle est décédé, le 22 décembre 1927, M. Martial-Ferdinand Moindron, âgé de 79 ans, président honoraire du tribunal civil de Marennes. Il épousa Mlle Oltramare.

Sans enfants, il adopta deux neveux : MM. Jean et Pierre Oltramare-Moindron.

Il fut juge suppléant au tribunal civil de Saintes en 1877. Il passa l'année suivante, en la même qualité, à Marennes.

Le 9 janvier 1928, à Saint-Jean-d'Angély, est décédé M. le lieutenant-colonel Guyonnet, âgé de 76 ans. Il laisse de son mariage avec Mlle Deléonet quatre enfants : MM. Maurice et Jacques Guyonnet, Mmes Schmitt et Larade.

NOUVELLES

Le ministre du commerce ayant décidé de remplacer les timbres-poste de 2, 3, 5, 10 et 20 francs, actuellement en cours, un jury, désigné par la Direction des Beaux-Arts, a choisi, après concours, notamment le projet de M. Cheffer, représentant le port de La Rochelle pour le timbre de 20 francs. (Voir le numéro de l'*Illustration* du 12 décembre 1927).

M. R. Serres vient d'éditer, en couleurs, une très belle eau-forte de la porte du xve siècle de Saint-Jean-d'Angély.

M. Fleury, graveur, 22, avenue Jean-Guiton, à La Rochelle, s'est consacré à une œuvre gravée, sous le titre de « Mon premier été à La Rochelle » qui comprend quatre séries pour portefeuilles.

La Société se propose de fêter, en octobre, le centenaire de l'entrée de René Caillié à Tombouctou.

LIVRES ET REVUES

Annuaire-Bulletin de la Société de l'Histoire de France, année 1926.

M. Samaran étudie *la Chronique latine de Jean Chartier* (1422-1450) qu'il compare avec la Chronique française du même et la Chronique du héraut Berry.

« Cette impression, dit-il, que la Chronique de Berry n'est pas toujours une œuvre originale, se précise dans le second fragment (prise de Cognac et de Saint-Maigrin). La Chronique latine de Jean Chartier indique fort exactement que ces places sont situées aux confins du Bordelais et de la Saintonge (*Burdigalie Xanctonieque fines actingencia*). L'idée passe dans la Chronique française, bien que la Saintonge n'y soit pas nommée, grâce à la locution suivante « assis au pays et *dessus les marches* du Bourdelais. » Mais on ne la trouve plus dans le héraut Berry qui, en écrivant : « au pays de Bourdelois » se comporte comme s'il avait lu hâtivement et sans le comprendre tout à fait le passage de Jean Chartier ou de toute autre source analogue.

Bulletin philologique et historique du Comité, année 1925.

M. A. Vidier publie la *Chronique des Archives départementales* pour 1925. Sous ce titre il donne l'inventaire sommaire des acquisitions faites dans tous dépôts d'archives départementales de France : dons, achats, restitutions. On remarque que plusieurs notaires se débarrassent de leurs vieilles minutes. M. Latapy, à Rochefort, a donné celles de Querton, notaire à Saint-Laurent-de-la-Prée (1668-1731) ; Dubois, notaire au même lieu (1750-1762) ; Querthon, notaire à Fouras (1744-1780) ; Helle, Barbereau et Grésil, notaires à Rochefort (1722-1767).

Les noms de ces trois derniers ne figuraient pas dans la nomenclature de 1867.

Bulletin du Comité des travaux historiques et scientifiques, section des Sciences économiques et sociales, 1926.

Etude de M. Boissonnade sur la *Navigation intérieure du Poitou et des Charentes*.

Bulletin de la Société archéologique de Nantes tome 66 (1926).

Page XXXVI, compte rendu de la découverte de *trois sarcophages mérovingiens du* VIIe *siècle aux Sables-d'Olonne*, par M. Fernand Ydier. Ces sarcophages sont en pierre de Saint-Savinien (Charente-Inférieure).

Luçon. Imp. S. Pacteau.

LA REVUE

Publiera dans les prochains numéros

De l'**Option des Religieux entre la Vie commune et la Vie privée dans la Charente-Inférieure**, par feu M. le Chanoine LEMONNIER.

État des armoiries du clergé de Saintonge en 1697.

Jean Perreau, pasteur à Saujon, par M. Ch. DANGIBEAUD.

Marché pour fournitures de tapisseries, par M. Ch. DANGIBEAUD.

En suivant deux voies préromaines de la Saintonge, par M. Marcel CLOUET.

Titres de noblesse des Desmier, par M. l'abbé BARBOTTIN.

M. Cousseau de la Richardière, vicaire général de La Rochelle, par M. le Chanoine UZUREAU.

La haute Société de Saint-Seurin d'Uzet, par M. M. PELLISSON.

Madame de Chatillon, dame de Clam, par M. Ch. DANGIBEAUD.

Les personnes qui ne collectionnent pas la *Revue* sont instamment priées de renvoyer à la Société le numéro 2 de 1924 qui lui fait défaut.

On le rachète.

LUÇON (VENDÉE). — IMPRIMERIE S. PACTEAU

REVUE

DE

SAINTONGE & D'AUNIS

BULLETIN DE LA SOCIÉTÉ

DES ARCHIVES HISTORIQUES

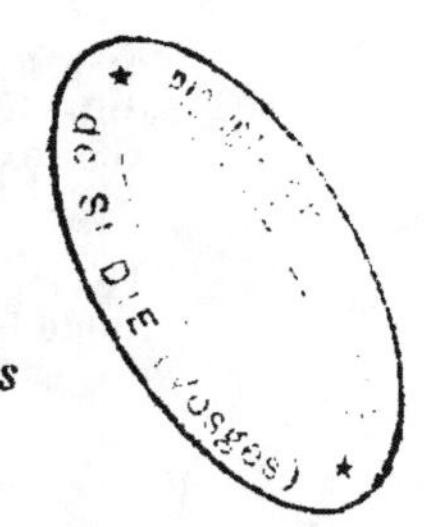

XLIIIe Volume. — 3e et 4e *Livraisons*

Un chèque postal pour payer les Cotisations (beaucoup en retard) coûte quarante centimes.

Evitez la quittance présentée par la poste qui coûte quatre fois autant.

Le titulaire d'un compte courant postal peut s'acquitter par un virement postal.

(Voir couverture, page 2).

SAINTES

LIBRAIRIE DELAVAUD

5, COURS NATIONAL

1928

ADMINISTRATION DE LA SOCIÉTÉ

BUREAU

Président d'Honneur : M. F. Chapsal, Sénateur, maire de Saintes.
Président : M. Charles Dangibeaud, 14, rue des Ballets, Saintes.
Vice-Président : M. Maurice Bures, docteur en droit, avocat à Saintes, rue Hôtel de Ville.
Secrétaire : M. Fernand Brejon, avocat, rue Saint-Maur, à Saintes.
Trésorier : M. Texier, rue Saint-Eutrope, 36, Saintes.
Trésorier-Adjoint : M. Berthelot, banquier rue Pasteur, 17, à Saintes.

COMITÉ DE PUBLICATION

MM. Dr Charles Vigen, aux Galards, près Montlieu.
De Vaux de Foletier, archiviste du département La Rochelle.

CONSEIL D'ADMINISTRATION

MM. Ferdinand Babinot, avocat, suppléant au juge de paix, rue Saint-Vivien, à Saintes.
Gaston Tortat, juge honoraire, rue Hôtel de ville, Saintes.
Abel Mestreau, rue de l'Artois, 24, à Saintes.

Le siège de la Société des *Archives* est à Saintes. Hôtel des Sociétés, Grande Rue Victor Hugo et Rue André Lemoine.

La société publie tous les trois mois un *Bulletin, Revue de Saintonge et d'Aunis*.

Le prix de l'abonnement annuel à la *Revue-Bulletin* est de 13 francs : 15 fr. pour l'étranger ; un numéro, 3 fr. 50.

(Compte de chèques postaux de la Société. N° 7038, bureau de Bordeaux.

REGLEMENT. — Article II. La société se compose : 1° de membres fondateurs qui versent, une fois pour toutes, une somme de 500 francs ; 2° de membres qui paient une cotisation annuelle de 13 francs ; 3° de membres perpétuels qui rachètent leur cotisation moyennant une somme de 250 francs...

REVUE
DE SAINTONGE ET D'AUNIS

REVUE DE LA SOCIÉTÉ DES ARCHIVES

SOMMAIRE

EN SUIVANT DEUX VOIES PRÉROMAINES DE LA SAINTONGE

On a beaucoup exagéré l'œuvre des Romains au sujet de l'établissement des vieilles routes de notre pays. Très souvent ils parachevèrent, au moyen d'empierrements habilement établis, le travail fait aux temps de l'indépendance gauloise. Sans rechercher les différentes preuves qui permettent d'étayer cette assertion, la lecture de la *Guerre des Gaules* montre qu'il y avait au temps des conquêtes de César autre chose que des « sentiers conduisant d'un village à un autre ».

Les Gaulois étaient capables d'établir de nombreux ponts sur les rivières, de faire des travaux de terrassement considérables ; n'avaient-ils pas établi avant l'arrivée de César un important réseau de grandes routes grâce auquel les légions romaines et les bandes gauloises purent rapidement se porter d'un point à un autre? Ces routes, qui reliaient les principales Cités, permirent également, avec les buttes à signaux, de répandre dans le pays, avec une rapidité qui nous surprend, les nouvelles qui intéressaient nos lointains ancêtres.

Mais les routes gauloises ne furent pas le résultat du labeur de quelques générations.

Bien avant les invasions celtiques, à la fin des temps néolithiques, à l'époque des dolmens, des menhirs et des tumuli, à l'époque où les hommes utilisaient encore les haches polies et commençaient à utiliser le métal (cuivre ou bronze) les premiers voyageurs dignes de ce nom parcouraient l'Europe en diverses directions. De toute nécessité il leur fallait déjà tracer et suivre de longues pistes et d'interminables sentiers non pas tortueux, mais à direction fixe.

Ce sont ces dernières considérations qui ont fait écrire au grand historien de la Gaule, M. Camille Jullian : « Ç'a été une des merveilleuses découvertes de notre temps, que de pouvoir reconstituer à l'aide des *tumuli* ou des tertres funéraires, les grandes routes des âges de la pierre polie, du cuivre et du bronze ; et c'est vraiment un émouvant spectacle pour l'historien que de pouvoir maintenant regarder sur la carte, à l'époque de la conquête, du défrichement de notre sol, ces lignes interminables jalonnées par les tombes des plus anciens fils de notre terre... Tel qu'Hercule, l'homme du bronze fut en effet un voyageur infatigable: car c'est le temps des grandes migrations, de l'internationalisme indo-européen ou italo-celtique, et le va-et-vient des hommes sur les terres d'Europe et d'Asie ne peut s'expliquer que par des routes continues. Et c'est pourquoi je les ai appelées interminables (1). »

Lorsqu'on commença à utiliser le métal en Saintonge on employait aussi, comme pointes de lances, de grandes lames en silex, superbement façonnées, qui sont la parure des collections d'objets préhistoriques et qui provenaient des champs de taille de la région du Grand Pressigny, en Indre-et-Loire. Nombreux sont les points de France où ces silex se trouvent (2). On en a même rencontré en Belgique, en Suisse et dans le nord de l'Italie. C'est assez dire que le « voyageur infatigable » savait déjà bien s'orienter et, par les voies les plus courtes, rejoindre des points très éloignés. Précédemment les Préhistoriques suivaient surtout les vallées, quelques pistes conduisaient du lieu d'habitation aux endroits de pêche ou de chasse.

---

(1) *La géographie humaine* in : *Le Journal des Savants* : Avril 1926 et Juillet 1926. Les lignes publiées sont dans le numéro de Juillet (page 236). Dans une note M. Jullian ajoute : « Je songe aux rêmarquables travaux sur les routes et tumuli de Sophus Müller, *Routes et lieux habités à l'âge de la pierre et à l'âge du bronze*, traduction Philipot dans les *Mémoires de la Société des Antiquaires du Nord*, n, s, 1903 et J. Hannezo, les *Poypes*, 1919-20 (Cf. *Revue des Etudes anciennes*, 1921, p. 36 et suiv.)

(2) Les points les plus voisins de Saintes où jusqu'à ce jour on a trouvé ces silex sont les Gonds et le coteau de Romefort (Saint-Georges-des-Coteaux).

∴

L'établissement des routes que nous allons suivre semble s'esquisser aux temps néolithiques pour se terminer aux âges du cuivre et du bronze. Au temps des invasions celtiques c'étaient déjà des pistes très importantes. Elles seront suivies grâce aux monuments mégalithiques (dolmens, menhirs) qui les bordaient jadis et qui, souvent, ont donné, avant de disparaître, leur nom aux terres qu'ils occupaient. Dans les pays où les roches ne permettaient pas d'élever ces massifs monuments (1), nous noterons les tombelles ou tertres funéraires de différentes sortes et les souterrains qui n'étaient que des grottes sépulcrales.

Aux listes qui sont données bien d'autres indications pourraient être ajoutées tant il est vrai que le voisinage de ces vieilles voies est riche en souvenirs archéologiques de toutes sortes. Le sujet n'est point épuisé ! C'est pourquoi nous indiquons parfois aux chercheurs des lieux-dits aux appellations intéressantes ou simplement bizarres.

D'autre part, pour étudier une route, il ne suffit pas, comme on le fait trop souvent, d'indiquer le point de départ et le point d'arrivée puis de mentionner quelques endroits traversés. Il faut la suivre, pour la question qui nous occupe, commune par commune, coteau par coteau. — Quant aux renseignements toponymiques nous les donnons aussi nombreux qu'il nous est possible de le faire.

I. Route de Jarnac a Melle sur Béronne.

D'abord rapidement mentionnée par Philippe Delamain dans son ouvrage : *Le Cimetière d'Herpes* (2) Lièvre y consacre ensuite quelques lignes dans la deuxième partie de sa brochure *Les Chemins gaulois et Romains* entre la Loire et la Gironde (3), en l'appelant le *chemin de Brioux à Jarnac*. Dans le premier chapitre d'un récent ouvrage (4) M. Robert Delamain, Président de la Société

(1) Il est généralement admis aujourd'hui que les dolmens et les menhirs étaient construits avec des matériaux pris sur les lieux mêmes.

(2) Angoulême 1912, in-4 ; publication de la Société Archéologique de la Charente.

(3) Deuxième Édition. Clouzot. Niort. 1893. 127 pages et carte.

(4) Robert Delamain. *Jarnac à travers les âges*.

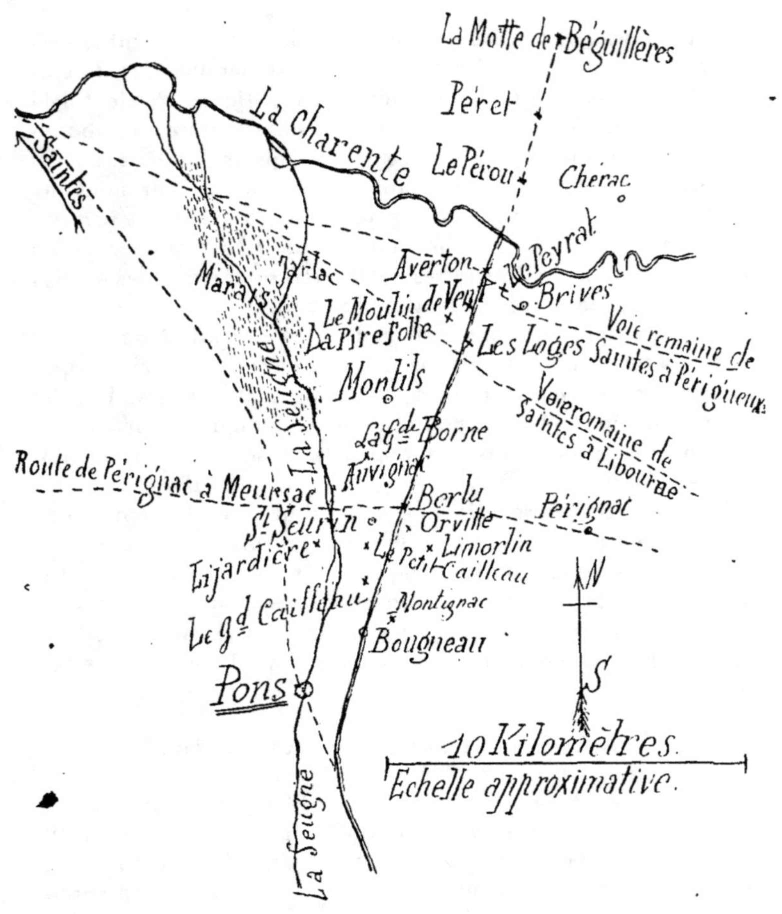

archéologique de la Charente, donne quelques renseignements qu'on ne trouve pas dans l'ouvrage de son père. Sur le plan cadastral des différentes communes, situées entre Jarnac et Beauvais-sous-Matha, il est dénommé « *chemin de Jarnac à Beauvais* » mais à Neuvicq, à Bresdon, à Saint-Ouen-la Thène, les habitants, parfois, l'appellent aussi *Chemin des Romains*.

Il s'agît d'un vieux chemin qui, entre l'Océan et le massif Central, fut pour les populations primitives une importante voie de

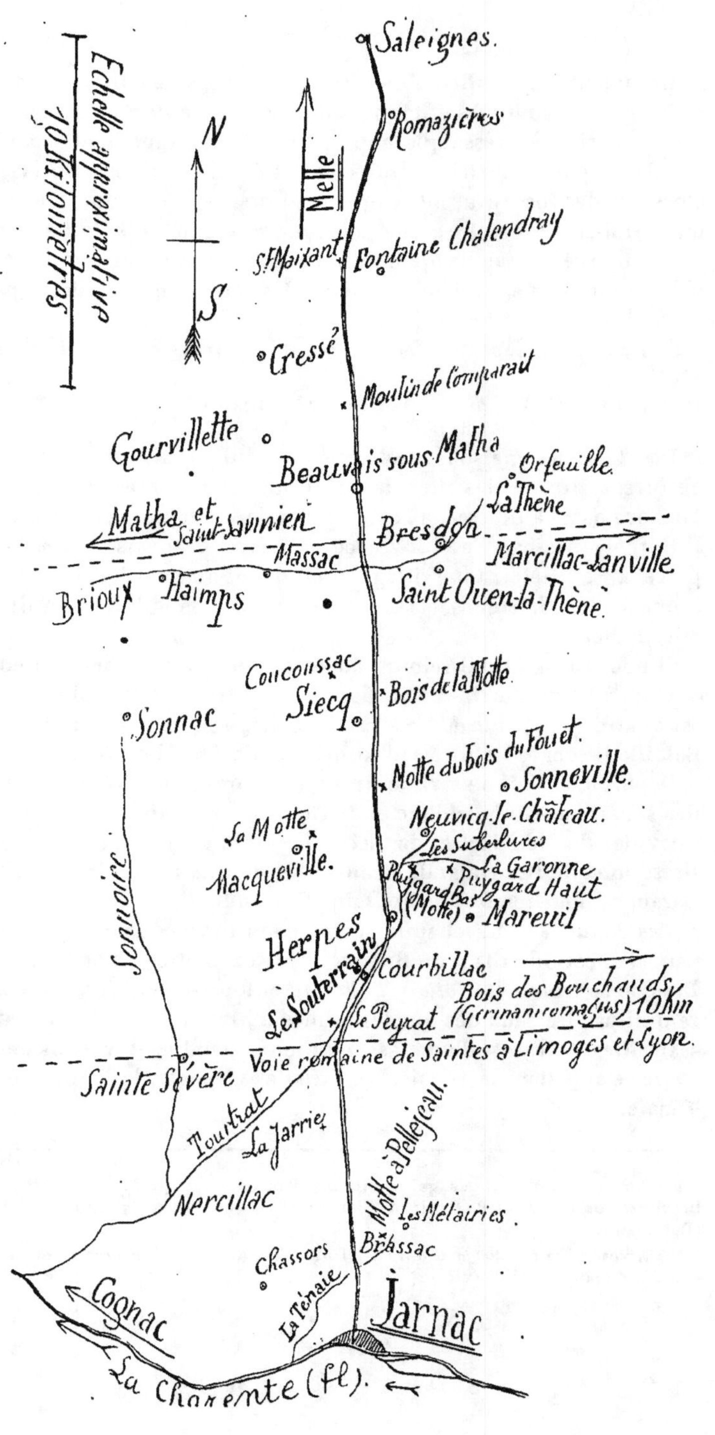
Echelle approximative
10 Kilomètres
N
S
Melle
Saleignes.
Romazières
St Maixant
Fontaine Chalendray
Cressé
Moulin de Comparait
Gourvillette
Beauvais sous Matha
Orfeuille.
La Thène
Matha et Saint-Savinien
Bresdon
Massac
Marcillac-Lanville
Brioux
Haimps
Saint Ouen-la-Thène
Concoussac
Siecq
Bois de la Motte
Sonnac
Motte du bois du Fouet.
Sonneville.
Neuvicq-le-Château.
La Motte
Les Suberlures
Macqueville.
La Garonne
Puygard Bas
Puygard Haut
(Motte)
Mareuil
Herpes
Le Souterrain
Courbillac
Bois des Bouchauds (Germanicomagus) 10 Km
Le Peyrat
Voie romaine de Saintes à Limoges et Lyon.
Sainte Sévère
Tourtrat
La Jarrie
Motte à Pellejeau
Nercillac
Les Métairies
Chassors
Bréssac
La Ténaie
Cognac
Jarnac
La Charente (fl).

communication. D'ailleurs on a sur le parcours de curieuses indications archéologiques et toponymiques — tout au moins dans la zone de Jarnac à Cressé que nous avons plus longuement examinée. Il fut pavé dans les endroits bas et fangeux comme à Herpes alors que des fossés furent simplement creusés de chaque côté sur les terrains élevés. Il y a une soixantaine d'années il était encore assez fréquenté tandis qu'aujourd'hui il est par endroits à peu près complètement délaissé, dans les environs de Siecq par exemple.

Son parcours peut être facilement suivi sur les cartes du Ministère de l'Intérieur ($\frac{1}{100.000}$) et de l'Etat-major ($\frac{1}{80.000}$).

Des Grandes maisons de Jarnac (1) où il y avait un dolmen et où furent trouvés des silex taillés il prend à peu près la direction du Nord passe à Brassac, à l'est de la Jarrie, au Peyrat, à Courbillac, à Herpes, passe à l'est de Siecq, traverse Beauvais-sous-Matha, passe à Saint-Maixant (village près de Fontaine-Chalendray), à Romazières, Saleignes et après avoir traversé la forêt d'Aulnay rejoint Melle.

Si nous disons qu'il rejoint Melle et non Brioux-sur-Boutonne c'est qu'à Saint-Martin-d'Entraigues où il traverse la Boutonne il est qualifié de *chemin de Melle* (2). De Saleignes jusqu'à l'ouest de la Bataille il sépare les forêts d'Aulnay et de Chef-Boutonne.

Depuis Jarnac il a servi de limite aux communes de Chassors et des Métairies, de Courbillac et de Neuvicq, de Neuvicq et de Macqueville, de Neuvicq et de Siecq, de Siecq et de Saint-Ouen, de Bresdon et de Beauvais, de Beauvais et de Cressé, de Cressé et de Bazauges, de Cressé et de Fontaine Chalendray.

Les Métairies. Le chemin traverse le ruisseau de la *Ténaie* un peu à l'ouest du village de Brassac. Entre la Source de la Ténaie et Brassac se trouve la *Motte à Pellejeau* entourée d'un fossé qui est rempli par les eaux dès que les pluies d'hiver font couler le ruisseau. Des terrains d'une assez grande étendue et voisins de la source s'appellent la Ténaie, les prés de la Ténaie, le Plantis de la Ténaie.

---

(1) Au sujet des vestiges gallo-romains trouvés en ce point voir différentes brochures de Lièvre et de Gustave Chauvet ainsi que *Jarnac* : premier chapitre (Delamain).

(2) *Archives de Saintonge et d'Aunis.* Tome XV. *Aveu et dénombrement de la Vicomté d'Aulnay* du XVe siècle.

Au Peyrat, commune de Houlette, des tombes gallo-romaines furent trouvées (1) mais aucun renseignement n'est fourni sur le mégalithe qui a donné son nom au village. Non loin du Peyrat le chemin coupe la grande voie romaine de Saintes à Limoges et Lyon qui, en cet endroit, arrive de Sainte-Sévère et se dirige sur le Bois des Bouchauds (Germanicomagus) commune de Saint-Cybardeaux (Charente).

Courbillac : Des vestiges gallo-romains furent reconnus (2). Nous n'avons obtenu aucune indication sur le Souterrain qui a donné son nom à un important village de cette communé (Le Souterrain). Au nord-ouest de Courbillac, comme auprès du Peyrat, on trouve des silex néolithiques dans des stations plutôt pauvres mais assez étendues. Le silex provenant de régions éloignées fut utilisé dans ses moindres éclats très patinés de blanc (3).

Herpes, autrefois une commune, fut rattaché à Courbillac sous le règne de Louis Philippe. A Herpes se trouvait le cimetière barbare où Philippe Delamain fouilla environ 900 tombes qui étaient placées *à droite et à gauche de la route* sur un espace de 350 à 400 mètres de longueur sur 15 ou 20 de largeur. A l'est d'Herpes actuel, on rencontre, sur une superficie de plusieurs hectares, quelques fragments de tuile à rebords (4) et de poterie grise, faite au tour, ornée de petits traits droits légèrement incisés et très rapprochés. L'agglomération gallo-romaine était à l'ouest de la route et non à l'est comme le village actuel.

A l'ouest d'Herpes, de chaque côté du ruisseau le Tourtrat, des marais, de très faible profondeur, s'étendaient dans la direction de *Mareuil* car l'aspect du pays le laisse deviner et les indications des plans communaux d'Herpes et de Mareuil sont précises sur ce point.

Une agglomération importante — l'ancien Mareuil — se trouvait entre le chef-lieu actuel de cette commune et le petit hameau de

---

(1) R. Delamain. *Jarnac*, p. 14.

(2) Il en est de même dans les autres stations néolithiques qu'on rencontre jusqu'à Beauvais-sous-Matha. Sur le territoire de la commune de Courbillac et non loin du Souterrain il y a, d'après le plan cadastral, « le Bois de la Bosse » que nous n'avons pas encore pu visiter.

(3) R. Delamain. *Jarnac*, p. 14.

(4) La tuile à rebords n'est qu'un indice approximatif au point de vue chronologique car on sait qu'après l'époque gallo-romaine elle fut encore utilisée. Toutefois nous admettons que la plupart des vestiges gallo-romains annoncent l'emplacement de villages gaulois. C'est assez naturel et assez fréquent.

Bel Air. Au « Champ Jarnac » notamment on rencontre des fragments de tuiles à rebords. De légers accidents de terrain permettent de distinguer l'emplacement des restes de grossières murailles qui pouvaient limiter cette enceinte de grande étendue.

Dans la commune de Mareuil il y a les lieux dits : La Lieuetenante — Les Champs des Fosses — La Bosse Ronde — La Courade (village).

Neuvicq-le-Château : La voie entre maintenant en Charente-Inférieure. C'est à la fois tout près de la route et près de la limite d'Herpes et de Neuvicq que se réunissent deux cours d'eau, *La Garonne* et le *Gouffre*, pour former le Tourtrat ou Tortrat qui passe à Herpes, Courbillac et va ensuite à Nercillac se jeter dans la Soloire, petit cours d'eau tributaire de la Charente.

Au bas des coteaux escarpés de *Puygard Bas* et de *Puygard Haut*, pendant quelques mois de l'année, coule la *Garonne* dont la source se trouve sur le territoire de la commune de Sonneville (Charente). Fait intéresant à noter : sur le plan cadastral de cette petite commune, à l'endroit où la Garonne commence à couler on trouve les trois noms suivants : *Le Pré de la Source, la Garonne* et les *Chirons*. Ces appellations s'appliquent à des champs d'une assez grande étendue. Dans les Charentes on désigne par *Chirons* des amas de pierres quelquefois recouverts de terre et qui sont assez souvent des tombes préhistoriques ou protohistoriques. C'est le tumulus, la tombelle des archéologues (1). Il est curieux de voir

---

(1) Ou encore le *cairn* des Anglais. La forme permet le rapprochement des mots ainsi que le sens puisque le Nuttall (Revu par le R. P. James Wood) dit *Cairn* = monceau conique de pierres anciennement érigé comme monument particulièrement au dessus d'une tombe (especially over a grave). La racine gaélique indiquée est *carn* qui signifie un tas, un monceau. — D'autre part M. Dottin donne à la page 92 de son *Manuel d'Antiquité celtique* (1915) l'irlandais *carn* : « amas de pierres. » Il s'agit bien entendu de tertres autrefois coniques, de dimensions d'une importance telle qu'ils aient pu donner leur nom aux champs, au coteau ou au village voisins. Il ne saurait être question de tas de cailloux aux formes les plus diverses et qui ont été, il y a plus ou moins longtemps, formés avec les pierrailles des défrichements.

Ces chirons sont du genre de ceux que signala mon père dans le *Recueil de la Commission des Arts et monuments* de la Charente-Inférieure lorsqu'un faussaire de la région voulut augmenter le nombre des objets recueillis dans des *chirons* qui se trouvaient sur le territoire de la commune de Juicq. — D'autre part le seul souvenir que nous ayons du regretté Maufras est une hache polie, en roche vert foncé, trouvée dans un chiron d'ailleurs mal fouillé des « environs de Saint Genis-de-Saintonge ». Il ne reste guère de ces tumuli ou chirons en Saintonge : ils fournissaient des matériaux trop facilement exploitables pour l'empierrement des routes. Lorsque la sépulture était au dessous de

des tombes si près d'une source, il serait désirable de retrouver leur emplacement. A Puygard Bas (on prononce Peu (1) Gâr) il y a une « Motte » en partie détruite qui était entourée de fossés. Elle est à deux cents mètres environ du chemin que nous suivons depuis Jarnac et se trouve au-dessus d'un ravin qui domine la Garonne — exactement à la cote 64 de la carte du Ministère de l'Intérieur. L'endroit est connu, des vieillards surtout, sous le nom de *Motte de Peugar*.

Sur le penchant sud des coteaux de Puygard se trouve une station néolithique qui a donné un fragment de lame du Grand Pressigny (Indre-et-Loire), très patiné, comme tous les silex de l'endroit, mais facilement reconnaissable (2), deux pointes de flèches en silex à pédoncule et à ailerons, et plusieurs fragments de haches polies. De nombreux petits éclats furent longuement utilisés. Cette station semble appartenir à la fin du néolithique, peut-être à l'âge du bronze, comme la plupart des stations où se rencontrent les lames du Pressigny de Touraine ; elle s'étend aussi sur le coteau « des Moulins » qui fait face à Puygard, de l'autre côté de la vallée du Tourtrat, ainsi que sur les terres du « Trotte Chien » et à quelques centaines de mètres dans la direction d'Herpes. Sur le penchant des coteaux de Puygard Bas et de Puygard Haut on trouve aussi des fragments de tuiles à rebords. Ces crêtes semblent avoir été longuement habitées depuis la fin du néolithique.

Des substructions gallo-romaines de peu d'importance furent

---

la surface du sol, comme à Bresdon, elle peut parfois être retrouvée par les cultivateurs malgré la disparition des tas de pierres.

Ces sépultures préhistoriques ne sont pas spéciales à la Saintonge ! On les rencontre sous d'autres noms dans d'autres pays. Les *galgals* ne sont-ils pas des tertres composés « non d'une masse terreuse, mais d'un amoncellement de pierres » ? (Déchelette, I, note, p. 392). — M. Florance, le savant préhistorien de Blois, écrit : « Presque tous les tumulus, notamment pour le Loir-et-Cher tous ceux de la rive droite de la Loire, pourraient être considérés comme des *galgals*, parce qu'ils sont presque entièrement couverts ou formés de pierres, soit volontairement soit que la terre ait été enlevée par les eaux fluviales. » (*Archéologie préhistorique, protohistorique et gallo romaine en Loir-et-Cher*, 2e partie, Période néolithique, par Florance, Blois, 1923, 417 pages — page 384.) — Enfin nous ferons remarquer que la plupart des sépultures néolithiques de la forêt de la Boixe (Charente) fouillées par M. Gustave Chauvet n'étaient que des « chirons » sauf les deux ou trois tertres qui recouvraient de petits dolmens. Le pays de la Boixe n'est pas très éloigné de la route que nous étudions.

(1) Peu représentant, bien entendu, *le podium* d'autrefois.

(2) Marcel Clouet. *Silex du Grand Pressigny trouvés en Saintonge* ; leur valeur dans l'étude du néolithique Saintongeais. Congrès des sociétés savantes. Poitiers, Avril 1926.

trouvées en bordure de la vieille route que nous suivons, à peu près à l'endroit où elle passe du Pays Bas dans le Pays Haut. La personne qui fit cette découverte avait en même temps recueilli un certain nombre de pièces romaines.

L'autre cours d'eau qui se réunit à la Garonne pour former le Tourtrat est le *Goufre* (1) qui a pris sans doute le nom du village situé au bas des coteaux presque abrupts de Neuvicq-le-Château. Nous estimons que le nom primitif de ce cours d'eau était la *Sébronne* d'abord parce qu'à environ quinze cents mètres au nord-est de la source il y a des champs qui ont encore ce nom et qu'ensuite une vieille rue de Neuvicq qui se trouve au-dessus de la source du Goufre se nomme encore la rue Sébronne. D'autre part la deuxième partie de ce nom (onna, onno) ne peut désigner qu'un cours d'eau (2). Les eaux de la Sébronne commencent à couler dans un petit couloir souterrain formé par une faille que les eaux ont débarrassée de son argile et de ses roches les plus légères. La Sébronne et la Garonne ne coulent que pendant quatre ou cinq mois chaque année ; autrefois leur débit devait être plus nourri grâce à des coteaux moins déboisés et sans doute aussi à un climat plus humide si l'on en juge par le ravinement et les apports. Un moulin à eau, aujourd'hui en ruines, existe sur le Goufre (La Sébronne) dans la partie sud-est du bourg de Neuvicq au lieu dit Passavant.

La Garonne est seule tracée sur la carte géologique au 320.000[e] (carte topographique de l'Etat-Major ou carte géologique générale) sans doute parce que son cours est plus long que celui de l'autre ruisseau. Le village « le Petit Bordeaux », de la commune de Sonneville, qui se trouve non loin de la Garonne, est d'une dénomination récente. En le qualifiant de petit on ne saurait le confondre avec la métropole du Sud-Ouest !

Entre la Garonne et la Sébronne se trouve un petit plateau appelé les *Suberlures* qui a pu former au sud une enceinte du genre des « éperons barrés », le terrain s'y prêtant très bien. Sur ce terrain fut trouvée une pièce d'argent, une Massilia, que nous

---

(1) Mentionné ainsi que la Garonne sur la *Statistique du département de la Charente-Inférieure* par A. Gautier, 1839.

(2) Voir notamment : *Revue des Etudes Anciennes : quelques noms prélatins de l'eau dans la toponymie de nos rivières*, A. Dauzat. Tome XXVII, n° 2, Avril-Juin 1926 et Longnon : *Les noms de lieux de la France*, 1er volume. — Actuellement la Sébronne n'est plus connue sous ce nom à Neuvicq.

avons donnée au musée de la ville de Saintes. On rencontre aussi, toujours au sud, quelques fragments de tuiles à rebords et de poterie grise réduits ou arrondis par les instruments aratoires. Les villages de Puygard et le coteau de Neuvicq commandent toutes les terres des Subèrlures.

A *Neuvicq* même, les environs du beau château du début de la Renaissance — la parure de la région, — furent habités aux premières époques de notre histoire nationale. Tout récemment (avril 1927) une sépulture gallo-romaine fut mise à jour par un habitant qui creusait le sol pour construire une citerne à vingt-cinq mètres environ et au nord-ouest de l'entrée du château. Soigneusement creusée dans le calcaire, à la façon de certains silos antiques et régulièrement sphérique elle était aux deux tiers vide, contenait des cendres et du charbon au-dessus desquels se trouvaient trois ou quatre vases et un minuscule récipient en verre très mince et au col élancé. Cette cavité était recouverte de plusieurs pierres scellées avec le meilleur ciment romain. Tout était brisé et bouleversé lorsque nous rencontrâmes le propriétaire.

Sur le territoire de cette même commune, des villages ont disparu et l'on ne trouve sur leur emplacement que des fragments de tuiles à rebords. Il en est ainsi au Bois de la Botte, à Verneuil, aux Fouets, au Chardonnail. En ce dernier endroit, une grosse pierre recouvre l'entrée d'un puits ou d'un souterrain. Un autre souterrain nous a été signalé aux Brousses, endroit qui, comme le Bois de la Botte, se trouve près du vieux chemin et près de *la Motte du Bois du Fouet.*

Dans un bois d'une superficie de cinq hectares environ, se dresse cette Motte entourée d'un profond fossé à peu près circulaire. Elle domine le pays environnant. Quelques petits taillis desquels s'élèvent de grands chênes empêchent de l'apercevoir de loin. Sur l'éminence, la vue s'étend à une longue distance dans la direction d'Herpes, de Macqueville et de Siecq ; à l'est l'horizon est limité bien plus près par les coteaux de la Foye. Du sommet de la Motte aux endroits les plus bas du fossé circulaire il y a une profondeur de six à sept mètres. Le fossé a de huit à neuf mètres de largeur et la surface intérieure de la Motte est de cinq ares environ. Le bois lui-même est limité par des fossés qui ont une profondeur variant de 1 m. 60 à 0 m. 50 alors que leur largeur atteint parfois 2 m. 80. Un autre profond fossé part presque du milieu du côté opposé au village des Brousses pour aller rejoindre le côté qui fait face au bourg de Neuvicq. D'autres enfin, moins profonds, sont peu éloignés de la Motte et se trouvent du côté du chemin de Jarnac à Melle. Des accidents de terrain, des pierrailles amoncelées indiquent, surtout au nord, qu'il y avait peut-être des habitations ou des moyens de défense que nos recherches trop rapides ne sauraient reconnaître.

Les fossés sont *de deux sortes* : tandis que certains semblent avoir été creusés à nouveau depuis l'ère celtique les autres n'ont pas été rendus plus profonds par des travaux relativement récents. Comme celles des Métairies et de Puygard la Motte du Bois du Fouet semble appartenir à l'époque du Fer (1). Des fouilles feraient disparaître le mystère qui pèse sur leur destination. Mais ce sont des travaux qu'on n'entreprend plus à notre époque !

Une légende veut qu'un souterrain relie le château de Neuvicq à la Motte du Bois du Fouet. La distance est trop grande ! Il est vrai que deux petits couloirs souterrains partent des caves du château et se dirigent vers le bourg. Bien que n'étant pas maçonnés ils ne paraissent pas anciennement creusés.

Macqueville Dans la partie de la commune la plus rapprochée de la voie ancienne il y a un souterrain, à Malémont, dont l'entrée fut récemment obstruée par le propriétaire.

Comme Puygard, la région Malémont-Terres Fort fut habitée par les néolithiques. Le silex fut apporté de loin car il n'y en a pas dans le sous-sol des environs. Cette station a donné plusieurs pointes de flèches à pédoncule et à ailerons, de curieuses pierres de fronde et quelques fragments de haches polies. Quelques outils, d'ailleurs jolis, sont de petites dimensions mais cela semble dû à la rareté du silex. Il ne saurait être question de formes spéciales ou d'industrie particulière.

---

(1) Lièvre (p. 73. *Les chemins gaulois et Romains*) dit à propos de l'enceinte fortifiée de Sainte-Sévère qu'elle n'est pas romaine — ce dont nous convenons très volontiers — mais lorsqu'il ajoute « c'est un de ces refuges si nombreux (?) qui furent établis dans nos campagnes après la chute de l'Empire et avant la constitution de la féodalité » là nous ne pensons plus comme lui. Les enceintes et les fortifications de Sainte-Sévère sont préromaines et n'ont *point été retouchées au Moyen-Age*. A Sainte-Sévère nous sommes en plein Pays Bas saintongeais, contrée aux terrains aujourd'hui encore très difficilement praticables pendant l'hiver. Ce sont des terrains récents, argileux, de formation saumâtre et qui rappellent quelque peu ceux de la Sologne et de la Limagne où les Gaulois ont fait des travaux considérables d'irrigation, d'assainissement et de défense. Nous pensons que le camp de Sainte Sévère a été construit pour la protection de groupements agricoles gaulois. — Au bois du Fouet et à Sainte-Sévère ce sont des travaux considérables de terrassement qui furent faits.

La Motte de Macqueville : Cette Motte sans fossés circulaires est de dimensions moindres que celles du Bois du Fouet. Elle est ou néolithique ou de l'âge du Bronze. M. Guillon, le propriétaire, ancien élève de la Faculté des Sciences de Bordeaux, attend le moment où il sera entièrement propriétaire du tertre pour faire des fouilles méthodiques. L'examen de l'échancrure récemment faite sur la partie qui appartient à M. Guillon montre l'existence d'une construction circulaire primitive ; il semble qu'on se trouve en présence d'un tumulus néolithique du genre de celui que fouilla Souché, aux Lisières, près de Pamproux, dans les Deux-Sèvres (1).

Siecq. Il ne s'agit pas du Siecq des Deux-Sèvres mentionné par Longnon dans le premier volume des *Noms de lieux de France* (page (84).

Le bois des Raillères contient de nombreux tas de pierres nous a-t-on dit.

La Motte de Siecq est située dans les bois, sur le bord de la route qui va de Breuil-Bâtard à Siecq et est entourée de fossés. Elle est presque à la limite des communes de Siecq et de Bresdon. Un habitant du Breuil-Bâtard dit qu'il y a cinquante ans environ des « Souterrains » de petites dimensions, aux parois non maçonnées ont été reconnus tout près de la Motte. A sa connaissance aucun objet n'y fut trouvé.

Non loin de cette éminence, d'après le plan cadastral, se trouvent *les Champs Barrés* que nous ne connaissons pas autrement.

Un ancien village semble être *Coucoussac* où l'on a mis à jour en extrayant de la pierre sur l'emplacement d'un vieux château (?) une ou plusieurs tombes contenant de vieux verres et de vieilles poteries rouges que nous n'avons point examinées.

Le ruisseau qui passe à Siecq se nomme *la Rouzille* qui ne coule qu'après de longues pluies. C'est un affluent de *l'Antenne* (qui se jette dans la Charente près de Cognac).

Bresdon (2) : — Cette commune encercle presque Saint-Ouen-la Thène. Non loin de la précédente Motte et de la vieille voie se trouve le lieu dit : *Les Pérouses*.

L'agglomération de Bresdon semble s'être rapprochée des importantes sources de Charlemagne, car on ne trouve pas, sur les

---

(1) *Matériaux pour l'histoire primitive et naturelle de l'homme*. Avril 1880 Tome XI, page 147, une figure.

(2) Longnon. *Les noms de lieux de la France*, I, p. 30. Jadis chef-lieu d'une viguerie du pagus santonicus, *la Vicaria Brodunensis*.

coteaux les plus voisins de la belle église romane de l'endroit, les restes de l'important oppidum gaulois que l'ancien *Brasdunum* indique. Ce n'est qu'au lieu dit « Les Combes » sur un long et large coteau orienté de l'est à l'ouest que des substructions assez importantes furent trouvées. Nous y avons recueilli des fragments de tuiles à rebords ; la plupart des morceaux sont polis comme les galets des rivages de l'océan et il faut en recueillir beaucoup avant de voir les rebords caractéristiques se dessiner tant ils ont été retournés de fois par les instruments aratoires. Il y a aussi de nombreux morceaux de minerai de fer, mais qui ne présentent pas les épaisses boursouflures annonçant qu'ils furent traités par de primitifs procédés. Il y aurait lieu de faire des recherches moins hâtives à ce sujet.

Ce coteau, inhabité actuellement, se trouve dans la commune de Verdille, mais touche celle de Bresdon. Il est à quelques hectomètres du puits de Chênegré (écrit chez Negret sur les cartes) où la *Thène* prend sa source. Tout près, sur le coteau d'Orfeuille, des souterrains existent que nous ne connaissons pas.

La Thène (1) ne coule, en été, qu'à partir de Vinageville, plus haut, elle ne coule qu'en hiver. Lorsque ses eaux et celles — très abondantes et très régulières — des fontaines de Charlemagne sont réunies on a *le Brioux* qui est un affluent de l'Antenne.

Gautier dans sa *Statistique du département de la Charente-Inférieure* après avoir fait connaître qu'on a « souvent découvert des tombeaux antiques » à Bresdon rapporte la légende qui fait camper, près des sources de l'endroit, les troupes assoiffées de Charlemagne. Des guerriers passant sur la route de Jarnac à Melle ont pu s'attarder aux fontaines de Bresdon. Ne dit-on pas encore que Biron, passant à *la Croix-Rouge* et allant en Espagne, fit boire ses chevaux à ces mêmes fontaines ?

La Croix Rouge se trouve non loin du croisement de la route Jarnac-Melle et de la vieille route Saint-Savinien-sur-Charente à Marcillac-Lanville, sur les bords de la haute Charente. Cette vieille voie joint ces deux derniers endroits en passant à Grandjean, Aumagne, Matha et Bresdon (2). Plusieurs tumuli qui se trouvaient

(1) Le nom n'est pas sur le plan cadastral de Bresdon bien que le ruisseau y soit tracé.

(2) Le chemin de Saint-Savinien à Marcillac-Lanville est connu à Aumagne sous le nom de *chemin saunier*, près de Matha on l'appelle *chemin normandé* et à Bresdon le *chemin de Marcillac*.

à la Croix-Rouge furent détruits il y a une soixantaine d'années.

Les villages de chez Boucherie et de la Fontenelle sont très rapprochés et les sources d'un petit ruisseau, affluent du Brioux, se trouvent chez Boucherie. Dominant ces villages et le ruisseau il y a sur le coteau le lieu dit *Les Chirons*. On a fait disparaître depuis longtemps, pour rendre la culture plus facile, la partie des tumuli qui se trouvait au-dessus du sol. L'an passé un propriétaire mettait à jour en extrayant de la pierre un squelette accroupi qui était à une profondeur de 70 centimètres. La tête reposait, en arrière, sur une ou deux grosses pierres. Il y avait quatre petits vases entiers noirs, une petite amphore rouge brisée, quelques petits fragments de fer, pas de monnaie. Les vases avaient été faits au tour. Le tout semblait gallo-romain.

Cette région fut habitée dès les temps néolithiques. Il y a quelques silex taillés sur les coteaux voisins des sources et récemment, une hache polie, trouvée à l'est de Chez Boucherie, fut déposée au petit musée communal.

Sur le territoire de la commune se trouvent les lieux dits : Les Chebrelles — Les Passennes — Les Terres du Corps — La Moute (sans doute la Motte) — Les Boucheaux — Sur Tord — Pré Barré — Les Pierrailles — Trotte Chien (comme à Neuvicq) — Les Libardries — Palcauré — Les Mirandes — Les Pérouses.

Saint-Ouen-la-Thène : On a joint assez récemment ce dernier nom au premier pour éviter des difficultés postales car même en Charente-Inférieure il y a un autre Saint-Ouen.

Dans une note présentée au Congrès Préhistorique d'Angoulême (2) par M. le docteur Vigen, un souterrain-refuge est indiqué à Saint-Ouen de la façon suivante : « Chez Bignon : corridor, chambre, couloir très bas. On y a trouvé des os calcinés, des cendres, des instruments de cuivre égarés depuis.

Nous relevons sur le territoire de cette commune les noms qui suivent : Mas du Trot de Chien — Les Bugets — Champs du Corps — Terres du Corps — Au-dessus les Murailles — *La grosse Borne*.

Beauvais-sous-Matha. — Sur les coteaux qui sont entre Beauvais et le Brioux et qui s'étendent du côté de Massac on trouve des silex taillés accompagnés de fragments de haches polies. Dans la note déjà citée du docteur Vigen, un souterrain est mentionné

---

(2) Note sur *les Souterrains-refuges de la Charente-Inférieure*, par le Docteur Ch. Vigen. *Congrès préhistorique de France*, 8e Session, Angoulême, 1912.

à Beauvais, c'est : « un long couloir en moellons où des cadavres ont été juxtaposés sans séparation. Plusieurs silex. »

Voici quelques lieux-dits de cette commune qui est exceptionnellement traversée par la route au lieu d'être limitée par elle : — Les Prés de la Levée — Les Champs de la Levée — Les Malprins — Breliéraud — Le Peux – Le Chemin Bridonant (qui va dans la direction de Bresdon) — *La Motte Bourrue* (il y a en cet endroit plusieurs monticules qu'on voit en allant à Gourvillette) — Les Horts — Coumord — L'Ormeau du soldat.

Cressé. — En bordure de la route, à Comparaît, un torque d'or fut découvert par un laboureur de l'endroit et M. Mesnard, vice président de la Commission des Arts et Monuments de la Charente-Inférieure, signalait cet objet dans le Bulletin de la Société, en 1923 (1). A ce sujet nous lisons dans la récente brochure du docteur Bourriau, *La Préhistoire de la Charente-Inférieure* (2) à la page 44 : « Dans ce bijou pesant 620 grammes, en spirale, à quatre révolutions, terminé par un cône à chaque extrémité, le Cᵗ Espérandieu est tenté de reconnaître un bracelet de l'âge du Bronze IV (3). »

A l'endroit où le vieux chemin de Cressé à Orfeuille-les-Combes coupe la route de Jarnac à Melle se trouve la *Grosse Borne*, grosse pierre qui s'élève encore à un mètre environ au dessus du sol et qui a donné son nom aux terrains voisins.

(*à suivre*).

Marcel CLOUET.

ERRATA

Une fâcheuse inadvertance sans excuse a fait dire à la première ligne de l'article *le Fonds Moreau* : « il faut remercier M. Maurice Moreau, au lieu de M. Maurice *Martineau*.

A la page 3, *l'abbé* Rainguet n'est pas l'auteur de la *Biographie Saintongeaise*. C'est son frère, Pierre Damien, ancien notaire.

P. 40, corrigez Latène en *La Tène*.

---

(1) *Recueil de la Commission des arts et monuments de la Charente-Inférieure*, Saintes, T. XX, 1923, p. 13, figure p. 23.

(2) Extrait des *Annales de la Société des Sciences naturelles de la Charente-Inférieure*, n° 37 ; fascicule 5 (1925).

(3) M. le docteur Bourriau indique ces lignes d'après le *Bulletin archéologique du Comité*, 1923, p. CC.

QUESTIONS

I

Fabrique de porcelaine de Cognac-Chatres

La question n'est pas de savoir si et quand la fabrique a fonctionné. Ris-Paquot et P. de Lacroix ont donné des renseignements précis sur la date, l'entrepreneur, le personnel, les produits. On voudrait retrouver certaines belles pièces qui sont les chefs-d'œuvre de la fabrique. Elles ont disparu de Cognac où Lacroix les a vues. Où sont-elles passées ? Leur possesseur ignore probablement leur origine, en dépit des dédicaces qu'elles portent.

Si un de nos confrères saintongeais ou étrangers, sait ou découvre quelque chose à cet égard, il serait très aimable de vouloir bien nous le signaler.

Dans l'église de Châtres, près Cognac, en 1792, M. de Jarnac de Garde-Epée, installa la fabrique. Les fours existent encore. Deux peintres de talent, Garive et Mouchard, déjà employés à Angoulême, furent embauchés. Quelles sont leurs œuvres personnelles ?

Saintes avait depuis trente ans déjà sa fabrique de porcelaine. Si le *Mercure* d'août 1775 n'exagère pas, elle avait du succès. Morin imitait les ouvrages de « Saxe et des Indes ; son dernier essai donne lieu de penser que son ouvrage est égal en solidité et en beauté à tout ce qu'on a vu jusqu'à présent (1). » Il est permis de supposer que M. de Jarnac voulut exploiter la vogue et tâter de la concurrence.

Il est toutefois très douteux qu'à Châtres, comme à Saintes, on ait fait de la porcelaine *dure*. Il est plus vraisemblable que l'on fabriqua de la porcelaine tendre (2) plus facile à cuire et plus facile à décorer. Il est avéré que M. de Jarnac faisait venir de Limoges du kaolin, en cachette, matière première introuvable autour de Cognac, et qu'il achetait des pièces en blanc que ses ouvriers décoraient.

---

(1) Havard. *Dictionnaire d'ameublement* V° *Porcelaine*, col 484. *Le Nouveau dictionnaire universel de Géographie* d'Aynès, 1804, cite la porcelaine comme production de Saintes. Je ne connais aucun échantillon saintais.

Il faut accepter le mot *porcelaine* avec réserve. Le premier gisement de kaolin, près d'Alençon, est de 1765 et la découverte de Saint-Yriex est de 1767. Les Hannon à Strasbourg, en 1767, tiraient le kaolin d'Allemagne

(2) A défaut de kaolin, il est possible d'utiliser des terres très résistantes. Au musée de Saintes, le moulage d'un petit serpent est fait avec une terre blanche très dure. La fayence de Palissy est très sonore et plus dure que la fayence ordinaire. Même observation pour La Chapelle des Pots.

L'absence, ou la rareté des signatures est parfaitement explicable par le fait que Sèvres possédait le privilège exclusif de peindre en *toutes couleurs*, dorer et incruster en or les ouvrages qu'il fabriquait. Les autres fabriques ne pouvaient employer que du bleu (1), ou autre camaïeu. Elles ne transgressaient donc ce monopole qu'à leurs risques et périls, de préférence sur des pièces qui n'étaient pas destinées au commerce.

Lacroix cite un service à café (aujourd'hui où est-il ?) très décoré, signé *P*r *M*me *de Garde-Epée*, et une grande tasse et soucoupe sur lesquelles on lit les initiales de *M.-A. de Letage* (Mme de Jarnac) et en dessous :

*G*de *E.*

P.

Un autre très beau service à café appartient à M. Sauzée de Lhoumeau, à Paris, payé 150 fr. en 1812, par sa bisaïeule maternelle à M. de Jarnac. Il se compose de 12 tasses, de forme droite, avec leurs soucoupes et quatre pièces, décorées d'oiseaux multicolores, très finement peints, d'un chaud coloris, avec filets d'or, des *mouches* au naturel, des fleurettes.

P. de Lacroix (2) cite « dans la même collection » de (Jarnac ?) un service à café qui ressemble singulièrement à celui-ci. Je tiens, jusqu'à preuve du contraire, que Mouchard travailla aux deux, et que les mouches noires sont un symbole significatif.

Ce sont là des ensembles exceptionnels qui ne peuvent qu'assurer à la fabrique de Châtres un très bon renom, surtout si on pouvait prouver qu'ils y ont été entièrement façonnés. Des documents dans cet ordre d'idée seraient accueillis avec la plus vive satisfaction.

A côté de ces services très méritants on connaît d'autres pièces de porcelaine de fabrication courante, de provenance aussi certaine, beaucoup plus modestes, sans signatures, la plupart, rangées par les non initiés parmi les produits de Limoges. Elles

---

(1) C'est le cas de Saintes. En 1768, l'inventaire de la succession de Jacques Thomas, chanoine, mentionne 8 tasses et 8 soucoupes fort petites de « fayance de porcelaine bleues et blanches. »

En 1781, on ne dit plus que porcelaine. Cf Ch. Dangibeaud. *Notes sur les potiers faïenciers et verriers de la Saintonge.*

(2) *Les faïenceries de Cognac, Chateauneuf et Gardépée.*

sont toutes blanches avec filet or (1) ou rehaussées de quelque couleur.

M. Morand, juge de paix à Saintes, a bien voulu me signaler chez une amie de sa mère (2), alliée à la famille de Jarnac, une cuvette et son pot, avec décor or et un médaillon à personnage, deux tasses à café forme Empire, deux corbeilles ajourées rehaussées de bleu, et un grand pot à anse (30 centimètres de haut) décoré, signé *M 5 Garde Epée* et une épée et plusieurs autres pièces.

D'après P. de Lacroix, la manufacture fonctionna jusqu'en 1815. La légende raconte que son fondateur n'y fit pas fortune... au contraire.

CH. D.

II

Nicolas Moreau dans son Dictionnaire manuscrit écrit la note suivante.

« Le nom de murier multicaule ne trouve sa place ici que parce qu'il est devenu historique dans le jardin botanique de Rochefort, sous le rapport de sa propagation.

Le premier individu de Cet (*sic*) espèce qu'on vit en France fut apporté des îles Philippines par Perotel, en 1821, et acclimaté dans le jardin de Rochefort.

C'est du murier de Rochefort que seraient provenus les nombreux individus qui entretiennent les magnaneries de France.

Cet arbre, le père de tous les muriers multicaules du sol français existe encore dans la ville de Rochefort. »

Moreau n'ayant pas daté sa note, impossible de savoir en quelle année elle a été écrite.

On voudrait savoir ce qu'elle contient de vrai. Il s'agit d'une espèce particulière et non du murier blanc dont la culture commença en France en 1564.

---

(1) Un service à café marqué d'un M. a été vendu aux enchères à Bordeaux en 1927, avec le mobilier d'une famille cognaçaise, sans que personne doutât qu'il ne fût de Limoges. Il n'atteignit d'ailleurs qu'un petit prix. Il est revenu à Cognac.

(2) Mme Veuve Vignaud de Garde-Epée, née de Laurière de Juglard.

LIVRES ET REVUES

Annuaire-Bulletin de la Société de l'histoire de France, 1927.

Compte-rendu (pages 65, 66) du premier volume des *Lettres de Bégon*.

« Ces lettres de Bégon sont d'une variété extraordinaire. Jal en a déjà indiqué partiellement l'intérêt et signalé qu'elles sont très utiles pour l'histoire maritime de la deuxième moitié du XVIIe siècle et pour l'histoire politique, en même temps que pour l'histoire des arts. Elles témoignent de la prodigieuse curiosité littéraire de leur auteur, et il faut les lire la plume à la main, tant elles abondent en renseignements de toute sorte. »

Le Bulletin archéologique du Comité de 1926 (qui vient d'être distribué) contient un article de M. Ch. Dangibeaud sur l'église de Nuaillé-sur-Boutonne, publié après rapport favorable de M. Enlart qui dit : « les conclusions de ce travail semblent justes » (p. CXX).

Le *Bulletin de la Société d'Emulation du Bourbonnais* 1927, p. 315, reproduit l'article de la *Revue* sur l'étymologie de Jarnac, avec cette réflexion : « Cet article est particulièrement intéressant pour nous qui avons dans l'Allier, Garnat, village situé à la fois sur la Loire et sur l'Angièvre. Le mot Garniacum, transcrit en 936, peut être considéré comme le nom primitif, et la position géographique s'accorde avec le sens attribué au nom. »

Gazette hebdomadaire des Sciences médicales de Bordeaux. Le docteur J. Torlais, de La Rochelle, a publié dans ce périodique : *L'expérimentation dans l'œuvre de Réaumur* (n° du 23 novembre 1924) ; *Le Traité de la Carotte de Bridault* (n° du 29 mars 1925). *Les grandes épidémies en Aunis et Saintonge* (n° du 10 janvier 1926). Ce dernier article ne comprend pas moins de dix-huit colonnes. C'est une étude d'ensemble très documentée, à laquelle il faudra se référer désormais. Toutefois, il est bon d'observer que l'auteur n'a pas assez tenu compte des indications fournies par les statistiques établies d'après les registres paroissiaux publiés dans nos volumes. La mortalité élevée, survenue en certains mois, comparée avec celle des mois précédents ou suivants, met en évidence une épidémie notable sur les enfants et les grandes personnes.

Revue archéologique, 5e série, tome XXVI, 1927.

L.-E. Lefevre. *Le calendrier-zodiaque* du portail royal de *Chartres et les influences mithriaques*.

« Une religion qui unissait le culte du dieu Mithra au culte du dieu Kronos, du soleil et des astres en général, des saisons, des éléments prit une extension extraordinaire. » Elle était protégée du temps des empereurs Sévère, quand le christianisme était persécuté. « L'astrolâtrie entraîna le mithriacisme à donner une très grande importance rituelle au zodiaque et au calendrier et des tableaux astrologiques ornèrent tous ses temples. » La religion mithriaque répandit le zodiaque en Europe. Les deux célèbres vers d'Ausone qui énumèrent les signes avec le *Bélier* en tête prouvent la faveur rencontrée au IVe siècle par le système mithriaque dans le monde romain. Des auteurs, tels que Honorius d'Autun et Guillaume Durand contribuèrent à maintenir en vigueur le système astronomique mithriaque ou simplement celui du calendrier Julien.

Le sculpteur Chartrain n'a pas eu besoin de copier aucune œuvre d'art spécialement mithriaque, ni même de s'en inspirer. Seuls les théologiens qui l'ont dirigé ont appliqué le système astrologique mithriaque, lequel, au surplus, ne fut peut-être pas exclusivement mithriaque.

« Quels furent au moyen-âge, principalement en France, les zodiaques et calendriers issus de l'antiquité ? on constate que les détails du zodiaque antique se sont presque immuablement transmis par la force toute-puissante de la tradition, protégés par le respect qu'on accorde instinctivement aux choses sacrées. » Quand au XIIe siècle, les théologiens et les seigneurs ecclésiastiques entreprirent l'érection des grands portails copieusement imagés, ils s'empressèrent de faire sculpter, en manières de cadres, des zodiaques, afin de figurer l'univers au milieu duquel devait apparaître le Rédempteur ou le Juge suprême. « Comment les images du calendrier, mais surtout du zodiaque, se sont-elles transmises à notre moyen âge ? Un seul ouvrage comme celui d'Indicopleutès a pu suffire à tout. »

L'épitaphe de sainte Agathe sur les cloches antiques, par M. Louis Boiteux.

On connaît, en France, autour de cloches, 44 exemplaires d'une inscription ainsi libellée : *mentem sanctam, spontaneam, honorem Deo et patriæ liberationem.* La Charente-Inférieure en compte trois : Saint-Jean-d'Angély, 1277, La Genétouze, XIVe siècle, Villars-les-Bois, 1422. C'est une formule préservatrice contre les fléaux et les orages surtout. Le grand liturgiste du XIIIe siècle, Guillaume Durand de Mende (mort en 1296) la mentionne dans son *Rationale divinorum officiorum*, lib. VII, cap. VI en parlant du culte de sainte Agathe et cite son épitaphe : *mentem sanctam...*, etc. Cette constatation suffit à justifier la grande diffusion de ce texte. Où Durand l'a-t-il prise ? Un de ses compatriotes, comme lui résidant en Italie, le cardinal Odon, de Chateauroux, évêque de Tusculum, consacra un sermon entier à ce texte entre 1254 et 1269. Les *Actes* de cette sainte rapportent qu'avant de fermer son sépulcre, on vit venir un jeune homme fort bien vêtu, accompagné de cent enfants, lequel mit à la tête de la sainte un marbre avec l'inscription : *mentem...*, etc. Les mêmes *Actes* racontent le miracle de l'arrêt d'un torrent de lave enflammée s'échappant de l'Etna par le voile qui couvrait le tombeau d'Agathe. De là l'origine de cette inscription comme préservatif du feu et des orages qui allument les incendies.

La liste des cloches portant cette inscription arrêtée à 44 est incomplète. L'auteur ne cite pas celle de la chapelle de Cleden-Pohes (Finistère) que feu le chanoine Abgrall publia (1) en 1895, datée de 1519, surtout remarquable par l'énonciation du fondeur *Jacobus Vadensis*, qu'il traduit par Jacques de Vaud, d'où il a conclu que ce fondeur « venant de Suisse avait apportée cette inscription « communément employée par les fondeurs suisses à cette « époque. »

Les *mémoires de la Commission des Antiquités de la Côte-d'Or* d'octobre 1925 contiennent une communication de M. Metman qui lit un article de M. Camille Pitollet relatif à l'inscription en question « répétée sur un assez grand nombre de cloches à Beaujeu..., en Lorraine, en Roussillon, etc. » Certaines cloches portent en outre le souhait *Tibi Deo laus et honor. Amen. Te Deum laudamus.*

En Allemagne, en Alsace, la foi dans l'invocation de sainte Agathe contre l'incendie persiste. On collait et on colle encore sur la porte des maisons un billet : *Sancta Agatha ora pro nobis : mentem sanctam spontaneam honorem Deo et patriæ liberationem. Six in nobis sit omnis spiritus laudet Dominum.* On peut donc prétendre que les fondeurs se conformaient à une vieille coutume, sans qu'il soit permis d'en inférer qu'ils fussent tous suisses.

L. Audiat a publié dans son *Epigraphie Santone* cette invocation inscrite sur la cloche de Saint-Jean-d'Angély mais, chose singu-

---

(1) *Bulletin de la Société archéologique du Finistère*, tome XXII, p. 275.

lière de sa part, il n'a donné que cette partie négligeant le reste qui se déroule autour de la cloche. Berthelé en fait autant et Saudeau a commis maintes fautes.

Au vrai, l'inscription *Ad mentem...* sur le bourdon de la tour de l'horloge de Saint-Jean n'est qu'un souvenir, cette cloche fêlée par un coup de marteau en 1711 fut refondue en 1731.

Elle était ainsi conçue d'après la transcription de Guillonnet-Merville, plus correcte que celle de Saudeau.

1re ligne : ANGERIACO SVPER VVLTVRNVM ME FECIT P MENSE MAII ANNO DOMINI MCCLXX SEPTIMO.

2e ligne : LAVS TIBI SIT CHRISTE PLACIDVS TIBI SIT SONVS ISTE.

3e ligne : AD MENTEM SANCTAM SPONTANEAM HONOREM DEI ET PATRIAE LIBERATIONEM.

On lit actuellement en lettres en relief d'après la copie du docteur Texier :

1re ligne : † ANNO : DONI 1731 : REGNANTE LVDOVICO XV (*ces 2 mots effacés*) DNO : BIGNON : PROVINCIAE PRAEFECTO FACTA : FVI : OPIBVS : ET : OPERA DNI : CHARRIER : ANGERIACO : PRAEFECTI.

2e ligne : DICTVS : DNVS : CHARRIER : PATRINVS : MEVS : FVIT : ET : DNA : CASTIN : DE : GVERIN : VXOR : EIVS : MATRINA AD HONOREM : DEI PATRIAEQVE : SALVTEM.

3e ligne : LAVS : TIBI : SIT : IESV : PLACIDVS : TIBI : SIT : SONVS : ISTE : : FECERVNT : ME : P : ET : R : BARAV.

4e ligne (*lettres gravées*) : OLIM. A 1277. FVSA FVI : POD 3184 : HODIE 15 FEB' REFVSA SVMPTIB' MVLTOR' CIVIVM : POND. 3227 : ET 24 ME EIVSDEM BENEDICTA.

S'il est facile de démontrer que *mentam sanctam* est une formule préservatrice contre les fléaux et les orages, empruntée à la légende de Sainte Agathe, et développée dans un commentaire qui se trouve sur la cloche d'Einsiedeln (1557) le sens de *patriæ liberationem* reste toujours obscur.

Chacun y appliquait celui qui lui convenait le mieux. Certains ont pensé à une libération de territoire, des auteurs protestants y ont découvert un « témoignage de l'antagonisme de l'Église catholique (de Genève) vis-à-vis celle de Rome, le chapitre de Genève souhaitant la délivrance de la tyrannie du Pape. » Ch. D.

BEAULIEU. *Burgaud des Marets.*

Personne ne refusera à ce livre de 310 pages le mérite de traiter un sujet neuf. On ne possédait pas encore de bonne biographie (1) de notre premier poète père de la littérature saintongeaise. Burgaud ayant passé les neuf dixièmes de ses années hors de Jarnac, sa petite patrie, ses jours s'étant écoulés paisibles, sans événements éclatants, il ne faut pas s'étonner qu'il soit resté en marge de notre histoire locale. Lui-même se tenait d'ailleurs dans la pénombre. Au vrai, un Saintongeais de Saintonge eut été vite à court de documentation. Burgaud fréquentait surtout, à Paris, un milieu intellectuel très select, voué aux études et aux discussions savantes. Un Saintongeais de Paris pouvait seul espérer constituer un dossier, à force de patience, et en classant une à une ses notes camper son homme, auteur de travaux plus sérieux que de productions amusantes en dialecte jarnacois. M. Beaulieu est ce Saintongeais de Paris. Il nous explique par quelles voies il fut conduit à consacrer ses loisirs à suivre la piste de *Burgaud des Marets, philologue, bibliophile et poète saintongeais*. Il a fait plus ! il a été assez heureux pour découvrir chez M. René Vallery-Radot l'image unique de son héros, lequel, d'après la légende, s'était toujours refusé à laisser *tirer* son portrait. Jarnac, depuis longtemps, paraît-il, a exprimé l'intention d'élever, sur une de ses places, un monument à l'auteur des *Fables en patois charentais* et autres œuvres en le même dialecte. Mais il en resta à la bonne intention, parce que personne ne possédait une photographie, même un Daguéréotype du compatriote. La légende est fausse. M. Beaulieu reproduit un superbe dessin de Deveria daté de 1856 qui permettra désormais aux Jarnacois de réaliser leur désir. Je doute très fort, toutefois, que le talent du sculpteur chargé du monument réussisse à couler en bronze ou à buriner en marbre le demi sourire narquois, les yeux pleins d'intelligence fine, malicieuse, qui éclairent la figure de Burgaud, alors dans la plénitude de son tempérament physique et moral. De taille moyenne, très soigneux de sa personne, sa distinction naturelle suggéra à son ami d'Abbadie l'idée baroque de faire courir le bruit qu'il était bâtard de Napoléon ! Quoi qu'il advienne, M. Beaulieu, avant Jarnac, aura dressé un véritable monument au littérateur.

---

(1) Voir *Annuaire de Cognac* de 1866, *Almanach de Cognac* de 1909. *Pays d'ouest* du 25 septembre 1911 ; *Gazette des Bains de mer de Royan* 1882.

Jean-Henri Burgaud naquit à Jarnac, rue Basse, le 2 novembre 1806, (et non 1816, comme plusieurs l'ont imprimé) fils de François, marchand, et de Mathurine Félicité Chemineau.

En 1823, il était élève du collège de Bordeaux, un des plus intelligents travailleurs de l'établissement, ce qui lui valut l'honneur d'être présenté, le 12 avril 1823, à la duchesse de Berry laquelle, charmée par les vers qui lui furent dédiés, lui donna une bague.

Bachelier, son père, qui nourrissait l'espoir d'associer son fils à ses affaires, l'envoya à l'école de droit, à Paris. Licencié le 16 mai 1829, le jeune Burgaud retourna à Jarnac et alors s'engagea la lutte classique entre le père et le fils réfractaire à l'idée de commerce. Il penchait d'un autre côté. A Paris, il avait donné libre cours à ses goûts, il s'était livré avec ardeur à l'étude des langues auxquelles une aptitude spéciale le prédisposait, puisqu'il apprit l'anglais l'espagnol, l'italien, l'allemand, surtout le polonais et le portugais, « Il apprit ces langues non pas d'une façon superficielle, mais jusque dans leurs sources, ne négligeant ni leur histoire, ni leurs dialectes, ni leurs patois. Et là, Burgaud aurait pu se mesurer avec son contemporain Mezzofanti. » Son désir, ou plus exactement sa froide détermination, était donc de retourner à Paris et d'y continuer ses études favorites. La résistance du père fléchit devant la douce ténacité du jeune homme — sans doute très cher — à la condition qu'il se ferait inscrire au Barreau de Paris. Henry accepta d'emblée la transaction et l'observa jusqu'à la mort : en 1873, son nom figurait encore au tableau de l'Ordre. Il n'a jamais dû beaucoup plaider ni à Paris ni ailleurs, pas plus au civil qu'au criminel voire au correctionnel. Si le bon Burgaud mit parfois ses connaissances juridiques au service d'amis, personne ne peut affirmer qu'il poussa le dévouement jusqu'à endosser sa robe et soutenir devant les juges la défense du droit.

Le premier ouvrage qu'il entreprit fut la traduction de *Konrad Wallenrod* de Mickiewicz. Elle parut en 1830, année des grandes agitations politiques, « sous le voile de l'anonymat, procédé qui devint habitude chez Burgaud des Marets. Aussi fut-elle longtemps attribuée à Miaskowski. » De nombreux Polonais fuyaient leur pays asservi, ils gagnaient la France où ils trouvaient un accueil sympathique. Burgaud ouvrit sa maison et sa bourse aux réfugiés et se lia d'une étroite amitié avec Bogdan Janski. En 1833, par l'entremise de celui-ci il eut la joie bientôt de connaître Adam Michiewicz, Il conçut le projet de traduire l'œuvre entier de ce poète, son dieu, sous le pseudonyme de Gap. Il publia deux volumes; mais il abandonna ce travail « comme beaucoup d'autres projets. »

En 1834, après avoir séjourné à Jarnac, il revient bientôt à Paris poursuit ses études de philologie et de droit, se fait recevoir docteur (1837).

De 1838 à 1848, M Beaulieu n'a recueilli aucun renseignement sur la vie de Burgaud. En 1849, paraît son premier livre de fables chez M. Didot qui eut beaucoup de succès ; en 1852 le *Noveau fabeulier Jarnacoès* ; l'année suivante La *Parabole* et la comédie *Molichou, et garcounière*... en 1857, les *Œuvres de Rabelais* collationnées, annotées avec le concours de Rathery..., etc. M. Beaulieu donne à la fin de son livre une bibliographie très copieuse qui n'exclut ni découverte ni rectifications. Burgaud aimait à varier ses travaux. Suivant un mot de Rathery, c'est un « coureur de papillons, toute sorte d'idées voltigent devant lui, l'une lui fait oublier l'autre..... » Il considéra toujours ses productions patoises comme un délassement à des travaux plus sérieux dont Rabelais et Montaigne, la philologie et la bibliophilie faisaient le fonds. » Il passait une grande partie de ses journées dans les bibliothèques, de préférence à la Bibliothèque impériale et à celle du Louvre. Il était lié intimement avec Baudement, E. Begin, F de Caussade, Vallery-Radot, Payen, Barbier, Ambroise-Firmin Didot, André Lemoyne, le prince Louis-Lucien Bonaparte et quantité d'autres érudits.

En somme l'histoire des œuvres et de la collaboration littéraire de Burgaud des Marets constitue celle de sa vie. C'est ce que M. Beaulieu met en lumière, avec une précision dont nous ne pouvons que nous émerveiller, parce que la tâche était hérissée de difficultés. Le livre abonde en documents.

Il en est un cependant, que je regrette de ne pas voir. M. Beaulieu a ébauché, à peine, les origines de la famille. Le secours d'un Saintongeais du cru eût été probablement nécessaire à l'éclaircissement de la question. Où est située la terre — est-ce bien une terre ? — que Burgaud a illustrée.

Pourquoi *Jean* Burgaud sans surnom (son état civil) se mut-il en Henri Burgaud des Marets (sa signature après 1830) ? Au baptême il reçoit deux prénoms Jean et Henri. Il adoptera le second. Pourquoi ? C'est celui de son parrain. Or, un usage presque constant imposait à l'enfant le prénom de son parrain. Mais le surnom ?... c'est aussi celui du parrain. Le père se serait-il appelé

Monseigneur de La ROCHEFOUCAUD
dernier évêque de Saintes

aussi Desmarais et aurait-il négligé de le déclarer à l'Etat civil ? « Henri Burgaud, dit M. B. reprend *la tradition.* » Soit. Pourquoi seulement après 1830 et en littérature ? Est-ce bien par respect de la tradition ?

Serait-il téméraire de soupçonner un petit truc d'auteur qui revêt un demi-travesti pour paraître devant le monde — savant — ne serait-ce que dans le but d'éviter à l'avenir le démarquage désagréable à son amour propre, qu'il dut à sa seule modestie, quand il livra au public sa première œuvre, la traduction de Konrad Wallenrod, de suite attribuée à Miaskowski ? Chat échaudé...

Enfin ! dans le monde — tout court — surtout à Paris, un semblant de particule pose bien un jeune homme ! pourquoi *des Marets* et non *Desmarais* comme ses parents ? *Vanitas vanitatum...*

CH. D.

M. l'abbé Barbotin a écrit à l'occasion des fêtes du *triduum* en l'honneur de la béatification de Mgr de La Rochefoucauld une petite biographie qui n'est pas seulement le récit de la vie épiscopale, en somme assez pâle, du martyrisé, mais un tableau ramassé, impressionnant de la Révolution à Saintes et dans le département. Les cent pages de cet opuscule mettent bien en évidence, d'un trait net et précis, la silhouette des principaux acteurs — surtout d'ordre ecclésiastique — de cette période d'effervescence, de fanatisme et d'inconscience chez la plupart, beaucoup moins animés par le désir de rechercher un régime meilleur que de satisfaire une ambition démesurée, leur orgueil, leur haine féroce, leur crainte de passer pour hostiles ou trop tièdes aux idées du jour.

GRASILIER (Léonce). *L'affaire Petit du Petit-Val.*

M. Grasilier, on le sait, a acquis un savoir très documenté sur la société parisienne de la fin du règne de Louis XVI et sous la Révolution, en fréquentant les archives policières qui n'ont plus de secrets pour lui. Il était tout désigné pour faire partie de ces écrivains qui, aujourd'hui, entreprennent de présenter au public les vieilles affaires criminelles célèbres qui passionnèrent nos grands-pères, non plus sous la forme d'un compte rendu des débats, mais sous la forme narrative, romancée, comme on dit actuellement, d'après les documents d'archives. M. Grasilier est le dernier venu parmi ces chroniqueurs rétrospectifs du crime. Son *affaire* est évidemment des plus grosses et des plus obscures. Le

Journal des hommes libres l'annonçait ainsi : « Le 3 floréal an IV (2 avril 1796) le citoyen du Petit-Val demeurant à Paris,... vient d'être assassiné la nuit du 1er au 2 floréal, avec sa belle-mère, sa mère, deux femmes de chambres, deux domestiques femelles. Le fils de la maison, âgé de dix ans et couché auprès de sa belle-mère a été épargné. Un valet de chambre, un cuisinier et un jardinier n'ont rien entendu. » Le vol n'était pas le mobile du crime. Alors ? quid ? L'extermination de cette famille eut un grand retentissement, comme bien on pense. La justice enquêta, et l'enquête dura quarante ans, vainement. M. Grasilier croit pouvoir désigner un coupable, un triste personnage, fort peu intéressant sur lequel des soupçons se portèrent, sans rien plus. Nous ne le suivrons pas dans ses déductions de l'adage juridique « qui a intérêt ? » Nous ne chercherons pas à contrôler, ni à discuter. La vérité reste cachée. Mais lisez ce livre, très soigné, œuvre de patience, il ne vous ennuiera pas, ne serait-ce que parce que victimes et leur bourreau présumé sont d'Aunis et de Saintonge. Le plus sûr profit que l'on en retirera est une généalogie des familles rochelaises du Petit Val (p. 11-20, 82) Dupont de Chambon, Rodrigue, sieur de Curzay, et Michel.

A cette tragédie est mêlée une légende concernant le Dauphin, « l'enfant du Temple », la survivance de Louis XVII. Il en a été déjà question dans cette *Revue* tome XLI p. 30 et XLII p. 36 qui relate la *Revue historique* de juillet-août 1925, contre Grasilier qui attribuait alors certain mémoire à Chambon. M. Grasilier termine son livre par un chapitre pour essayer de tuer la légende.

Journal des Savants, novembre 1927. Le commandant Carlini et le commandant Vivielle rendent compte de l'ouvrage de M. Ch. Boreux : *Etudes de nautique égyptienne, l'art de la navigation en Egypte* jusqu'à la fin de l'Ancien Empire.

Les contrats de Kerkouk au musée britannique et au musée de l'Irak, par M. Ed. Cuq. d'après C. J. Gaild *Tablets from kirkuk*.

Luçon. — Imp. S. Pacteau.

REVUE
DE SAINTONGE ET D'AUNIS

REVUE DE LA SOCIÉTÉ DES ARCHIVES

SOMMAIRE

JEAN PERREAU

PASTEUR DE SAUJON, TONNAY-CHARENTE, SOUBISE
1616-1650

Questionné, l'été passé, par un baigneur en villégiature à Meschers, sur l'Eglise protestante de cette petite commune, je me suis reporté au livre de M. Moutarde (1), qui ne nous a pas appris grand chose. En réalité les renseignements sont rares. Mais, tout en tournant les pages de la monographie, mes yeux s'arrêtèrent sur une phrase, totalement étrangère à Meschers, qui m'a rempli d'une douce joie : « Giraud, dit-il, fut déposé au synode d'Alais, en 1620. Ce fut le ministre Perreau qui vint alors occuper le poste de Saujon. Nous ne possédons aucun détail sur sa personne (2). » Perreau inconnu ? l'auteur avait raison, quand il écrivait, mais s'il avait pris la peine de compulser les belles minutes d'Amyand, de Jourdaïn, notaires à Saujon, qu'il avait sous la main (3), en l'étude de Me Massiou (aujourd'hui de Me Couraud),

(1) *Les Eglises réformées de Saujon.*

(2) *Ibidem*, p. 39.

(3) M. Moutarde était pasteur à Saujon.

il aurait eu la satisfaction, avant moi, de découvrir les documents qui composent cet article, jetant quelque clarté sur la personnalité d'un ministre de l'Eglise protestante en Saintonge, pendant la première moitié du XVIIe siècle, sur l'organisation difficile de celle de Saujon en particulier.

Jean Perreau, appelé tantôt ministre de l'Evangile, tantôt ministre de la Parole de Dieu, tantôt simplement ministre de l'Eglise réformée, est fils de Jean Perreau et de Marie Tarvajon qui, devenue infirme, à Saujon, fut confiée, par son fils, aux soins d'une femme Grenon, à qui il paye 12 livres le 23 mars 1630, total de plusieurs mois de service (1).

Je soupçonne Perreau père d'avoir été garde de la Monnaie de la Rochelle. Cet office, en effet, fait l'objet d'une transaction entre ses fils Jean et Daniel le 26 avril 1633. Daniel Perreau, demeurant au logis noble de la Grande Forest, paroisse de Lussan, y renonce en faveur de son frère, « nonobstant la cession qu'il lui en pourroit avoir faict par son contrat de mariage avec Marie Texier, sa femme, comme aussy quicte et décharge le dict Jean Perreau envers iceluy Daniel de tout le sel entièrement qu'il pourroit avoir faict saisir, à luy appartenant et estant tant sur le marais situé en l'isle d'Oleron que en la parroisse de Moyse ou ès environs d'icelle... (2) Il semble bien évident que cet office venait d'héritage. Après l'avoir donné, Jean Perreau le reprend. Qu'en a-t-il fait ? Il ne pouvait l'exercer, il l'aura vendu. Il n'en est plus jamais question dans les actes que j'ai vus. Perreau est homme d'affaires et même processif !

Venons à son arrivée à Saujon.

Il succède à Étienne Giraud, déposé en 1620, dit M. Moutarde sans préciser le motif de cette grave peine disciplinaire. Je crois la deviner dans le fait suivant : en 1618, le 26 décembre, deux femmes, Jeanne Coindreau et Jeanne Lestelier prennent un arran-

---

(1) Prix de pension ; En 1648, Une nourrice reçoit 36 livres et une paire de brassières pour son année de nourrissage. (*Minutes de Coustand*). Aujourd'hui il faut compter 15 à 1800 francs d'argent seulement.

Pierre Ardouin, maitre Chirurgien, enseignera sa profession à Simon Reperé, pendant trois ans, le nourrira, le couchera pour 150 livres. (1635-1637) (ce genre de convention est très fréquent).

Le 7 avril 1646, un ouvrier boutonnier compte sa pension chez son cousin, qui l'a nourri, logé, blanchi depuis deux ans : elle se monte à cent neuf livres dix sols, à raison de trois sols par jour. Il donne 50 livres et promet de payer reste à sa majorité (*Minutes d'Amyand.*)

(2) *Minutes d'Amyand.*

gement entre elles à propos du paiement d'une somme de 90 livres qu'elles ont été condamnées à payer solidairement (1). Giraud leur avait intenté un procès criminel (cause non spécifiée), en la Chambre de l'Edit à Nérac, elles subirent l'une quatre mois de prison, l'autre davantage, furent relaxées, mais condamnées à payer les épices, les autres frais étant laissés à la charge du poursuivant. Il est permis de supposer que l'issue de ce procès mettait le ministre en fâcheuse posture et portait atteinte sérieuse à sa dignité et à son prestige. Son accusation était fausse. Les Consistoires et les synodes exerçaient une surveillance assez étroite sur les actes de leurs coréligionnaires, cherchant à mettre la paix entre eux, censurant les infractions aux pratiques religieuses, à la bonne réputation, à la décence, qui venaient à leur connaissance (2). Le Consistoire de Saujon aura suspendu, dès mars ou avril, le pasteur Giraud, devant le scandale que son procès avait suscité. Le Synode d'Alais prononça, au bout de trois ans, l'interdiction Jean Perreau lui avait succédé. C'est ce qui résulte d'un acte de 1629 que nous verrons plus loin.

Il venait peut-être de La Rochelle, où il assiste le 16 décembre 1616, à la séance du Consistoire (3). Il était marié. Il avait épousé, à La Rochelle, Madeleine Houdayer, appartenant vraisemblablement à une famille du Maine (4). En mai 1619, il devient veuf, ayant une fille Anne dont il est encore tuteur en 1633. J'ignore la destinée de cette fille. Il se remaria avec Elisabeth Michel, qui mourut à une date inconnue, sans enfant. Ces deux décès ne lui enlevèrent pas le goût du mariage. Il convola une troisième fois, le 22 juillet 1630, avec Jeanne Fresneau (contrat reçu Vesron que je n'ai pas vu) (5), qui lui donna trois enfants :

---

(1) *Minutes de Jourdain.*

(2) Cf *Revue*, tome XLI, p. 103. J'ai vu, sans en prendre copie, deux transactions qui furent passées à l'instigation d'anciens. On sait que ces sortes d'actes ont toujours un préambule qui dit que les deux parties, sur le conseil d'amis se font de mutuelles concessions. Les amis sont les anciens. Voyez dans les tome III, p. 276 du *Bulletin-revue* de la société le blâme du Consistoire de Pons sur la toilette, de Mme de Mirambeau (1587)

(3) *Diaire de Merlin*, p. 301, dans le tome V des *Archives de Saintonge et d'Aunis*.

(4) Le 10 mars 1631, Jean Perreau et Benjamin Houdayer, son beau-frère, arrêtent des comptes au sujet des recettes de la rente seconde due à Perreau, à cause de la métairie des champs au pays du Mans, ainsi que des recettes de blé et de sel en l'île de Ré. (*Minutes d'Amyand*).

(5) Un inventaire du 30 mai 1619, à Saujon, et un autre, du 8 juillet, à La

Louis, Marie et Esther (1). Il suit de nombreux exemples. Les troisièmes mariages pour les hommes sont fréquents à cette époque, les seconds, même pour les femmes, sont de pratique courante. Et, comme quelques enfants nés de ces mariages portent parfois les mêmes prénoms que leurs frères ou sœurs du premier lit, on est exposé aujourd'hui à commettre des confusions dans la filiation.

En 1639, Perreau est pasteur à Tonnay-Charente où il demeure peut-être une dizaine d'années (2). Le 14 avril 1648, de passage, à Saujon, il dicte son testament et il meurt à Soubise, en décembre 1650. Il devait avoir environ 65 ans. La veuve fait dresser inventaire de ses meubles, le 28 décembre, par Amyand, notaire à Saujon. Ce document court, mais très intéressant, nous montre un intérieur de bourgeois cossu. Les coffres renferment une grande quantité de linge (un criterium de fortune !) gros et fin, une « esvière, une salière, une écuelle et 13 cuillers en argent (pas de fourchettes !) pesant 5 marcs 3 onces et demie. » Ce n'est pas commun. Marie Fresneau déclare 104 livres d'argent en espèces et 5.000 livres d'argent prêté (3). Les ministres protestants banquiers sont un des traits de mœurs des plus curieux de ce temps-là. Si Luther défend le prêt d'argent à titre onéreux, Calvin l'autorise, assurant que l'homme riche est agréable à Dieu. Les pasteurs usent de la permission du Maître, non sans risques, sans

---

Rochelle, sont relatés dans l'inventaire dressé le 24 août 1630, à l'occasion de son troisième mariage. La date de ce dernier mariage est indiquée dans l'inventaire fait après son décès. (*Minutes d'Amyand*).

(1) Esther a dû mourir jeune, car elle ne paraît pas dans la succession de Jean Perreau. Quant à Marie, ne serait-ce pas elle qui épousa le pasteur Jacques Papin, décédé avant 1677 ? Cf. *Archives de la Saintonge*, t. XIII, p. 215.

(2) J'ai essayé de compléter ma documentation en compulsant les minutes des deux études de Tonnay-Charente. M. Delaigue m'a très aimablement ouverte la sienne, je n'ai rien trouvé. L'autre est restée close.

(3) Il n'y a pas moins de 56 obligations numérotées de A à HHH.

Sur cette question du prêt, voir H. Hauser : *Les débuts du Capitalisme*. Le *Bulletin de la Société de l'Histoire du Protestantisme français*, 1928, p. 72, en a donné un compte-rendu. « Nous avons coutume, écrit Calvin à la fin de 1545, de regarder premièrement là où l'argent se peut mettre seurement. Mais plustôt il falloit aider les pauvres vers lesquels l'argent est en danger. » Je n'ai jamais pu savoir à quel taux les pasteurs (et les autres prêteurs) donnaient leur argent. Les inventaires ne le disent pas, les obligations sont muettes, parce que les prêts se font sur gages, un champ, par exemple, pour deux ou trois ans, au bout desquels le bailleur fera vendre, s'il n'est pas remboursé. Il ne l'est généralement pas : l'affaire traîne pendant des années. Les prêteurs étaient alors complaisants ou compatissants.

ennuis, parce que les remboursements se font généralement attendre longtemps, leurs emprunteurs étant le plus souvent des gens pauvres, manquant de blé par exemple, auxquels l'argent avancé a toute apparence d'une charité, ce qui devait contribuer à donner aux prêteurs une influence prépondérante, contre laquelle les curés catholiques, mal lotis, étaient impuissants à lutter. Presque tous les pasteurs ont du bien, Perreau est un des plus fortunés ; il possède des marais en l'île d'Oleron, une métairie en Mortagne et un mobilier confortable. Jetons un coup d'œil sur la chambre où le ministre « mangeoit et couchoit. » Dans un coin « un chaslit à quenouille de noyer, lit traversier, deux oreillers de plumes, deux couvertures de laine cothelonne, l'une blanche, l'autre teinte en bleu, le lit garni autour de six rideaux ayant frangillons, trois pants de courtine avec franges de laine et un dossier, cette garniture de petite serge bleue, fort usée, avec les rideaux et courtines du passemen luizant, partye de soie, autre partye de laine, et audict lict y a ung linceul de grosse thoile servant de fons. Deux tables, une de noyer avec deux bancs en noyer, l'autre de chêne qui se plie en double ; deux coffres de bois de noyer ferrés fermant à clé, le plus grand sur un soubassement et de la grandeur de huict boissiaux (1); l'autre de deux basses couvert de cuir noir, fermant à clé, posé sur deux petits pieds de noyer (2) ; deux grands tabourets, six petites chaises garnies de paille, une bouteille façon de Marans, un bahut fort vieux et usé façon de Flandre, fermant à deux serrures, et dessous un soubassement en noyer. » En l'étude du dit Perreau se trouve un grand nombre de livres gros et petits, dans des armoires, qu'il a légués à Louis Perreau, son fils, « desquels livres description ou cathalogue ne peut pour le présent estre faict, à cause qu'icelle demoiselle n'a trouvé personne qui le peust faire avecque l'ordre requis jusqu'à présent, mais a promis de les conserver au mieux de son pouvoir. »

Nous connaissons l'homme privé, voyons le pasteur dans ses relations temporelles avec ses administrés.

La première question dont Jean Perreau se soit inquiété, en arrivant à Saujon, a été de faire fixer ses appointements.

---

(1) Les notaires ne connaissent pas les trois dimensions. Ils apprécient toujours la capacité en boisseaux.

(2) Dans ces coffres est renfermé le linge. Un bahut semblable, couvert de cuir noir est dit façon de La Rochelle, dans l'inventaire d'Antoine Pannetier, du 22 mai 1648.

Le 14 mai 1617, Daniel Coublat, notaire royal, Isaac Thomas, juge sénéchal de Saujon, André Jaud et Elisée Rulleau, maître apothicaire, s'engagent à lui payer ses gages tant qu'il demeurera à Saujon. Les paiements subirent des retards, puis un arrêt sans doute, les souscripteurs moururent, si bien que Perreau exigea un arrêté de comptes et le 14 octobre 1629, ministre et anciens tombèrent d'accord sur une somme de 1200 livres au crédit du ministre. Nous sommes dans l'ignorance complète de la quotité annuelle. Elle ne devait pas être, toutefois, inférieure à celle du collègue de Cozes qui touchait 500 livres. D'après cette base, il faut supposer que la dette de 1200 livres comprenait deux ou trois ans, étant admis que des acomptes furent payés. Perreau dut réclamer, faire des « remontrances », patienter; mais, finalement, voyant, d'un œil inquiet, la créance s'arrondir, il actionna les successeurs de ses débiteurs devant la Chambre de l'Edit séant à Bazas. Marthe Goy, veuve de Thomas, Jean Babin, mari de Marie Jau, fille héritière d'André, Jacob Rulleau, maître apothicaire, fils, héritier d'Elisée, Jacques Dupuy, mari de Suzanne Coublat et Claude Coublat, enfants de Daniel, furent condamnés le 17 août 1630. Perreau demanda leur quart à Dupuy et à Claude Coublat, lesquels n'ayant pu le satisfaire, reçurent plusieurs mises en demeure, commandements, menaces de saisies et de ventes de leurs biens. Bref, ceux-ci se trouvèrent devoir 408 livres par suite des nouveaux frais. Cette histoire fort longue, compliquée d'engagements de terres, de paiements, de remboursements, appelée de nouveau devant la Chambre de Guyenne à Agen, en 1631, n'est pas encore terminée en 1634. Le 31 mars 1631, Jean Babin, juge ordinaire de Saint-Antoine-du-Bois, se libère de 300 livres, « quart de 1200 », mais les anciens de Médis n'obtiennent quitus que le 30 mars 1633, après que le Consistoire eut taxé les habitants à 60 livres par an (1). C'est la solution qui aurait dû intervenir dès le début. Les anciens qui avaient contracté le premier engagement comptaient certainement sur des quêtes ou des dons volontaires pour les aider. Les événements qui sollicitaient l'attention des protestants en France et aboutirent au siège de La Rochelle ne sont sans doute pas étrangers à la gêne d'argent qui se manifeste pendant plusieurs années.

(1) Tous les actes relatifs à cette affaire se trouvent dans les minutes d'Amyand de 1631 et 1633.

A Cozes, dès le début du siècle, pour le même objet, les anciens s'étaient cotisés et avaient assumé aussi, en leur nom privé, l'allocation due au pasteur. On comprend très bien dans quel but, le pasteur, Jean Duperche, ne voulait avoir affaire qu'à une demi-douzaine de personnes responsables et non pas à une ou deux centaines (à quoi on est obligé aujourd'hui). Seulement, les anciens, gens avisés, convoquèrent aussitôt les chefs de familles et ceux-ci, le 11 août 1602, « ont promis et seront tenus acquiter, descharger, porter et relever indemnes Labbé, de La Jaille, Picard, Pelletreau, Riogeau et Chevillard, de l'obligation avec le sieur Duperche et leur mettre et délivrer entre les mains la dicte somme de cent soixante-six escus, deux tiers, prochainement, en et par advance à chascun quartier (1)... »

Est-ce apathie, mauvais vouloir des fidèles de Saujon, est-ce négligence des anciens, occupés à leurs affaires, qui tendirent les rapports entre ceux-ci et le pasteur ? Toujours est-il qu'Etienne Rivet, ministre à Saujon en 1647, éprouve les mêmes embarras et ne touche pas la subvention qui lui a été allouée, ce qui l'oblige d'envoyer une sommation énergique (2) aux anciens.

---

(1) *Minutes de Tourtellot.* Jean Duperche, mari de Denise Demoussy.

Soixante-et-une personnes sont dénommées en cet acte, 38 de Cozes, 2 de Thaims, 3 de Saint-André-de-Lidon, 6 d'Arces, 5 de Grézac, 4 d'Epargne, 3 de Semussac.

L'engagement des six anciens, vis-à-vis de Jean Duperche, ministre de l'Evangile, est du 4 août précédent (ils n'avaient pas perdu de temps !) Il ne comporte que 150 écus sols, revenant à 450 livres, payables par trimestre, à commencer à partir du 1er février même année. On paye de suite 75 écus au pasteur. Il est convenu qu'il sera logé commodément et défrayé de tous ses voyages aux assemblées, colloques ou synodes. « Davantage, pourra le dict Duperche tenyr des pentionnaires jusques au nombre de deux ou troys seulement, pour les instruire, à condition touteffoys que le temps qu'il y employera ne le divertise de ses études nécessaires pour s'acquitter fidellement de sa charge. » Si les vivres augmentent, son traitement sera élevé à 500 livres. (*Mêmes minutes*). (La vie chère est donc de tous les temps ?). Ces actes sont très longs, avec trop de noms, ils ne peuvent être reproduits ici.

Le 18 janvier 1615, une assemblée capitulaire composée de 110 hommes, à Cozes, élit 15 répartiteurs qui procèderont à « l'esgallement de 600 livres tans pour l'entretien de M. Jacques Chalmot, pasteur de cette église, qu'autres frais nécessaires », attendu que despuis le dernier esgallement il s'est produit des décès et des départs. (*Mêmes minutes*). (La hausse prévue de la vie s'était produite !)

(2) Le 18 novembre 1648, par un acte calligraphié (qu'il a dû écrire) Rivet somme « les anciens de luy rendre compte des receptes qu'ils ont faictes ou deu faire, chascun suivant leurs charges, des deniers deus par ceux nommés ou taxés ès roolles qu'ils ont tenus ou deu tenir pour la suvantion dudit sieur Rivet. Néanmoins iceux dits anciens ne l'ont encore faict, au moyen de quoy

Comment des difficultés d'argent ne seraient-elles pas nées avec des anciens imprudents et un pasteur aussi entreprenant que Jean Perreau ? Les dépenses s'accumulent. En cette même année 1629, celui-ci exige l'arriéré de son traitement, ce qui est légitime, puis il inspire au moins deux grosses affaires et les Campet intenteront bientôt deux procès en 1631 puis en 1633 devant le Conseil du Roi, auquel il faudra se défendre et pour cela emprunter 300 livres (6 février 1633).

Le 19 février 1629, une assemblée capitulaire composée de vingt-deux marchands, docteur en médecine, apothicaires, avocat (1), « attendu que le lieu où ils faizoient l'exercice de la dite religion a esté ruyné par les guerres, et qu'il leur est important et qu'il est très hutille et nécessaire de le faire rebastir et construyre, ont tous les susdits consenty et consentent qu'il soict, par les antiens de la dicte églize, esguallé sur eux et autres de la dicte églize de la religion prétandue réformée, la somme de quinze cents livres au sol la livre, pour icelle somme estre employée à la dicte construction suyvant et au désir de la requeste ci-devant présantée par Me Izaac Thomas (2), gérant et négociant les affaires du Consistoire et arrêt sur icelle obtenu (3). » Ce temple a-t-il été effectivement construit, ou le projet a-t-il été ajourné ? Je n'en ai

---

et qu'il est deu par eux plusieurs arrérages de la dite, icelluy sieur Rivet a requis, sommé et interpellé les susdits anciens... de leur rendre compte ou audict consistoire dans trois jours prochains, des sommes et deniers qu'ils et chascun d'eux ont ou doivent avoir entre mains... ensemble de luy délivrer le rolle général ou coppie d'icelluy duement faicte de tous ceux qui sont de la dite églize en la paroisse de Médis, où ils sont anciens. » (*Minutes d'Amyand*).

Cette charge d'ancien devait être assez absorbante, voire gênante pour un marchand. Le 4 janvier 1630, Abraham André, un des gros marchands de Saujon, ancien depuis six ans, donne sa démission à J. Perreau, « reconnaissant qu'à l'avenir il lui seroit du tout impossible de vaquer à la dite charge. » (*Minutes d'Amyand*). Cet acte notifié à Perreau le 20 janvier est renouvelé le 1er mars et le 19 avril. Il faut croire qu'on tenait à lui. Jacques André, le 23 septembre 1640, invoque la même raison, les affaires et son age, pour se démettre de la charge de syndic, il donne trois jours pour le remplacer, faute de quoi il ne fera plus rien. Le 16 octobre, il signifie au Consistoire que vu son refus d'accepter sa démission, il ne fera plus aucun acte de sa fonction. (*Mêmes minutes*).

(1) Il est remarquable que dans ces assemblées ne figure jamais un membre d'une famille appartenant à la noblesse.

(2) C'est le juge de la baronnie de Saujon, mari de Marthe Goy, mort en 1628 ou 1629. Il est sieur de Riollet et père du médecin, Isaac Thomas de Riollet, auteur des *Remarques curieuses sur la Thériaque*. Cf. *Recueil de la Commission des Arts et Man. de la Charente-Inférieure*, tome XV, p. 540.

(3) *Minutes d'Amyand*.

jamais trouvé trace. Lorsqu'en 1652, le Consistoire achète un petit jardin, contenant quatorze carreaux, pour agrandir le cimetière plein à ne plus pouvoir y enterrer un cercueil, il n'est pas question de voisinage du temple. Ce cimetière confrontait au cimetière catholique (1). »

La seconde affaire est l'acquisition d'une maison pour loger le pasteur. Celle qu'il occupait depuis 25 ans ne plaisait plus probablement. Là, encore, reparaît la candeur et l'imprudence des anciens, la confiance (peu importe le mot). L'expérience de leurs pairs ne leur enseigna rien, ils recommencent la même erreur. Par acte reçu Boisseau, le 20 octobre 1603, Bertrande de Burlé (2), dame et baronne de Saujon, son fils Samuel, alors protestant, donnèrent une maison, confrontant à la rue « que l'on va et vient du bourg au château dudit lieu. » Le 26 avril 1629, sans motif avoué, elle est vendu 500 livres à Isaac Le Ferreur, juge assesseur de la baronnie, et le 2 mars suivant, Pierre de Lajaille, maître

---

(1) C'est la position de plusieurs cimetières. Comme l'Edit de Nantes autorisait les protestants à avoir leur cimetière particulier, ils en établirent où ils le purent, quelques fois en essayant de partager celui des catholiques. Le 13 décembre 1618. Pierre Chamaillard, curé de Soulignonne, défend à des maçons, travaillant pour le compte de protestants de la paroisse de continuer à construire un mur pour « clore partie des dicts simetières. » Antoine Chancelle qui a ordonné le travail intervient, en convient et « veu la dicte opposition il falloit cesser pour quelque temps et que dans peu de temps la dicte muraille seroit bien continuée, nonobstant le dict empeschement, et oultre, que le dict Chamaillart en faisait trop *qu'on l'auroit bien !* » (*Minutes de Thoumin*), le cri de bataille des poilus de 1914, retentit déjà.

Dans les minutes de Tourtellot est une procuration, datée du 21 juin 1600, très curieuse, signée de 46 chefs de familles protestantes de Cozes, à l'effet de les représenter devant les députés du roi pour l'exécution des Edits de Pacification, « dire et desclairer qu'ils font nomination pour le premier des deux lieux du baillage accordéz par Sa Magesté pour y estre faict exercice de la dicte religion refformée, l'ung des faux bourgs de la ville de Sainctes qui sera trouvé le plus propre et commode pour cet effet, et oultre, requérir leur estre désigné et pourveu de simethière pour inhumer les morts de leur dicte religion refformée (le notaire a rayé *ou la plus grand partie des cymettières de leurs paroisses*), attandu que tous les habitants d'icelles ou peu s'en fault, (le notaire a rayé *mesme de la paroisse de Cozes*) sont de la dicte religion refformée qui, jusqu'en ce présent, ont conservé le droict et pocession qu'ilz ont d'inhumer les morts ès cimetières jusques à ce que les lieux pour faire les dicts enterrements leur ayant été désignéz et octroyés, inhibitions et deffences estre faicte aux curés et tous aultres de les en empescher, comme aussy de faire les presches et tout exercice de la dicte religion refformée en la halle dudict bourg de Cozes, comme ils faisoient au temps par l'Edit. (le notaire a rayé *et ont continué despuis audict bourg et en (aultres ?) lieux plus commodes, comme ils adviseront conformément à icelluy.* »

(2) Elle était veuve de Denis de Campet.

apothicaire, Daniel Jourdain, notaire, et plusieurs autres, achètent à Elisabeth Brenet, veuve de Daniel Berthus, une maison du prix convenu de 1.000 livres. Ils payent le 28 novembre 1630, mais quand ils cherchent à se rembourser, tout le monde se défile. Ils somment alors Elisabelh Brenet et son gendre de déclarer comment les 1.000 livres ont été obtenues. Ils exposent « qu'ils se sont obligés en leurs propres et privés noms, jaçoyt que l'acquisition qu'ils avaient faict de la dicte maison feust pour et au nom des habitans de la religion prétendue réformée dudict Saujon pour y loger les pasteurs d'icelle religion, soubz l'espérance que tous ceulx de la dicte religion contribueront au payement de la dicte somme de mil livres, ce qui n'a esté faict, quoyque ce soit pour la majeure et plus grande part et principaulx habitans, combien que tousjours, despuis la dicte acquizition, le ministre ou pasteur de la dicte religion aye tousjours demeuré, comme il demeure, en la dicte maison, et pour obvyer aulx saizies de leurs biens immeubles et emprisonnement de leurs personnes, et pour faire final payement desdits mil livres, ils auroyent desbourcé de leurs deniers propres, savoir ledict de Lajaille soixante dix-neuf livres huict deniers, le dit Jourdain, quatre vingt-dix livres, Mme d'Eschervaise, trente six livres, Mlle De La Sausaie, quinze livres... » Bref, on réunit une somme de 1.067 livres qui servit à payer Elisabeth Brenet et les frais. Ce n'est que le 6 février 1642, que la veuve de Pierre De Lajaille rentre dans les 79 livres 8 deniers (1) avancés par son mari, « suivant l'ordre du Consistoire. »

Puissent ces quelques pages convaincre les récalcitrants aux recherches dans les minutes de notaires que celles-ci ont du bon. On ne réussit pas toujours à trouver ce qu'on désire, mais elles dévoilent parfois ce qu'on n'attend pas... C'est le cas de l'histoire du pasteur Jean Perreau à qui je ne pensais guère en feuilletant les registres d'Amyand. Le secret est d'avoir de la patience, donc du temps... de lire les œuvres d'un ou plusieurs notaires favorisés d'une bonne clientèle, de coordonner les notes... et de ne pas être en quête exclusive de persécution.

Ch. Dangibeaud.

Mars 1927.

---

(1) *Minutes d'Amyand.*

AVIS ET NOUVELLES

ADMISSIONS : M. Pijolet, libraire éditeur, La Rochelle.
M. Martinus Nijhoff, libraire, La Haye.
M. Joseph Baer, libraire, Francfort-sur-le-Main.
M. Dutoit, M. Champion, éditeur correspondant.
M. Papy, agrégé d'histoire, professeur au Lycée de La Rochelle.
M. Jean Musset, Saint-Mandé.

L'Illustration du 3 mars 1928. La princesse Takaupomaré, fille de la dernière reine de Tahiti, fleurissant la tombe de Loti, dans le jardin de la maison des aïeules, à l'île d'Oléron. Le Ct Emile Vedel a écrit un article sur Loti à Tahiti, illustré du portrait de Loti en costume d'aspirant lors de son voyage dans le Pacifique (1872) et de l'amie de Loti la jeune Faïmana, suivante de la reine.

L'église de Vouhé obtient 3.500 francs, pour restauration, sur les revenus de la fondation Auguste Pellechet, qui doivent être employés à conserver les monuments non classés (mars 1928). Cette église, (près Surgères), est en réparation depuis 1869, ou tout au moins en instance de réparation. (Voir *Recueil de la Commission des A. et M. de la Charente-Inférieure*, tome I, p. 153 et 156).

Le premier numéro de l'*Illustré des Charentes* a paru en février 1928 à Angoulême.

Il s'est formé à La Rochelle une association d'études romanes. Son but est d'assurer à ses membres la pratique des langues romanes et de leur fournir les moyens d'information générale.

De la commune de Sainte-Marie de Ré est distraite la section de Rivedoux qui est érigée en commune (février 1928).

Saint-Clément-des-Baleines avait été érigée en commune, en 1874, au dépens d'Ars.

Une partie de la collection de tableaux, dessins de feu M. Th. Duret, 48 numéros, (une sélection très pâle) est passée en vente à l'Hôtel Drouot, le 1er mars 1928. L'enchère la plus élevée a été atteinte par le *Portrait de Théodore Duret*, par Edouard Vuillard, haut. 0,95, larg. 0,74, signé et daté de 1912, adjugé 54.300, sur une demande de 25.000, à M. Hessel. (Il faut ajouter 19,50 pour cent). M. Duret est représenté, assis, tenant un chat sur ses genoux, à sa table de travail, chargée de papiers.

Cette vente a été une grosse déception pour les amateurs qui, sur la réputation d'oracle que M. Th. Duret avait acquis de son vivant, attendaient des merveilles. Plus amère encore fut la déception des héritiers quand ils constatèrent que la collection du *de cujus* ne comprenait presque que des toiles déclarées fausses. Comment un or pur s'est-il mué en un vif métal ? C'est le mystère ou plutôt les mystères que M. Maximilien Gauthier a exposés dans les numéros de *La Rumeur* des 2, 12, 16 avril, 18 mai 1928. Il paraîtrait que des « gens riches et puissants » ont intérêt à entretenir les mystères.

M. Marcel Fleury a gravé une grande et belle eau-forte *Les Arènes de Saintes*, aussi juste de dessin que brillante de lumière. Les épreuves sont en vente chez M. Pourteau à Saintes, et le Musée a acheté le dessin original.

M. Fleury nous a procuré le plaisir de reproduire son eau-forte de Brouage que *Nova Francia* a fait clicher. On sent la vaste, triste et mélancolique solitude de cette vieille place démantelée, sur laquelle planent des souvenirs romanesques et sinistres qui s'imposent à l'esprit de tout visiteur.

M. Bron expose au Salon *Vieux pont sur la Seugne* et *Octobre à Bélébat*. Le Musée de Saintes lui a acheté une toile.

M. L.-A Berthommé, une vue de la *Place Blair à Saintes* et le *portrait* de Mgr B. (reproduit dans le *Catalogue*) M. Fleury expose le *port de la Rochelle et ses tours* (eau-forte). Mlle Emma Ruffe expose une *rue de Saintes*. M. Perchaud (L. F) *une tête d'étude* (dessin).

De l'évêché de Saintes il restait intacte la superficie (la superficie seulement) du jardin et peut-être une rangée de tilleuls. La moitié des tilleuls et la moitié du jardin disparaissent ; sur leur emplacement s'élève une annexe au collège, pour faire des classes de cours pratiques.

A Saint-Savinien, à dix mètres de l'église, on a découvert, dans une maison, les restes d'un hypocauste, (avril) et un long conduit : dans l'église de Pontlabbé un puits très profond, avec couloirs d'accès latéraux.

Le numéro de la *Vie à la campagne* du 1er février 1928 consacre quatre pages au *Logis de Didonne* à M. Paul Firino Martell, ornées de 13 photographies.

Fleury del et Sculp.

BROUAGE

NOTES D'ÉTAT CIVIL

DÉCÈS

Le 22 janvier 1928, est décédée, à Rochefort, Mme Louis Normand d'Authon, née Marie-Marguerite-Suzanne de Douhet de Villosanges, âgée de 47 ans. Elle laisse un fils M. Gabriel Normand d'Authon et deux filles Mlles Yvonne et Germaine Normand d'Authon.

Le 2... février, à Ibos près Tarbes, est décédé M. Georges Grison.

Né à Saintes, le 6 mai 1841, il débuta au *Moniteur* en 1865, puis passa au *Figaro* où il resta jusqu'en 1923, mais il collabora à l'*Événement* au *Soir*, à l'*Illustration*, au *Gaulois*, à *La Liberté*. Au *Figaro*, il signait des nouvelles du pseudonyme de Jean de Paris.

Ayant pris sa retraite, il acheta une maison à la Chapelle des Pots, au milieu de coteaux très boisés, site beaucoup trop calme pour des personnes habituées au tumulte de Paris.

Grison fut un conteur de faits divers, de drames de la rue, dans un style vivant, pittoresque et exact. Il ne manqua aucune exécution capitale de Paris, ce qui lui procura le moyen d'écrire *Souvenirs de la place de la Roquette*.

La bibliographie de ses œuvres est assez copieuse. Au hasard nous citerons : *13, Rue des Chantres, monde où l'on triche*, le *monde où l'on vole*, le *monde où l'on flibuste*, *Jacques l'honneur*, la *Police*, *Paris horrible* et *Paris original, etc.*

Il a écrit pour le théâtre, surtout pour les petits théâtres. Un drame, *Fergus* interdit, ne fut joué qu'à bureaux fermés aux Bouffes Parisiens en 1898.

On assure qu'il écrivait ses mémoires.

11 février, décès de M. Louis Sonolet, Chevalier de la légion d'honneur; âgé de 52 ans.

Le 14 février 1928, est décédé, à Saintes, M. Diogène Rondelaud, avocat, chevalier de la légion d'honneur, âgé de 85 ans : inhumation à Gemozac.

M. Théodore-Ernest Cognacq, fondateur et directeur des magasins de *La Samaritaine*, commandeur de la Légion d'Honneur, âgé de 89 ans, s'est éteint, le 21 février dernier, à Paris, dans son hôtel de l'Avenue du Bois-de-Boulogne.

La vie de cet homme qui fut non seulement un grand et heureux commerçant, mais un philanthrope émérite, sera citée dans *Morales* comme un bel exemple du bon emploi qu'il fit de ses capitaux. Fils d'un modeste horloger de La Rochelle, il naquit à Saint-Martin-de-Ré, le 26 octobre 1839. Il était, comme demi boursier, élève au Petit Séminaire de Pons, quand, à quatorze ans, son père mourut, le laissant seul, obligé de pourvoir à son existence. Il entra dans un magasin rochelais, travailla à Bordeaux et s'en vint à Paris à dix-huit ans. Il connut alors la misère, quitta Paris, regagna La Rochelle, à pied. Mais Paris l'attirait, il y retourna bientôt, plus résolu que jamais. Vendeur dans trois magasins de nouveautés, notamment à *La Nouvelle Héloïse*, il économisa 8.000 francs en huit ans. Il tenta alors de s'établir pendant l'Exposition de 1867, mais il dut bientôt fermer son magasin. Il repartit avec une énergie renouvelée. Il se fit marchand forain. En deux ans, il reconstitua un petit pécule avec lequel il ouvrit, rue du Pont-Neuf, un magasin qui devait être le berceau de *La Samaritaine*. La Fortune qui jusqu'alors n'avait guère répondu à ses sollicitations, touchée sans doute, de son courage et de sa ténacité, lui sourit d'abord et se décida à entrer chez lui sous l'incarnation de Mlle Louise Jay qu'il avait connue à *La Nouvelle Héloïse*. En 1874, leur magasin comptait 40 vendeurs : vingt ans plus tard ils avaient 3.000 employés et brassaient 40 millions d'affaires. Dès lors ce fut la boule de neige.

Le 1er août 1914 M. et Mme Cognacq, sans enfants, transformaient leurs vastes magasins en une Société en commandite par actions dont la moitié était réservée aux employés, avec 65 0/0 des bénéfices à répartir entre eux.

L'énorme essort de leur entreprise ne grisa pas M. et Mme Cognacq. Ils employèrent leurs gros revenus à fonder des œuvres philanthropiques plus qu'à en faire parade (1). Ils créèrent une maison de retraite à Malmaison, à l'usage de leurs employés, une Maternelle à Paris, un pouponnat à Rueil, une maison de famille à Argenteuil, un Sanatorium à Monnetier-Salève (où était née Mlle Jay).

Tout le monde connaît les prix Cognac-Jay que l'Institut distribue chaque année aux familles nombreuses, par dons de 25.000 et de 10.000 francs, soit plus de 4.000.000.

---

(1) M. Cognacq composa une galerie de tableaux et d'objets d'art qu'il a donnés à la ville de Paris. Il fit faire son portrait par Besnard.

M. Cognacq, loin de rougir de son origine, s'est toujours intéressé à ses compatriotes de l'Ile de Ré : il fit des dons aux Sociétés mutualistes et vint en aide à beaucoup de familles. C'est lui qui acquit pour 50.000 francs, en 1906, à Saint-Martin, l'Hôtel des Cadets-Gentilshommes de la Marine, et y logea les collections et archives réunies par Théodore René Phelippot, décédé en 1905, par l'entremise du Dr Atgier qui fut l'actif négociateur de l'affaire et présida à l'installation du Musée.

La chronique ne dit pas s'il répandit ses bienfaits hors de son berceau dans notre région. On croit cependant que Saintes lui doit sa Maternité.

Le 25 février 1928, à Saintes, est décédée Mlle Thérèse Oudet, directrice de l'Institution Jeanne d'Arc, âgée de 55 ans.

Elle était fille de feu M. le baron Oudet.

Le 4 mars 1928, est décédé, à Saint-Jean-d'Angély, M. Fernand Barthe, né à Saint-Jean-d'Angély, le 8 février 1861, entré dans la magistrature le 21 décembre 1889, nommé président du tribunal civil de Saint-Jean, le 26 mai 1905 : rattaché par décret du 3 septembre 1926 à la section judiciaire de Saintes, il avait été chargé de présider l'audience affectée aux affaires de son ancien arrondissement.

Le 2 avril, 1928, est décédé M. l'abbé Emmanuel Niox, curé du Gué-d'Alleré, né à Saintes le 25 octobre 1869, ordonné prêtre le 30 septembre 1883. Il fut successivement vicaire de Saint Pierre de Saintes, de Saint Louis à Rochefort, curé de Saint-Rogatien, curé à La Chapelle des Pots (dont il restaura l'église), de Forges, vicaire administrateur de Gemozac, curé du Gué d'Alleré.

Le 2 avril 1928, Mr Pascal Doublet, principal du collège de Saint Jean d'Angély est décédé dans cette ville.

Le 8 avril 1928, est décédé, à Burie, le docteur Camille Fromaget, médecin-oculiste à Bordeaux, né à Saintes le 12 février 1869.

Le 10 avril 1928, à Saintes, est décédée la comtesse de Saint-Germain, née Anne (en famille Isaure) de Cumont, âgée de 95 ans.

M. Georges Musset qui vient de mourir à la Rochelle (le 18 mai) avait passé dans notre région presque toute sa longue et laborieuse existence. Il était né, le 27 novembre 1844, à Thairé d'Aunis. Lorsqu'il eut terminé ses années d'Ecole des Chartes et décroché, avec une thèse ayant pour titre *Essai sur l'architecture religieuse en Saintonge pendant le cours des* XIe *et* XIIe *siècles*, son diplôme d'archiviste paléographe, et gagné aussi sa licence en droit, il s'installa à Saintes, se fit attacher au parquet du Tribunal. En 1876, il succéda à son père, notaire à Thairé depuis 1834. Trois ans après, il vint se fixer au chef-lieu du département, s'inscrivit au barreau de la ville. Bientôt, le décès de Léopold Delayant laissait vacant le poste de bibliothécaire de la Rochelle. M. Musset l'obtint, et pendant quarante huit ans, jusqu'à sa mort, occupa, dans le bel hôtel de Crussol d'Uzès, le double poste de conservateur de la bibliothèque municipale et du musée d'archéologie. Il était en outre conservateur des antiquités et objets d'art de la Charente-Inférieure, correspondant du Ministère de l'Instruction Publique, président de la Commission des Arts et monuments de la Charente-Inférieure, secrétaire général perpétuel de l'Académie de la Rochelle, président d'honneur de la Société des belles-lettres et arts de cette ville.

Si une grande partie de son temps était consacrée à des recherches historiques et archéologiques, ce n'est pas cependant que par l'érudition qu'il a voulu ressusciter le passé. Il est bon de rappeler qu'il a eu un rôle de premier plan dans la résurrection de Châtelaillon. Il en fut le premier maire. Il fut aussi conseiller d'arrondissement de Rochefort.

Une bibliographie complète des œuvres de M. Musset comprendrait plus de quatre vingts livres, brochures ou articles. Depuis sa thèse, il s'est beaucoup intéressé à l'architecture saintongeaise. Il a écrit une monographie sur Fenioux, une autre sur Aulnay. Il a collaboré, notamment, avec son fils, M. Jean Musset, architecte, à un livre sur *Saintes, Pons, Saint-Jean-d'Angély, fleurs de la Saintonge*, et avec Mgr Julien-Laferrière à *L'Art en Saintonge et en Aunis*. Mais c'est surtout la Rochelle même qu'il a voulu étudier, c'est *la Bonne Ville de La Rochelle* qu'il a célébrée. Une longue série d'articles ou opuscules sur le passé de la ville a paru sous le titre général de *Glanes rochelaises*. Il s'est occupé également de préhistoire régionale (*La Charente-Inférieure avant l'histoire et dans la légende*), de linguistique charentaise (*Vocabulaire géographique et topographique de la Charente-Inférieure*), de bibliographie locale (*Historiens de la Rochelle*), de numismatique (*Le monnayage de Richard Cœur-de-Lion en Poitou*), de céramique (*Les Faïenceries rochelaises*), d'histoire du droit (*La Coutume de Royan*; *Les Ports francs*). Il a publié divers textes tels que les *Documents inédits sur la ville de Pons*, les *Chartes de la maison de Pons*, les *Documents inédits sur la Réforme en Aunis et en Sain-*

tonge aux XVI*e et* XVII*e siècles*, le *Cartulaire de l'abbaye de la Grâce-Dieu*, le *Mémoire de Bégon sur la généralité de la Rochelle*. Parmi ses études biographiques, la principale est celle qui a pour sujet *Jean Fonteneau dit Alphonse de Saintonge, capitaine-pilote de François Ier*, et qui lui valut un prix de l'Institut.

L'énumération de quelques-uns des travaux, si variés, auxquels s'est consacré M. Musset, ne suffit pas, bien entendu, à nous montrer l'homme. Mais la plupart des lecteurs de cette revue, ne le connaissent-ils pas, n'ont-ils pas profité, plus d'une fois, dans sa chère bibliothèque dont il aimait à faire les honneurs, de sa souriante érudition ?

Il avait épousé Mlle Léontine Drilhon, à Saintes en 1872 ; il laisse deux fils : il avait perdu une fille, Mme Thébaud.

F. DE VAUX DE FOLETIER.

La Revue de Saintonge et d'Aunis, la ville de Saintes, les malheureux viennent de faire une grande perte ; notre ami, M. Maurice Martineau est décédé le 31 mai 1928, âgé de 74 ans moins quelques jours, étant né à Saintes le 26 juin 1854.

Une foule attristée l'a accompagné à sa dernière demeure, mais, sur sa volonté expresse, aucune parole d'adieu n'a été prononcée sur sa tombe. Qu'il soit permis à un témoin de toute sa vie de rappeler ici quel fut cet homme de bien.

Elevé sévèrement par un père qui fut lui-même un exemple de probité, de travail et d'honneur, il acquit de lui cet esprit de méthode, de ponctualité et d'activité incessante qui lui permirent de diriger avec un plein succès son importante maison de commerce et de donner une impulsion féconde à toutes les œuvres qu'il a prises en main ou créées de toutes pièces.

A ces qualités résultant d'une forte direction initiale, il en joignait d'autres aussi précieuses : une amabilité, une droiture, une gaité naturelles qui le firent estimer et aimer de tous ceux, qui, comme moi, furent ses camarades et de tous ceux qui, plus tard, entrèrent en relations mondaines ou d'affaires avec lui.

Il fut un véritable Mécène. Fervent admirateur de la musique classique il présida et soutint le quatuor à cordes dont les auditions nous charmèrent pendant de longues années ; naguère il participait à la création de la société des Concerts Saintais grâce à laquelle nous avons pu entendre quelques-uns des plus remarquables virtuoses de notre époque ; il fut à la tête des fondateurs de la Société des Monuments Saintongeais qui devint acquéreur de l'hôtel des présidents du Présidial et contribua à la restauration de ce bijou du début du XVIIe siècle ; comme conseiller municipal, il s'intéressa au dégagement de l'Eglise Saint Pierre et y participa de ses deniers. Enfin il a réuni dans sa bibliothèque des livres rares, de magnifiques reliures, une collection à peu près complète de nos auteurs en patois saintongeais et une foule de documents et de manuscrits relatifs à notre région, qui feraient le bonheur des bibliophiles.

Joignez à cela un esprit largement libéral, un besoin inné de rendre service, un emploi généreux et discret de sa fortune et vous aurez un portrait à peu près complet de Maurice Martineau.

La grande guerre lui permit de donner toute sa mesure.

Une section de la Croix-Rouge avait été créée à Saintes en mai 1888. Malgré le dévouement de ses dirigeants elle progressait difficilement quand en mai 1898 Maurice Martineau fut nommé membre du bureau.

Dès lors ses qualités d'administrateur et d'organisateur se firent sentir. Successivement trésorier adjoint, secrétaire général, vice-président et, en 1915, président de la section saintaise de la Croix-Rouge, il en fut l'âme dès son entrée dans le Comité.

Sous son impulsion les recettes progressèrent bientôt, les collections de linge furent augmentées, l'ordre fut mis dans leur rangement, le matériel s'enrichit d'une tente et d'une voiture d'ambulance. En 1911, des cours d'infirmiers-brancardiers furent inaugurés dans un immeuble de la rue de la Loi qu'il mit gracieusement à la disposition de la Société ; en 1912, des cours d'infirmières donnés bénévolement par plusieurs médecins de la ville groupèrent un grand nombre de dames et de jeunes filles ; simultanément un dispensaire était créé au siège du Comité alors rue Saint Michel ; en 1913, aussitôt après le décès de M. Martineau père, son fils transformait à ses frais en un dispensaire modèle tous les appartements précédemment occupés par son père ; il comprenait salle de pansements, salle d'opérations avec tous les perfectionnements modernes ; une vaste salle était réservée au premier étage pour les réunions du Comité. Celui-ci y établit le siège de la Société qui, depuis, n'a pas cessé de jouir à titre entièrement gracieux de cette magnifique installation ; une sœur de la Sagesse, détachée de l'hôpital, fut dès lors attachée au dispensaire.

Maurice Martineau voulut faire davantage. La question des hôpitaux auxiliaires avait été à peine abordée jusque-là ; il lui fit donner une solution.

Un traité en forme mit à la disposition de la Croix-Rouge en cas de guerre une partie importante des immeubles de la Providence ; ils devinrent plus tard l'hôpital n° 8. Les lits, matelas, couvertures et draps nécessaires furent l'objet d'engagements signés par de généreux donateurs. L'installation d'une infirmerie de gare avec son matériel fut mûrement étudiée.

Si la guerre devait être déclarée la Croix-Rouge de Saintes serait à la hauteur de sa mission.

Ce tragique événement se produisit, comme on sait, le 2 août 1914, et dès ce jour Maurice Martineau prit son poste de Direction à la très importante infirmerie de gare installée dans la salle d'attente des troisièmes et plusieurs pièces adjacentes ; elle fut bientôt complétée par une cantine de gare.

Pendant quatre ans et demi cet homme qui allait dépasser la soixantaine, que torturaient parfois de violents accès de goutte, qu'étouffaient, d'autres fois, des crises de l'angine de poitrine dont il souffrait déjà et qui vient de l'enlever, consacra toutes ses journées et souvent ses nuits à l'administration et à la gestion de ces deux organismes, à la réception des blessés, à leur envoi dans les établissements sanitaires, aux premiers soins à leur donner, au ravitaillement et aux pansements des soldats valides ou blessés circulant isolément, au ravitaillement des nombreux trains d'évacués des régions envahies, de blessés, de rapatriés, de troupes françaises ou étrangères qui se succédèrent pendant cette triste période dans la gare de Saintes, centre de concentration important commandé au début par un colonel.

Maintes fois, Maurice Martineau dut passer la nuit à la gare n'ayant pour se reposer qu'un modeste lit pliant qu'il faisait installer dans son bureau ; maintes fois, il fut réveillé chez lui en pleine nuit appelé d'urgence à la gare et toujours il partait malgré la pluie, la bise ou le froid, obligé souvent de parcourir à pied (car les moyens de transport manquaient à cette époque), les dix huit cents mètres qui séparaient sa demeure de son infirmerie.

Il fut secondé dans cette pénible tâche par sa dévouée compagne. Mme Martineau, en ces circonstances, fut aussi admirable que son mari et c'est avec l'applaudissement universel que furent accueillis les décrets décernant à la première la médaille d'honneur des épidémies, puis la médaille d'or de la Reconnaissance française, et à son mari, le 23 février 1921, la décoration de chevalier de la Légion d'honneur.

La guerre terminée, ni l'un ni l'autre ne considéra sa tâche comme achevée.

Maurice Martineau réorganisa la Croix-Rouge sur de nouvelles bases. La présidence de l'œuvre des nourrissons étant devenue vacante lui fut offerte, il l'accepta et donna à l'œuvre une nouvelle extension. Il avait formé pour elle de vastes projets que la mort l'a empêché de conduire à bonne fin mais qu'on tiendra sans doute à honneur de réaliser.

Le dispensaire fermé pendant la guerre fut rouvert et de nouveau on put y recevoir gratuitement consultations médicales et pansements.

Maurice Martineau s'intéressa à toutes les œuvres d'assistance et de prévoyance. Il était membre du conseil des Directeurs de la Caisse d'épargne de Saintes, du Comité départemental d'hygiène sociale, du Comité de patronage du dispensaire antituberculeux de Saintes, enfin il était membre et pendant plusieurs années fut vice-président du Conseil d'administration de notre hôpital-hospice. Ses qualités de réalisateur y furent précieuses à un moment où l'installation de l'hôpital devint l'objet d'importantes améliorations et adjonctions. En dernier lieu l'électricité et les fonds pour l'établir faisaient défaut. Maurice Martineau trouva la solution ; il prit les frais à sa charge.

Telle fut la vie, telle fut l'œuvre de notre ami. Sa mémoire ne périra pas, car il fut un grand philanthrope.

F. Babinot.

Mon ami Babinot me laisse le soin de compléter la biographie de notre ami commun, si regretté, en disant un mot du bibliophile. M. Martineau avait défendu tout discours sur sa tombe. C'est un devoir de cœur pour nous ses camarades et un autre envers nos descendants que de rappeler en quelques traits la vie de cet homme de bien très estimé, et du bibliophile saintongeais dont la riche bibliothèque sera toujours très enviée. La meilleure manière de montrer l'importance de la collection que Maurice Martineau a constituée serait la publication du catalogue de ses livres, estampes, manuscrits. C'est impossible actuellement, mais j'espère pouvoir décrire la partie des xive, xve, xvie, xviie siècles. Martineau a fait de la bibliophilie comme il a fait tout le reste, c'est-à-dire très bien. Saintongeais pur sang, il n'a porté son attention presque exclusivement que sur les livres saintongeais. Il commença très jeune, avec la complicité du libraire Cholet, et il ne perdit jamais une occasion d'acquérir un livre soit imprimé dans la région, soit d'auteur saintongeais, soit relatif à la Saintonge. Trois jours avant de mourir, malgré le triste état de sa santé et les inquiétudes qu'elle lui inspirait, il a payé un livre d'un écrivain saintais. Sa fortune lui permettait de dépenser largement, cependant, esprit pondéré, la raison modérait sa passion, il n'aurait pas pris une échelle pour décrocher la dragée quand même, si on la lui avait tenue trop haut. Il a fait des acquisitions précieuses ; il a pu ramener à Saintes un *Bréviaire* du XIVe siècle qui s'était égaré à Liège ; tous les Elie Vinet que l'on peut avoir il les a en bons exemplaires ; un Arquesson qui est peut-être unique ; des Mauduict, les deux Rouspeau, le Veyrel, Palissy... des livres de luxe du XIXe, voire du XXe siècle. Dans ces dernières années, il a acquis le fonds Jouan et l'an passé le fonds Nicolas Moreau. Il a constitué une belle collection d'exlibris. Nous reparlerons plus en détail de cette bibliothèque qui pour nous est d'un prix inestimable. Je suis heureux de pouvoir annoncer qu'elle ne sera pas dispersée, Madame Martineau la donne à la Ville en mémoire à son mari. Saintes pourra se vanter de posséder la plus complète collection de livres et de documents saintongeais et aunisiens qu'il soit possible de réunir et, avec celle du colonel de Faucher, la plus belle suite de livres rares, en reliures de luxe, qu'une bibliothèque publique puisse ambitionner.

Ch. D.

Le 29 juin, notre confrère depuis 1883, M. le docteur Charles Vigen, est décédé à Montlieu. Il était né en 1854, le 27 août, à La Garde. Docteur en médecine et licencié en droit (1876), il travaillait beaucoup l'histoire de « son coin. » Il a recueilli ou copié quantité de documents. Nous reparlerons de lui.

MARIAGES

Le 6 mars 1928, à Saintes, a été bénit le mariage du comte de Mornac avec Mlle Andrée de Coffinières de Nordeck.

Le 8 mai 1928, a été bénit le mariage de M. Jacques Philibert, contrôleur des contributions directes avec Mlle Geneviève Babinot, fille de notre confrère M. F. Babinot.

Le 11 juin, à Saint-Jean-d'Angély, a été bénit le mariage de Mlle Suzanne Pellisson, fille de M. Charles Pellisson, avoué, et de Mme née Aversenq, avec M. Georges Picault, ingénieur électricien, fils de feu M. Prosper Picault, propriétaire à Pouilly-sur-Loire (Nièvre) et de Mme née Ribaud.

Le 3 juillet, à Rétaud, a été bénit le mariage de M. Robert Vallein avec Mlle Louise Gazounaud.

BIBLIOGRAPHIE

AUBRAY (Gabriel). *Le Défilé des ombres*, Bruges, Desclée de Brouwer, in 8°, 366 pages.

La préface de Mgr Baudrillart est extraite du discours qu'il prononça au service célébré dans la crypte de la Réunion des Etudiants le 8 novembre 1920.

BARDON (Georges). *Le fou de Raous*, roman.

Niort, Imprimerie Th. Martin, H. Baussay libraire-éditeur, 1927, 300 pages, in-16.

L'auteur est professeur à l'Ecole primaire Saint-Pierre de Saintes.

BAUDOT (A. de) et PERRAULT DABOT. *Les monuments historiques : Lyonnais, Berry, Bourbonnais, Auvergne, Dauphiné, Angoumois, Aunis, Saintonge.*

Cent photographies, notice, table, 125 p. Paris, H. Laurens, in-folio (45 × 34), 250 francs.

BEAULIEU (Camille). *Vie et travaux de Burgaud des Marets, philologue, bibliophile et poète saintongeais* (1806-1873).

La Rochelle, imprimerie de l'Ouest, Charles Millon, 1928, in-8°, 310 pages et un portrait. — Editions Rupella, — 35 francs.

BOURRIAU (Dr R.). *Les Ex-libris d'Aunis et de Saintonge.*

Saint-Amand, imprimerie A. Clerc, Paris, Société des collectionneurs d'exlibris et de reliures, in-4°, 53 pages.

— *Introduction à l'étude de la climatologie du département de la Charente-Inférieure.*

La Rochelle, imprimerie de l'Ouest, 1927, in-16, 31 pages.

— *Inventaire des périodiques de la bibliothèque scientifique de la Rochelle.*

La Rochelle, imprimerie de l'Ouest, 1927, in-8°, 40 pages.

— *Charente-Inférieure*, préface de M. E. Loisel.

La Rochelle, imprimerie de l'Ouest, 1927, in-16 carré, trois dessins à la plume de MM. Audouin, Lené, Frédy, reproduction de deux tableaux de M. Suire, douze photographies et deux cartes. Editions d'Art de Raymond Bergevin.

Ce petit volume de 62 pages contient la nomenclature de toutes les communes du département avec notice archéologique pour quelques-unes, les principales, comme il convient. Sans un sou d'augmentation de frais, on aurait pu mettre un mot à plusieurs autres, non des moindres, Nuaillé d'Aunay, un des plus fins portails de Saintonge, les magnifiques chapiteaux de Saujon n'ont rien, les clochers de Berneuil, de Thézac, le donjon de Lisleau, ne sont pas signalés. En revanche on met le château de Mornay dans Saint-Julien-Lescap (lire Saint-Pierre-de-Lisle, 12 kilom. de déplacement), et on conserve à Saint-Just l'oratoire qui est démonté depuis plus de 20 années et remonté à 8 kilomètres de Saintes.

COUNEAU (E.). *La Rochelle disparue*, réimpression en helio Sadag, volume de 420 pages, 20 eaux-fortes et 350 dessins.

COURCOURAL (Paul). *Le Danger de l'Action française, en réponse à M. Maritain.*

La Rochelle, Editions Rupella Charles Millon, 1920, in-16, 269 pages.

Ce livre a été frappé d'interdiction par l'évêque de La Rochelle.

DANGIBEAUD (Charles). *A propos des briques à cupules de Glozel.*

Bordeaux, imprimerie Gounouilhou, in-8°, 4 pages, 1928. Extrait de la *Revue des Etudes anciennes.*

DUPLAIS (L.). *Histoire complète de Berck-sur-mer de 1923 à 1927.* (Suite de l'après-guerre).

Amiens, Imprimerie Yvert, in-16, 99 pages.

FLEURY (Marcel). *Mon premier été à La Rochelle.* 40 eaux-fortes originales. Préface d'André Hallays 1925-1926, in-4° raisin, tirage 200 exemplaires.

GABORIT (Germain). *Sur les routes de France, rêveries et choses vues de Guyenne en Albigeois.*

Niort, imprimerie de P. Nicolas, maître-imprimeur pour les Editions de la Pensée latine, Paris, 1928, in-16, 53 pages.

Ce petit livre est une évocation d'impressions, d'anecdotes, de légendes, un rappel de « choses vues », très gentiment contées par un automobiliste qui n'absorbe pas la route avec la double intention d'arriver vite au but et d'éviter la mauvaise rencontre ou le mauvais tournant. Il regarde le paysage, l'apprécie, en conserve un souvenir charmé, et quand il a terminé ses affaires pour lesquelles il voyage, s'intéresse à l'histoire et à l'art des villes qu'il visite. Il est clair qu'il a beaucoup vu, qu'il sait comparer. La région qu'il a sillonnée est une des plus pittoresques qu'il soit, une de celles qui incrustent dans la mémoire les visions les plus enchanteresses.

LEROUX (Désiré) *La vie de Bernard Palissy*

Paris, H. Champion 1927, in 8°, 176 p. 8 planches, 35 frs.

Cette monographie, dont l'utilité peut paraître de prime abord discutable, après toutes celles que l'on connaît, est conçue dans un esprit tout spécial. L'auteur est un homme de laboratoire et s'est attaché à montrer en Palissy le précurseur en physique, chimie, agronomie... etc. et à grouper les hommages que les savants lui ont rendus depuis un siècle et demi.

LOTI (Pierre) *Quelques aspects du vertige Mondial.*
Paris Calman-Lévy éditeur. 1928.

MEMAIN (René). *René Caillé, maire de Champagne* (1836-1838).
Rochefort-sur-Mer, imprimerie F. Benoit, in-8, 50 p.

MILLOT (Charles). *Les Aventures de Nicolas Gargot,* réédition avec illustration de Ch. Suire et notes de l'éditeur.
La Rochelle, imprimerie Ch. Millon, in-4° 1928 40 fr.
Il sera donné un compte rendu.

MISSEREY (E.). *Sœur Claire de Jésus,* religieuse bénédictine de Saint Jean d'Angély *(1894-1923)*
Lille, imprimerie Desclée, in-8°, 200 pages.
Elle était fille d'un juge au tribunal civil de Saint-Jean-d'Angély.

MOREAU (Nicolas). *Topographie Saintaise,* annotée et publiée par Ch. Dangibeaud.
S. L. N. D. (Saintes, imprimerie Orliaguet 1928. In-8°, 40 pages.)
En vente chez les libraires de Saintes.

Nouvel Almanach de Saintes pour 1928. Angers, imprimerie du Commerce.
Studio d'Art de la Publicité de l'Ouest et du Centre, in-12, 132 pages, couverture illustrée.

En réalité cet *almanach de Saintes* se compose de 20 pages sur le département, de 17 pages consacrées à Saintes, le reste est une série d'articles d'un caractère général qui peuvent entrer, et qui ont dû entrer dans d'autres almanachs de France.

OSTROROG (C[sse]) *Pierre Loti à Constantinople,* préface de Mme Juliette Adam.
Paris et Bruxelles, Eugène Figuière, éditeur, 1927, in-16, 189 pages, couverture illustrée, 10 frs.
Long dithyrambe de la première ligne à la dernière qui suit Loti ailleurs qu'à Constantinople ; on est un peu surpris de la place que Rochefort tient dans le livre, où on trouve une description de la maison du Maître, une fête chez lui, même une promenade à La Rochecourbon, Loti pendant la guerre, et autres choses encore ! Que cette réflexion ne vous empêche pas de lire ce petit ouvrage, vous auriez tort.

REED (Charles B.). *Eleonor of Aquitaine.* Chicago, Druid Press, 1928, in-8° VII-194 p.

Mémoires du Cardinal de Richelieu, publiés par la Société de l'Histoire de France. Ce tome VIII contient l'année 1628.

SAGOT-DUVAUROUX (Mgr). *Pie XI et l'Action française.* Brochure, 127 pages, 12/18. Edition Spes.

Luçon. Imp. S. Pacteau.

LA REVUE

Publiera dans les prochains numéros

De l'Option des Religieux entre la Vie commune et la Vie privée dans la Charente-Inférieure, par feu M. le Chanoine LEMONNIER.

État des armoiries du clergé de Saintonge en 1697

Marché pour fournitures de tapisseries, par M. Ch. DANGIBEAUD.

En suivant deux voies préromaines de la Saintonge, par M. Marcel CLOUET.

Titres de noblesse des Desmier, par M. l'abbé BARBOTTIN.

M. Cousseau de la Richardière, vicaire général de La Rochelle, par M. le Chanoine UZUREAU.

La haute Société de Saint-Seurin d'Uzet, par M. M. PELLISSON.

Madame de Chatillon, dame de Clam, par M. Ch. DANGIBEAUD.

Burgaud des Marets, addenda, par M. BEAULIEU.

Les personnes qui ne collectionnent pas la *Revue* sont instamment priées de renvoyer à la Société le numéro 2 de 1924 qui lui fait défaut.

On le rachète.

LUÇON (VENDÉE). — IMPRIMERIE S. PACTEAU

REVUE

DE

SAINTONGE & D'AUNIS

BULLETIN DE LA SOCIÉTÉ

DES ARCHIVES HISTORIQUES

*XLIII*e *Volume.* — 5e et 6e *Livraisons*

SAINTES
LIBRAIRIE DELABORDE
5, COURS NATIONAL

1929

ADMINISTRATION DE LA SOCIETE

BUREAU

President d'Honneur : M. F. Chapsal, Sénateur, maire de Saintes.
Président : M. Charles Dangibeaud, 14, rue des Ballets, Saintes.
Vice-Président : M. Maurice Bures, docteur en droit, avocat à Saintes, rue Hôtel de Ville.
Secrétaire : M. Fernand Brejon, avocat, rue Saint-Maur, à Saintes.
Trésorier : M. Texier, rue Saint-Eutrope, 36, Saintes.

COMITÉ DE PUBLICATION

MM.
De Vaux de Foletier, archiviste du département La Rochelle.

CONSEIL D'ADMINISTRATION

MM. Ferdinand Babinot, avocat, suppléant au juge de paix, rue Saint-Vivien, à Saintes.
Gaston Tortat, juge honoraire, rue Hôtel de ville, Saintes.
Abel Mestreau, rue de l'Artois, 24, à Saintes.

Le siège de la Société des *Archives* est à Saintes, Hôtel des Sociétés, Grande Rue Victor Hugo et Rue André Lemoine.

La société publie tous les trois mois un *Bulletin, Revue de Saintonge et d'Aunis.*

Le prix de l'abonnement annuel à la *Revue-Bulletin* est de 13 francs : 15 fr. pour l'étranger ; un numéro, 3 fr. 50.

(Compte de chèques postaux de la Société. N° 7038, bureau de Bordeaux.

REGLEMENT. — Article II. La société se compose : 1° de membres fondateurs qui versent, une fois pour toutes, une somme de 500 francs ; 2° de membres qui paient une cotisation annuelle de 13 francs ; 3° de membres perpétuels qui rachètent leur cotisation moyennant une somme de 250 francs...

REVUE
DE SAINTONGE ET D'AUNIS

REVUE DE LA SOCIÉTÉ DES ARCHIVES

SOMMAIRE

L'ORIGINE DE LA FAMILLE DE BOURNONVILLE
DE SAINTONGE

Dans les premiers mois de l'année 1762 arrivait, à Archiac, Nicolas-Marie-Aimée de Bournonville, en qualité de surnuméraire au contrôle des actes des notaires, attaché au bureau de cette localité, qui jouissait alors d'une importance que la démolition de son château et la disparition de ses puissants Seigneurs, dès l'aurore de la Révolution, ont fait disparaître.

M. de Bournenville était né à Paris en 1738.

Il se présentait à Archiac sous la haute protection de la famille Colbert, qui l'a toujours soutenu, de laquelle il eût pu certainement tirer une aide qui lui eût assuré une très belle situation si ce jeune surnuméraire n'avait pas préféré suivre une inclination, en épousant une fort belle jeune fille, dont le père occupait la fonction la plus en vue dans la localité.

Ce mariage devait dorénavant y fixer la demeure de M. de Bournonville.

Le souvenir de l'origine de cette famille, très honorablement connue dans notre Saintonge, est perdu ici depuis longtemps. Le contrat de mariage du jeune surnuméraire, reçu par Miot, notaire royal à Archiac, le 4 avril 1763, rappelle cette origine, fruit des amours passagères d'un Colbert avec une dame noble. Ce contrat porte les indications préliminaires suivantes :

« Pardevant le notaire royal en Saintonge soussigné fu-
« rent présents :

« Sieur Nicollas-Marie-Aimé de Bournenville (1) surnumé-
« raire au controlle des actes des notaires en droit, joint
« au bureau d'Archiac, fils naturel de feu très haut et très
« puissant Seigneur Monseigneur Nicollas-Marie de Colbert,
« Seigneur, comte de Croissy et autres lieux, lieutenant-gé-
« néral des armées du Roy, et cy-devant ambassadeur en la
« cour de Prusse et de deffunte demoiselle Elisabeth de La-
« place, despuis dame épouse de messire Pierre-Joseph
« Dherzelle, Chevallier de l'Ordre militaire royal de Saint-
« Louis, colonel d'infanterie, Seigneur de Chunaux, Mer-
« pierre et autres lieux, demeurant, le dit sieur de Bournen-
« ville, despuis plus de quinze mois au bourg du dit Ar-
« chiac, paroisse d'Arthenac, logé chez Pierre Chevreux,
« aubergiste.

« Et Jean-Joseph Léonard, sieur d'Oriolles (2), intendant
« des affaires de très haut et très puissant Seigneur Mon-
« seigneur Louis-Marie, comte de Sainte-Maure, premier

---

(1) Le contrat de mariage, ainsi que les testaments du comte de Croissy, les deux actes d'achat et de donation dont il va être parlé, portent le nom de Bournenville. Celui de Bournonville figure cependant dans la plupart des actes officiels, ainsi que dans les registres paroissiaux. Il s'est définitivement fixé avant la Révolution.

(2) Jean-Joseph Léonard, né en 1714 ou 1715, était d'origine flamande. Il est resté 32 ans au service du Comte de Sainte-Maure, jusqu'à la mort de ce dernier, décédé à Paris, le 14 septembre 1763.

Il a eu l'entière confiance de son maître, lequel lui fit don, en récompense de ses loyaux services de son logis noble d'Oriolles, près Barbezieux, le 2 janvier 1741 ; et par testament, du 20 oct. 1749 d'une rente viagère de 1.000 livres, acquittée par leshéritiers du comte de Ste-Maure. Léonard eut sept enfants ; il vivait en novembre 1790... (papiers trouvés à Chaux, dépouillés par le Docteur Vigen).

« écuyer de la Grande écurye de Sa Majesté, maréchal des « camps et armées, marquis d'Archiac, etc., etc... Demoi- « selle Jeanne Gérin, épouse du dit sieur Léonard, et De- « moiselle Marie-Magdeleine Léonard, leur fille, demeurant « tous au chasteau du dit Archiac, etc... »

A tout seigneur tout honneur ; le premier signataire de ce contrat est le comte de Sainte-Maure, seigneur marquis d'Archiac, qui demeurait soit à Paris, soit dans son château de Chaux, près de Chevanceaux, et qui semble être venu spécialement en son château d'Archiac, où il séjournait rarement, pour témoigner sa sympathie aux futurs époux.

Le comte de Croissy (16..-1747), père de M. de Bournenville était l'un des fils de Charles de Colbert, marquis de Croissy (1625-1696), lui-même l'un des frères du grand Colbert, ministre de Louis XIV, ayant joué un rôle prépondérant dans plusieurs affaires d'Etat que ce ministre et le roi lui avaient confiées, notamment il fut ambassadeur à Berlin, à Rome et en Angleterre ; il fut l'un des plénipotentiaires au congrès d'Aix-la-Chapelle (1668), il négocia le mariage du Grand Dauphin, fils de Louis XIV, avec Marie-Anne-Victoire de Bavière, il eût une part considérable dans les traités de Nimègue (1678).

Le comte de Croissy avait eu deux enfants, de son mariage avec Madame Brunet de Barsin : un fils, tué à la bataille de Fontenoy, le 11 mai 1745, l'une des premières victimes peut-être des balles anglaises, après l'invitation chevaleresque que fit le comte d'Auteroche, à ses adversaires : — A vous l'honneur Messieurs, — et une fille, Marie-Jeanne Colbert, qui épousa son cousin, François Gilbert de Colbert, marquis de Chabanais, maréchal, en 1745, des camps et armées de Louis XV.

Le comte Nicollas-Marie Colbert de Croissy arrivait à la fin de sa carrière brillamment accomplie, lorsqu'il eût son deuxième fils, M. de Bournonville. Dès la naissance de ce deuxième fils il lui voua une grande affection, dont la preuve nous est fournie par les prénoms qu'il lui donna, les deux siens, suivis d'un troisième, « Aimé », très significatif. Parmi ces prénoms, le premier, celui de « Nicolas », se retrouve très souvent dans ceux des ancêtres et de toutes les branches de la grande famille des Colbert. Mais là ne s'est pas arrêtée toute la sollicitude portée par le comte de Croissy à son fils naturel. Les 15 janvier et 2 avril 1747 il prenait ses dispositions testamentaires, déposées après sa mort en l'étude de Mᵉ Duval, notaire à Paris, le 24 août 1747, par lesquelles il chargeait sa fille, Madame la marquise de Chabanais, devenue son unique héritière, entr'autres legs particuliers, d'exécuter le suivant :

> « Je laisse de plus à M. de Bournenville une pension via-
> « gère de mille livres. Je prie Madame de Chabanays, mais
> « autant qu'elle le voudra bien, d'augmenter la pension de
> « M. de Bournenville jusqu'à 1500 livres (1). »

Sans doute le comte de Croissy, tout en léguant cette rente de 1500 livres, qui représentait à l'époque un revenu fort appréciable, n'assurait-il à son fils qu'une part modeste dans sa fortune ; mais il faut considérer que ce fils n'était, au regard de l'usance de Paris, qu'un enfant naturel, dont la loi a toujours rogné, sinon enlevé la part héréditaire, et le comte a suppléé à l'insuffisance de son legs en recommandant son fils à Madame de Chabanais, le plaçant sous sa garde, sous sa protection.

Madame de Chabanais n'a pas failli au désir posthume de son père. Après la mort de ce dernier, en 1747, alors que ce demi-frère n'était encore qu'un enfant, elle le fit élever, surveillant son instruction et son éducation ; elle entretint toujours avec lui des relations d'affection. Plus tard, voulant lui assurer une situation, elle fit l'acquisition, par acte de Legras et Lhomme, notaires à Paris, le 30 mars 1772, d'un domaine de rapport, appelé le Brizard, dans la paroisse d'Arthenac, appartenant à la famille Vacher, d'Angoulême, et, par un deuxième acte, reçu par les mêmes notaires, le 15 avril 1772, elle faisait donation à son frère de cette propriété, dans les termes suivants :

> « Fut présente... Haute et puissante dame Madame Marie-
> « Jeanne Colbert de Croissy, veuve de haut et puissant Sei-
> « gneur François-Gilbert Colbert, marquis de Chabanays,
> « demeurant en son hôtel, rue de Charonne, paroisse de
> « Sainte-Marguerite. Laquelle voulant donner au sieur Nico-
> « las-Marie-Aimé de Bournenville, demeurant au bourg
> « d'Archiac, une marque de toute la protection qu'elle luy
> « accorde et le mettre en état de vivre honorablement et
> « d'élever sa famille, a, par ces présentes, donné par dona-

(1) Un extrait de ce testament, délivré par Mᵉ Duval, notaire, est joint au contrat de mariage dont il vient d'être parlé.

« tion entre vifs, en la meilleure forme que donation puisse « valoir, au dit sieur de Bournenville, les domaines et mé« tayries du Brizard, paroisse d'Arthenac (1) etc... »

Le Brizard est une jolie propriété, en pleine campagne, dont la maison actuelle, remplaçant l'ancien logis semi-seigneurial, est bâtie au flanc d'un coteau élevé, très boisé, d'où la vue est très belle. C'est dorénavant au Brizard que M. de Bournonville demeurera, y menant l'existence de gentilhomme de haut parage à laquelle sa naissance lui donnait droit. . .

La famille y vécut cependant un moment des heures d'angoisse. M. de Bournonville eût, un jour malheureux, une querelle très vive avec un nommé Lervoire, receveur des tailles à Archiac ; des coups furent échangés, dont l'un blessa mortellement le receveur. M. de Bournonville fut poursuivi. Affolé il part pour Paris, se mettre sous la protection de sa sœur et, pendant qu'il se cache chez elle, l'un de ses deux neveux, fils de Madame de Chabanais, fait faire des démarches auprès du garde des sceaux, par un ami commun, pour que la procédure dirigée en Saintonge soit reprise. Le comte de Colbert envoie de Versailles, à sa mère, une première lettre qui décèle toute la prudence apportée par lui, à l'occasion de ces démarches. M. de Bournonville, dans une lettre, datée du 31 août 1774, cachetée à la cire noire, au sceau et armes des Chabanais, fait connaître la réponse suivante, faite par le ministre, lors de la première entrevue :

« Je ferai, Monsieur, tout ce qui dépendra de moi pour « être agréable à M. de Croissy. Je m'intéresse à la personne « en question par l'exposé des faits, que je crois vrais. Il « m'est impossible d'empêcher l'annotation, eu égard à la « distance et au court espace de temps, je vais donner des « ordres précis ; mais je ne puis les confier pour raison « d'usage et de bon ordre. Soyez peu inquiet de cette anno« tation, la grâce lavera tout (2). »

Quelques jours plus tard M. de Bournonville recevait, chez sa sœur, la nouvelle du succès de la requête présentée au roi, nou-

---

(1) Les copies de ces deux actes, écrites sur parchemin, ont été déposées pour minutes par M. de Bournonville, en l'étude de Me Bérault, not. à Archiac, le 25 frimaire de l'an IV.

(2) Les lettres dont il est parlé ici sont entre les mains de la famille.

velle qu'il annonçait par la lettre suivante, envoyée de l'Hôtel Colbert, à François Longueteau, son beau-frère, notaire royal, à Barbezieux.

« Mon cher beau-frère. Je n'ay que le temps de vous dire « deux mots, pour ne pas perdre le courrier. Ma grâce est « expédiée. Si j'avais laissé faire M. Denyan il me trahis- « sait. Vous sçaurez cela plus au clair une autre fois.

« Annoncez-le sans le divulguer encore à ma femme, « M. Léonard et les intéressés, pour les tranquilliser.

« M. le Comte de Colbert, fils de Madame de Chabanays, « en deux voyages a obtenu ce que vingt autres ne pou- « vaient faire. Il vient de l'annoncer à Versailles par un « exprès à sa mère et à moy.

« Je ne puis en dire plus long ; nous attendons son arri- « vée ; mais ce qui est certain, c'est qu'il en a fait ses re- « merciements au roy et au ministre.

« Bonne santé ; bien des respects à toute votre famille.

« J'embrasse de tout cœur ma femme et mes enfants, « ainsi que mon cher mouton... (?? sic). Et suis cher frère « votre très humble et très obéissant serviteur. Signé : de « Bournonville. »

Tous ces documents nous montrent le crédit que M. de Bournonville avait auprès des Colbert, qui le considéraient comme des leurs, le recevant, lui écrivant avec ce cérémonial en usage alors, qui nous étonne et nous amuse aujourd'hui.

Sans doute les mœurs ont changé depuis la naissance de M. de Bournonville ! Pour comprendre l'état d'esprit de cette époque il faut s'y reporter, il faut considérer que nous sommes ici en plein règne de Louis XV, clôturant la série de nos rois donnant l'exemple de la débauche, dont les bâtards étaient partout à l'honneur.

M. de Bournonville est décédé à Archiac, le deux nivose an treize (23 décembre 1804) âgé de 58 ans, dit son acte de décès, ce qui doit être une erreur, car il serait alors arrivé à Archiac, comme surnuméraire, à l'âge de seize ans seulement et se serait marié à dix-sept, tandis que dans un livre de raison, rédigé par lui, il dit être né à Paris en 1738 (1).

(1) Il existe une très jolie miniature de M. de Bournonville, datant du Directoire, que possède la famille Bernier, ses descendants.

De son mariage avec Madame Marie Magdeleine Léonard, en 1763, il eût quatorze enfants, dont la plupart sont morts jeunes : Jeanne-Charlotte-Aimée, 1764-1765 ; Jeanne, 1765-17 ; Marie-Madeleine, 1766-18 ; Sophie, 1768, épouse Chaban, (descendance) ; Marie-Eléonore, 1769-1790 ; Jacques, 1770-1791, (sans descendance) ; autre fils, 1771-1779 ; Jacques-Philippe, 1773-18 , (sans descendance) ; autre fils, 1774-1775 ; deux filles jumelles, 1775-1775 ; Lucile, 1778, épouse Giraud ; Jean-Joseph, 1782-1844, (descendance) ; Charles-Joachim, 1783-1806, (sans descendance), ce dernier engagé comme fusillier au 42e régiment d'infanterie, tué pendant les guerres d'Italie, à Immola, le 19 octobre 1806 (1).

Mme de Bournonville, née Léonard, a procédé au partage de ses biens entre son fils, Jean-Joseph, et ses trois filles survivantes, Mesdames Giraud et Chaban et Marie-Magdeleine, par un acte reçu par Me Bouclier, notaire à Archiac, le 27 mai 1819, attribuant le Brizard au fils, qui y passa sa vie.

Il s'est marié avec Madame Jeanne-Agathe-Adélaïde Blanfontenille en 1813 ; maire d'Arthenac pendant de longues années, il y mourut le 29 mai 1844 (2).

Il n'avait eu qu'un seul fils, Abel, décédé à l'âge de 19 ans, en 1839, et cinq filles. La mort de ce fils unique, dernier rejeton faisant disparaître, sans espoir possible, la filiation mâle de cette famille, lui arrachait ce cri de douleur : « J'aurais donné mes cinq filles, pour conserver mon fils », boutade acceptée sans récrimination par les cinq sœurs, tellement étaient grands autrefois le respect et l'amour du nom, dans les familles nobles ou bourgeoises.

Trois des filles se sont mariées, dont deux laissent une descendance actuelle, ce sont :

a) Madame Marie-Justine-Joséphine, qui a épousé, en 1842 M. Alphée Bernier, médecin à Archiac (3).

Leur fils, M. Alphée Bernier, est décédé à Archiac en 1913, laissant une fille, Madame Marie Bernier, qui a épousé en 1914, M. Henry Soudois, officier de marine, lesquels ont conservé à

(1) Son testament déposé en l'étude de Me Godet, notaire à Saintes, le 26 messidor an 13.

(2) Leur contrat, reçu par Bourdier, not. à Rioux-Martin, le 27 mai 1819.

(3) Leur contrat, reçu par Pasquier, notaire à Archiac, le 27 mars 1842.

Archiac la maison paternelle, reconstruite ces dernières années dans le style de la Renaissance italienne, avec tour carrée, sur le modèle de la Villa Médicis, du mont Pincio, à Rome.

b) Une autre fille, Madame Marie-Adélaïde Nérine, a épousé M. Armand Brault, officier d'artillerie, élève de l'Ecole polytechnique (1), fils de M. Jean Thomas Brault, ancien colonel, et de Madame Félicité Chollet-Desaages. Le ménage s'établit à Pons, où M. Brault fut maire plusieurs années. Ils ont eu trois filles et six fils, dont le dernier, M. le Docteur Brault de Bournonville, ancien médecin-major à la Rochelle, y est décédé le 31 octobre 1927.

c) La dernière fille mariée est Madame Victorine de Bournonville, qui a épousé M. François-Marcelin Constant, maire pendant plus de trente ans, de Camblanes (Gironde), décédé sans postérité.

Nous avons vu que la mort d'Abel de Bournonville faisait disparaître le nom patronymique de cette famille, qui n'a compris que deux générations d'hommes. Les filles de M. Jean-Joseph de Bournonville tenaient beaucoup à transmettre leur nom, pour un double motif : celui fort naturel de perpétuer les liens du sang, qui rattachait leur famille avec celle illustre des Colbert, et aussi celui de remplir le vœu de leur père, exprimé si douloureusement, après la mort de son fils unique. Un moyen légal s'offrait, qui rendait possible la conservation du nom de l'ancêtre, celui de l'adoption, qui a été en effet demandée par Madame Constant au profit de ses neveux, MM. Charles, Alphonse (2), Marc Brault, et Mme Berthe Brault, épouse de M. Geneuil, enfants de M. et Mme Armand Brault, laquelle adoption leur a été conférée par déclaration faite devant le juge de paix de Créon, le 22 juillet 1878, sanctionné par jugement du tribunal civil de Bordeaux, le 21 août 1878, et par un arrêt de la cour d'appel de cette ville, le 27 août 1878.

Les membres de la famille Brault ayant aujourd'hui le droit de porter légalement aussi le nom de Bournonville, sont :

---

(1) Leur contrat, reçu par Gallut, notaire à Archiac, le 8 septembre 1844.

(2) M. Alphonse Brault de Bournonville, né à Pons en 1849, décédé à Montguyon, le 27 décembre 1922. Il fut adjoint de Montguyon pendant 15 ans, puis maire pendant 25 ans. Sa santé l'ayant obligé à démissionner en 1919, il eut la rare satisfaction, pour un maire, de se voir nommer « maire honoraire » de sa commune, par une délibération prise à l'unanimité par le conseil municipal de Montguyon, le 10 décembre 1919.

M. l'abbé Brault de Bournonville, fils de M. Charles Brault de Bournonville ;

M. Henri Brault de Bournonville, né en 1888, ingénieur au Creusot, Mlles Berthe (1891) et Yvette (1898), enfants du Docteur Marc Brault de Bournonville ;

Claude-Charles Brault de Bournonville (1925) et ses quatre sœurs, Sabine, Babeth, Françoise et Jeannie, enfants de M. Henri Brault de Bournonville.

Nous terminerons cette notice généalogique sur les de Bournonville, de Saintonge, par la citation d'un passage extrait des notes laissées par leur ancêtre, dont la dernière partie de ce passage devrait servir de principe à beaucoup de familles actuelles, chez lesquelles l'idée de patrie même disparaît :

> « L'auteur de ces remarques a pris dans son contrat le
> « titre de fils de M. le comte de Croissy. Ce sera un hon-
> « neur pour lui et ses descendants de sortir d'une famille
> « aussi illustre. Il espère que les rejetons sortis de lui feront
> « peut-être un jour honneur aux autres, car il tâchera d'ins-
> « pirer de bons sentiments à sa petite famille croissante et
> « les destine à être utiles à la Patrie. »

Paul ROBERT, *notaire.*

NOTA. — Il existait, il y a quelques années, à Cognac, une famille Esmangart de Bournonville, dont la descendance actuelle serait, croyons-nous, Mme la comtesse Bourignot de Varenne, demeurant à Bourneuf, près Cognac.

Il existe une autre famille de Bournonville, originaire de Picardie, dont la seigneurie fut érigée en duché, en 1600, en faveur du comte de Hénin-Liétard. Cette très ancienne famille a encore des représentants à Paris.

Ces deux dernières familles n'ont rien de commun avec celle dont nous venons de parler.

P. R.

MADAME DE CHATILLON
Dame de Clam

Rainguet, dans la liste des seigneurs de Clam. mentionne sous une seule date :

1667. Gaspard, duc de Coligny, marié à Elisabeth-Angélique de Montmorancy ; Julie d'Etampes-Valençay, nièce et donataire d'Elisabeth susdite, épouse de Pierre Gorge, seigneur d'Entraigues, conseiller au parlement de Metz.

1698-1711. François-Henri d'Etampes, comte de Valencay, frère de la précédente.

La succession manque de précision, de dates et même de justesse. Lorsque l'on sait, d'une part, que Gaspard de Coligny, duc de Chatillon, épousa Elisabeth-Angélique de Montmorancy en 1645, (après l'avoir enlevée), et qu'il mourut le 9 février 1649, et, d'autre part, que sa veuve se remaria en 1664, avec Christian-Louis, duc de Mecklembourg, on demeure perplexe et on cherche comment Coligny et sa nièce peuvent être en la même année seigneur et dame de la même paroisse. Il suffit de mettre quelques dates devant ces noms.

Il est inutile de dire qui est cette Elisabeth-Angélique de Montmorency, duchesse de Chatillon ; on sait qu'elle fut une des grandes et belles dames de son temps, une des héroïnes de la Fronde, la rivale de la belle duchesse de Longueville, l'amie du prince de Condé et du duc de Nemours (1), sœur du maréchal de Luxembourg, le tapissier de Notre-Dame.

Elle est fort peu connue comme dame de Clam, c'est pourtant par elle que ce fief entra chez les d'Etampes-Valençay. Elle meurt seule, sans famille à son chevet, le 24 janvier 1695, âgée de 70 ans, presque subitement, veuve pour la seconde fois, laissant quatre millions qu'elle lègue à ses neveux et à sa mère (2). C'était, au témoignage de Madame de Sévigné, très scandalisée, une abominable avare (lettre 1402), « avare pour les pauvres, avare pour les domestiques à qui elle ne laissa rien, avare pour

---

(1) Cf. les pages que Victor Cousin lui consacre dans son volume la *Duchesse de Longueville* ; M. Magne : *Madame de Chatillon*. P. de Ségur : *La jeunesse du maréchal de Luxembourg*.

(2) Cf. P. de Ségur raconte sa mort dans *le Tapissier de Notre-Dame*, p. 483. Il donne un inventaire après décès (p. 521) où la terre de Clam, affermée 7.000 liv., est appelée *Clane*.

elle-même, puisqu'elle se laissait quasi mourir de faim. » Et pourtant elle était son amie chère ! sa « sœur », mais elle la « renonce ! » Cette réputation d'avarice ne datait que de la mort récente de son frère, le maréchal de Luxembourg. « Ce vice, dit M. Magne (1), lui fut d'ailleurs reproché à toutes les époques de sa vie. » Cependant on la voit collectionner des objets de haut luxe, et elle dota ses neveu et nièce. Elle ne les oublie pas dans son testament (2).

Ce document, daté du 19 juin 1693, aux minutes de d'Aumont aîné, notaire à Paris, stipule notamment : « Nous avons toujours destiné nos terres situées en Xaintonge à fueüe ma sœur de Valencé, c'est pourquoy elle a désiré que sa fille Julie y ait sa part, et, comme nous l'aimons fort, je lui ai fait don de la somme de cent mil livres et le surplus de ce qui nous appartient des dites terres en Xaintonge, qui sont dans Saint-Germain et Saint-Georges de Cubillac, je le donne au Comte de Valencé, mon neveu. »

La donation est du 13 janvier 1685. « Très haute, très puissante et très illustre princesse Madame Elisabeth-Angélique, duchesse souveraine de Mekelbourg, née de Montmorency, dame duchesse de Chatillon, baronne de Melo, dame de Clam, Saint-Germain, Saint-Georges de Cubillac et autres terres, épouse de très haut... prince Monseigneur Christian-Louis... duc Souverain de Mekelbourg et des Vandales... dudit Seigneur Madame dame princesse séparée de biens et autorisée par justice à son refus, et néanmoins autorisée de lui à l'effet des présentes... laquelle dame princesse de Mekelbourg, pour la bonne et sincère amitié qu'elle portoit à deffuncte haute et puissante dame Marguerite-Louise de Montmorancy, épouse de haut et puissant seigneur Messire Dominique d'Etampes, chevalier, seigneur de Valencé, sa sœur, qui lui a recommandé damoiselle Julie d'Estampes de Valencé, leur fille, nièce de la dite dame princesse, et pour celle qu'elle porte à la dite damoiselle d'Estampes de Valencé, elle lui a fait donation pure et simple, irrévocable entre vifs de la somme de cent mil livres une fois payée, que ma dite dame veut et entend être prise par la dite damoiselle de Valencé, donataire, sur les dites terres de Clam, Saint-Germain et Saint-Geor-

(1) *Loco citato*, p. 315.

(2) Une expédition existe aux Archives nationales Y 37, fol. 92 v°. M. Magne en parle (p. 318).

ges de Cubillac, spécialement et par privilège, et après son décèds seulement, jusqu'auquel décèds maditte dame princesse se réserve, sa vie durant, l'usufruit et jouissance de la ditte somme... et au cas que la ditte dame de Valencé vint à décéder sans enfant appartiendra et retournera icelle somme aux frères et neveux de la ditte damoiselle donataire... et ont signé la minute des présentes demeurée vers ledit Lequin, notaire. »

Cette donation est provoquée par le futur mariage de Julie d'Estampes, laquelle, le 28 décembre 1684, à Valencay même, donne procuration à Guillaume Deschamps, écuyer, sieur des Baudrières, de passer contrat de mariage avec Pierre Gorge (1), écuyer, seigneur d'Entraigues, La Chapelle, conseiller au Parlement de Metz, secrétaire du Roi, maison couronne de France et de ses Finances, demeurant à Paris sur le quai des Vieux-Augustins, et aussi d'acepter les dons et avantages qui lui seront faits par le dit contrat et notamment le don que la princesse de Meckelbourg se propose de faire.

Le contrat de mariage est du même 13 janvier 1685, reçu Béchet et Lequin. Le 17 février 1685, l'acte de donation fut insinué, et, le 2 mars, Julie de Valençay et son mari le ratifient.

Madame Gorge d'Entrague meurt laissant trois enfants, Pierre-François, chevalier seigneur de Lye, Pierre-Henry et Julie-Régine, mineurs, lesquels étant émancipés, et comparaissant par leurs curateurs aux causes, présentent requête le 26 avril 1708 aux Requêtes de l'Hotel : « attendu que la dame du-

---

(1) Saint-Simon, *Mémoires* (édit. Boislisle), tome 17, p. 170 écrit : « Charost maria le marquis d'Ancenis à la fille d'Entreigue, qui avoit été petit commis et bien pis auparavant, chez M. de Frémont, beau-père de M. le maréchal de Lorge et grand-père de Mme de Saint-Simon, qui lui avoit commencé une fortune qu'il poussa fort loin, et qui lui fit épouser pour rien la fille de Valencay et d'une sœur du maréchal de Luxembourg et de la duchesse de Meckelbourg.

Pierre Gorge s'enrichit d'abord dans les fermes unies, puis il fut nommé, le 7 août 1668, visiteur, lesteur et délesteur des vaisseaux sur la rivière de Nantes, disent les annotateurs. Il acheta, en mars 1669, une charge de secrétaire du roi, qu'il garda pendant vingt ans, tout en faisant le métier de caissier des vivres, d'intéressé aux vivres de l'armée d'Allemagne. Il acquit une charge de conseiller au parlement de Metz en 1683, et quitta les affaires de finances lors de son mariage, en secondes noces, avec Julie d'Estampes Valencay. Veuf en décembre 1705, il se retira à Sainte-Geneviève en 1710 et mourut le 21 mars 1723 à 80 ans.

La Bruyère parle de lui dans le chapitre des *Biens de la Fortune* et Boileau dans sa satire *Des Femmes* vers 465-469. La Bruyère parle de son second mariage dans les *Caractères*, tome I, p. 485.

chesse de Mekelbourg a légué au sieur comte de Valencé, son neveu, que le surplus de ce qui lui appartenait des dittes terres (Clam...), par son testament olographe du 19 juin 1693, déposé à Aumont, notaire, le 27 (*sic*) janvier 1695 jour du décèds de la ditte dame ; et attendu que le dit sieur comte de Valencé dégrade considérablement les dites terres, sans rendre compte aux dits sieurs d'icelles ou intérêts des dites cent mil livres, il plut à la cour de permettre aux dits sieurs et damoiselle Dantraigues de rentrer dans la propriété des dites terres et de s'en mettre en possession pour en jouir, faire et disposer à l'avenir... »

Le 4 mai, ils obtiennent gain de cause et autorisation de se mettre en possession.

Sur opposition d'Henry-François d'Estampes, comte de Valençay, d'Aplincourt, marquis de Sienne, le Parlement confirme la sentence et le 6 septembre 1708, autorise les trois enfants de Gorge à entrer en possession et puissance des terres de Clam, Saint-Germain de Lusignan et Saint-Georges de Cubillac jusqu'à concurrence des cent mille livres seulement, défend à d'Estampes de les troubler et commet à l'estimation du sieur Boisbelland (1), avocat au parlement de Bordeaux. Si l'expert trouve plus de la somme, les jeunes gens rendront le surplus, de même qu'ils recevront la différence en moins, s'il est nécessaire.

Le 17 juillet 1710, Pierre-François Gorge d'Entragues, chevalier, devenu seigneur de Clam et des deux autres fiefs (2) par cet acte de partage du 27 mars 1709, « s'est transporté au palais d'Eminentissime Seigneur Monseigneur le cardinal d'Estrées, évêque d'Albane, évêque duc de Laon, pair de France, abbé commandataire de l'abbaye royale de Saint-Germain-des-Prez, sis dans l'enclos de la ditte abbaye, où étant et parlant à Louis Hervé, valet de pied de mondit seigneur cardinal, auquel il a demandé si son Eminence, ou autre aiant pouvoir de lui, etait en son palais, et qu'il venoit pour rendre à mon dit Seigneur Cardinal d'Estrées, la foi et hommages lige et serment de fidélité que le dit seigneur de Clam est tenu lui faire et porter pour raison et à cause de la dite chatellenie, terre et seigneurie de

(1) Jacques Boibellaud de La Chapelle. Cf. *Archives Saintonge*, tome XX, p. 142.

(2) Sa sœur Julie-Christine-Régine Gorge d'Entragues est mariée avec Paul-François de Béthune, marquis d'Ancenis et Charost, comte de Beyne, brigadier des Armées du Roi, gouverneur de Doulens. Pierre-Henri, leur frère, est mort.

Clam et appartenances, relevant de mondit seigneur Cardinal, en qualité d'abbé de Saint Germain des Prez... etc. », au devoir de six couteaux et demie peau de cerf corroyée pour couvrir les livres de l'abbaye, à muance de Vassal. »

Hervé répond que le Cardinal est sorti, que personne n'a charge de recevoir l'aveu ; Gorge remet les pièces nécessaires à un des deux notaires présents, entre les mains de qui, elles resteront pendant huit jours à la disposition du Cardinal.

La copie de tous ces documents existe aux archives de la cure de Clam où M. Dupeux, aujourd'hui curé de La Chapelle-des-Pots les a copiés.

Sur les registres de Clam on remarque un abbé d'Entrague, seigneur de Clam. Il n'a pas fait que passer. Il a habité quelques mois, en 1709, puisque parmi les témoins parait son valet de chambre. C'est le même dont il est question plus haut. La Chenaye le cite comme « étant dans l'état ecclésiastique appartenant au Pape. »

Ch. Dangibeaud.

DE LA SIGNIFICATION DU MOT « VENTRE »
dans l'Histoire

Tous ceux qui s'occupent — même peu — d'histoire régionale savent combien le mot « ventre » est répandu dans la France entière pour désigner, à l'aide d'un qualificatif de couleur, les différentes populations du pays. En ce qui concerne la Saintonge, Ventres-Rouges, Ventres-Verts, Ventres-Gris, sont pour nous des termes bien connus. Mais comment les expliquer ?... Voilà ce qui a déjà fait couler de l'encre (1), sans pouvoir arriver à une affirmation. Cependant, les diverses recherches entreprises avaient eu pour résultat d'obtenir sur la signification de ce mot, de fortes présomptions. D'après tout ce qui avait été dit, en effet, il semblait bien que « ventre » fut synonyme de « partie inférieure du corps », ceci pris d'une façon générale.

Ce terme, litigieux aujourd'hui, répondait autrefois semble-t-il, parfaitement « aux besoins » de l'humanité, puisque on le retrouve, au moins une seconde fois, couramment employé dans une autre partie de l'univers. Cette nouvelle application finit par

(1) *Bull. arch.* IVe vol. 1883. Voir Bourignon. *Revue de Saint. et d'Aunis* 41e et 42e vol., p. 35.

nous éclairer sur le sens à lui attribuer. Ainsi, les Siamois s'en servent pour désigner chez les Lao, deux groupes ethniques différents ; ceux qui se tatouent les jambes et les cuisses sont appelés : Lao-Phung-Dam ou *ventres-noirs*, et ceux qui ne le font pas : Lao-Phung-Khao ou *ventres-blancs*. (Voir « Le Siam » de Cucherousset, Hanoï, 1925, page 25).

Le doute à mon point de vue ne doit plus subsister : si, chez les peuplades encore primitives, « ventre » signifie « jambes et cuisses », chez nous, nous lui attribuerons la valeur de « braies » ou de « pantalon », suivant l'époque à laquelle nous nous placerons.

A. Baudrit.

DIIS MANIBUS

L'année 1928 aura droit, dans l'histoire des fêtes publiques, à un signe particulier, en raison des nombreux centenaires et multicentenaires qui auront été célébrés au cours de ses douze mois. C'est une mode nouvelle, le culte du souvenir, très respectable, qui tend à rappeler un événement mémorable, ou à revivifier des renommées pâlies, et à instruire les nouvelles générations des mérites ignorés ou oubliés d'hommes dont les travaux, les inventions, les découvertes, sont mieux appréciés aujourd'hui que jadis, parce qu'on en mesure maintenant les heureuses conséquences.

En Charente-Inférieure, deux occasions se présentaient de pavoiser et d'haranguer (les discours constituent le fond des manifestations) : le siège de La Rochelle de 1628 et l'arrivée de René Caillié à Tombouctou. A La Rochelle, le projet déchaîna une bourrasque (cf. *Bulletin religieux* du 5 mai 1928) qui le démolit, si bien que l'on vit ce spectacle inattendu des protestants, seuls, fêter entre eux, « dans le vieux temple », le 18 novembre dernier, la victoire du cardinal de Richelieu et la chute de l'une des grosses citadelles des protestants du XVIIe siècle, date mémorable, soulignée d'un trait noir, marquant l'abattement d'un grand parti jusque là puissant. Au vrai, telle n'a pas été leur intention : ils ont voulu chanter non pas la gloire de Louis XIII et du cardinal mais l'héroïsme des assiégés.

M. John Vienot, président de la Société d'histoire du Protestantisme français, a commencé sa conférence en lisant « une adresse de la Fédération protestante à l'église de La Rochelle : elle fixait d'avance le caractère de la fête historique en cours, qui s'est développée, en effet, sans esprit de récrimination et d'amertume, dans le seul sentiment d'admiration que l'on doit aux défenseurs de la liberté de conscience de La Rochelle. Puis, l'orateur a exposé les raisons historiques du siège de 1628 » (*Le Temps* du 18 novembre), qui aurait été imposé à Richelieu (en dépit de ses mémoires) par les catholiques (La *Charente-Inférieure* du 23) (1).

La seconde occasion de réveiller le souvenir d'un homme qui eut son heure de célébrité était le centenaire de l'arrivée de René Caillié (23 avril 1828) à Tombouctou, la ville noire, mystérieuse, au centre de l'Afrique, où plusieurs Européens avaient déjà pénétré avant lui, mais y avaient péri, de telle sorte que le plus merveilleux de l'aventure inouïe de Caillié n'est pas tant qu'il soit parvenu au but de son entreprise téméraire — au prix de quelles ruses et de quelle chance ! — mais qu'il ait réussi à rentrer en France, échappant à des périls et des épreuves pires qu'à l'aller.

Ce centenaire est peut-être celui qui a été le plus célébré. *L'Illustration* du 16 juin reproduit une phase de la cérémonie qui eut lieu à Tombouctou même, le 22 avril. Le lieutenant gouverneur du Soudan français, M. Terrasson de Fougères, passa devant la maison pavoisée de l'explorateur, suivi d'un cortège d'européens et d'indigènes entourant leur cadi. Quelle métamorphose chez les habitants si on jette un regard sur la Tombouctou de 1838 ! Une plaque de bronze fut apposée sur la maison. M. Giry, administrateur des colonies, retraça le prodigieux voyage. Sa conférence a été reproduite dans la *Revue Rose* du 12 mai.

Les revues, les journaux quotidiens lui ont consacré des notices. Le gain littéraire le plus appréciable qui nous reste est une biographie très bien présentée, très dramatique, que MM. A. Lamandé et Nanteuil (lisez Giraudias) ont publiée à l'occasion de la fête donnée par la petite ville de Mauzé, berceau de Caillié.

A cette *Vie* il faut réunir la brochure de M. Mémain qui en est le complément nécessaire, dans laquelle l'auteur raconte en détails les trois dernières années de Caillié, lamentable et douloureux calvaire d'un homme qui eut des déboires toute sa vie. « Caillié,

---

(1) Il est vraisemblable que le prochain numéro du *Bulletin de la Société de l'histoire du protestantisme français*, publiera cette conférence.

(2) Rappelons que la colonne Joffre n'est parvenue sous les murs de la ville noire que 50 ans après Caillié et que 30 ans de silence, s'écoulèrent avant que les auto-chenilles d'un autre saintongeais, aient surpris, sans provoquer de résistance, les habitants ébahis de la grande ville du Désert. Actuellement celle-ci n'est qu'à 99 heures de Paris, en avion. A bientôt peut-être le chemin de fer ! Tombouctou ne sera plus alors dans Tombouctou.

dit M. Mémain, désirait que l'on fit connaître sa vie : son vœu est exaucé »... un siècle après sa mort !

Notre *Revue* avait annoncé une conférence pour la fin d'octobre. Aucun orateur ne s'est laissé tenter ; la Société manifestera d'une autre manière, en faisant sceller au-dessus de la porte d'entrée du logis de Labadère une plaque en marbre avec l'inscription suivante : DANS CE LOGIS EST DÉCÉDÉ RENÉ CAILLIÉ, 1838.

Cette plaque est offerte à la Société, grâce au très bienveillant concours de M. Bonnet, président de la Société archéologique de Saint-Jean d'Angély, par M. Barthélemy Gache, directeur général des F. A. P. à Tarbes.

On sait qu'un monument a été élevé à la gloire de Maurice Barrès, à Sion Vaudémont, inauguré le 22 septembre dernier sur la « Colline inspirée », une immense solitude !

L'Illustration du 29 en donne la photographie et M. Rolland Engerand le décrit ainsi : « D'un socle aux lignes harmonieuses jaillit un faisceau de hautes colonnes dont les chapiteaux de feuillage soutiennent quelques courtes colonnettes ajourées (1), prolongées vers le ciel par un clocheton que surmonte une basse croix. C'est une de ces lanternes des morts si fréquentes en certaines régions de France, en Charente notamment. »

Au vrai, ce monument, érigé sur les plans de M. Duchesne, est une reproduction presque fidèle de la lanterne des morts de Fenioux (Charente-Inférieure) avec de plus grandes proportions. La copie diffère de l'original par quelques détails : la pyramide à écailles qui coiffe le faisceau de colonnes n'est pas flanquée de pyramidions ; les colonnettes qui la supportent sont plus hautes à Fenioux. La principale différence est dans le socle qui sert de piédestal en quelque sorte au faisceau de colonnes. A Fenioux, il est enterré aujourd'hui, à Sion, il est apparent. Cela était nécessaire pour les inscriptions qu'on voulait y graver. Inutile de dire qu'il est d'un dessin différent.

Quel que bien qu'en pense un de nos confrères très compétent (voir la *Croix de Saintonge* du 7 octobre 1928), il est tout de même curieux qu'en 1928 un architecte français n'ait pas rajeuni dans sa forme une idée, charmante d'ailleurs, qu'il empruntait aux architectes du XIIe siècle, lesquels, soit dit en passant, surent

(1) Elles ne sont pas ajourées ; elles sont pleines, séparées les unes des autres par un petit vide.

varier le thème simple de la lanterne des morts. (Voir abbé Lecler : *Etude sur les lanternes des morts*).

A Uza, près Dax, on en a construit une petite, parée d'un air moderniste, qui démontre une recherche de personnalité.

« Un néologisme architectural, assure M. Roland Engerand (*Illustration* du 8 décembre), eut gravement offensé la grande mémoire du grand traditionnaliste. D'autre part, n'était-il pas très indiqué d'offrir au successeur de Déroulède à la présidence de la Ligue des Patriotes la *réplique d'un monument de ce canton de Saint-Jean-d'Angély* où se dresse la *propriété* de celui qui fut le vibrant *député d'Angoulême ?* » M. Engerand, en avouant la ressemblance évidente du monument Barrès avec la lanterne de Fenioux, répond à une note envoyée à l'*Illustration* par M. Bonnet, président de la Société d'Archéologie de Saint-Jean-dAngély, signalant la ressemblance. Il commet une étrange confusion en mêlant Déroulède dans la question. Il place Langélie, sa propriété patrimoniale, dans le canton de Saint-Jean-d'Angély. Il croit évidemment qu'il existe une étroite connexion de nom entre la ville et la propriété. Langélie est, en réalité, à quelque cent kilomètres au delà, dans la commune de Gurat, canton de Villebois-Lavalette, arrondissement d'Angoulême, ce qui explique, d'ailleurs, pourquoi Déroulède fut nommé député de cet arrondissement.

Du moment où on tenait à associer le souvenir de Déroulède à celui de Barrès, il fallait choisir la lanterne de Cellefrouin — en Charente, celle-ci ! — de même style et de structure analogue à celle de Fenioux. M. Duchêne aurait pu, alors, soutenir à juste titre qu'il avait innové... un peu. Celui-ci semble n'avoir qu'une connaissance très superficielle de Fenioux et ignorer Cellefrouin.

Dès le 29 septembre, il remit une note à l'*Illustration* (qui la classa dans ses cartons, puisqu'elle ne paraît qu'en décembre, grâce à l'intervention de M. Bonnet !). Dans cette note, il précisait ses intentions. Après avoir dit que « l'idée qui a présidé à la conception du monument pourrait se traduire par cette formule : « lanterne des morts ancestrale, sois le symbole de l'union sacrée qui, seule, peut faire une grande France en lui permettant de travailler en beauté dans la paix... ». Jadis on était moins subtil, mais plus inventif, la lanterne des morts répondait à une idée pieuse... Passons !... M. Duchêne énumère les *nombreuses modifications* qu'il a apportées au plan de Fenioux : socle *supplémen-*

taire, sommet remanié, simplification de la silhouette, colonne ajoutée, aménagement du sous-sol, escalier intérieur, phare... Or, la lanterne de Fenioux est creuse, s'élève sur un socle creux, et un escalier montait jusqu'à la lanterne où se plaçait un feu. Le faisceau de colonnes de Cellefrouin, au contraire, n'est creux que pour laisser hisser une lampe (cf. *Bulletin de la Soc. Arch. de la Charente*, 1870 et 1881).

Si délicate que soit l'intention mise dans ce monument à Barrès, il semble que l'architecte avait mieux à faire que de transplanter de l'Ouest dans l'Est un monument roman, destiné aux petits cimetières, remanié ou non, de le piquer sur une butte d'où il a l'air d'émerger, au milieu d'une plaine désertique. Le caractère en est profondément bouleversé.

Ch. D.

LES FOUILLES RÉCENTES
DANS LE REMPART GALLO ROMAIN DE SAINTES

Par arrêté du ministre de l'Instruction publique et des Beaux-Arts, en date du 29 juin 1928, les collections gallo-romaines du musée lapidaire de Saintes sont classées parmi les monuments historiques. Pour la troisième fois depuis un siècle ce musée va être déménagé. La municipalité ayant besoin du local où les pierres sont amassées, pour agrandir l'école Saint-Pierre, a aménagé l'ancien abattoir, sur le bord de la Charente, et en fait le musée gallo-romain.

Par suite du décret ci-dessus, c'est M. Hulot, architecte en chef des monuments historiques, qui dirigera la réorganisation.

Avant de rien entreprendre, il fut décidé dans un entretien entre MM. Chapsal, maire, Hulot et Dangibeaud, conservateur des Musées, qu'il était absolument nécessaire, et prudent, de fouiller les trente mètres restant du mur de l'hôpital, tant pour se procurer des matériaux utiles à l'exécution des projets d'aménagement que pour savoir si on rencontrerait ou non des fragments s'adaptant à ceux déjà existants.

M. Hulot obtint des Beaux-Arts un crédit qui vient d'être employé. Le but que l'on se proposait est atteint : on a les matériaux souhaités et on a acquis la conviction qu'il n'y a plus aucune chance de récupérer dans cette dernière partie du rempart gallo-romain de l'hopital quelque complément important.

Des tambours de colonnes, des chapiteaux, des fragments d'un monument funéraire semblables à plusieurs morceaux découverts antérieurement, une stèle, quelques lettres de deux grandes inscriptions funéraires et surtout un cippe, tel est le gain de cette campagne d'exploration.

Le cippe est la pièce principale : il sera un des meilleurs du Musée. L'inscription qui couvre l'une de ces faces a été présentée à l'Académie des Inscriptions et Belles-Lettres, dans sa séance du 14 décembre dernier, par M. C. Jullian, qui a déclaré qu'elle est la plus intéressante que l'on ait trouvée depuis plusieurs années.

Ce cippe, en très belle pierre du pays, ravalée sur les quatre faces, n'a plus sa base. Avec sa corniche, il mesure : haut. 1,32, larg. 0,52, épaiss. 0,55. Sur le carré de cette corniche il reste trace d'un M et de E qui devait être lié avec un T. On lit sur la face antérieure, en belles lettres de 55 millimètres, qui furent peintes en rouge minimum :

MEMORIAE
OTOCILIAE
SEVERAE
LVGVDV
NENSIS
MARTIVS
AVG LIB
CONIVGI
KARISSIM
POSVIT

Cette épitaphe, très courte comme la plupart des inscriptions funéraires de Saintes et de Bordeaux, ne présente aucune difficulté de lecture et de traduction. Martius, affranchi de l'empereur, a élevé ce monument à sa très chère femme Otocilia Severa de Lyon.

Tout l'intérêt de ce texte se concentre sur ces deux derniers noms. On est intrigué tout de suite parce qu'ils reproduisent exactement le nom et le surnom de la femme de l'empereur Philippe l'Arabe (244-249). La question se pose de savoir si quelque relation existe entre la Lyonnaise et l'impératrice (1). On pourrait croire que la première est l'affranchie de la seconde, mais pas une lettre, pas un sigle ne fait pressentir qu'elle eut été esclave. La composition du nom ne serait pas conforme à la règle qui prescrit que « la femme affranchie manque de prénom comme les ingénues ; elle a le gentilice du patron et comme prénom son nom servile » (2). Elle a bien le gentilice impérial mais son nom servile manque. Severa est un cognonem ou surnom. D'autre part, si elle était affranchie, son mari, affranchi lui-même, aurait dû employer le mot *collibertus*.

Il y a peu d'apparence que cette Lyonnaise ait reçu de l'impératrice la faveur de porter son nom.

Certes, on cite des exemples où le nom du défunt diffère très peu de celui d'un empereur ou d'une impératrice. Mais les savants éditeurs de cette sorte d'inscriptions ont épuisé toutes les ressources de leur science pour l'expliquer et en donner les raisons, sans se convaincre eux-mêmes. L'un d'eux a terminé son exégèse en déclarant que : « ce ne sont là d'ailleurs que des hypothèses peut-être plus que hasardées, et la présence à Bordeaux d'affranchis de Marc Aurèle n'est rien moins que certaine (3). »

Nous pouvons appliquer à Otocilia cette réflexion judicieuse et on aura d'autant plus raison — à mon avis — de se montrer sceptique que le surnom Severa était commun à Lyon, parmi les femmes, si on en juge par les inscriptions. Le *Corpus* contient les épitaphes de quatre femmes de Lyon surnommées Severa (n°s 2072, 2085, 2094, 2192), Avilia Severa, Catia Severa, Calpurnia Severa, Labiena Severa. Allmer ajoute quatre autres noms de

---

(1) Il n'y a pas lieu de tenir compte de l'O qui remplace souvent A dans l'épigraphie du IIIe siècle.

(2) Darembert et Saglio. *Dictionnaire des Antiquités.* V° *Libertus*, p. 1201. col. 2. M. Cagnat. dans son *Cours d'épigraphie* latine, dit p. 81. « Si un esclave est affranchi par une femme, il emprunte à sa patronne son gentilice, mais, comme celle-ci n'a pas de prénom à lui transmettre, puisque les femmes n'en portent point généralement, il prend celui du père de la patronne. » Il faut noter cependant que l'impératrice avait un prénom : Marcia.

(3) C. Jullian *Inscriptions romaines de Bordeaux*, tome I, n° 89. *Corpus*, I. L. n° 652. La défunte et sa fille portent le même gentilice que l'empereur Marc-Aurèle avant son adoption par Antonin.

Allmer. *Inscriptions antiques*, tome I, p. 190, cite une inscription perdue ou non entrée au Musée où une femme Memmia Sosandris, clarissime, était peut-être une parente de celle des femmes de Sévère Alexandre qui avait le nom de Memmia.

femmes dont les épitaphes sont perdues, cinq Severus, cinq Severinus et Severina. Il n'y a donc rien d'étonnant qu'une Lyonnaise ait reçu le surnom à la mode, si j'ose dire. Son gentilice est un très vieux nom romain qui se rencontre dans les Fastes consulaires de 491 de Rome (263 av. J.-C.) et 493 : M. OTACILIVS et T. OTACILIVS, consuls, pendant la première guerre punique (1). Il se répandit pendant les siècles suivants aux quatre coins de l'Empire (2). Rien n'empêche qu'il se soit introduit en Gaule, par exemple, si un Romain, soldat ou employé, se fixa à Lyon ou lorsque les Gaulois, après la conquête, adoptèrent volontiers des noms romains.

On ne sait à peu près rien sur Otacilia impératrice. On croit qu'elle était chrétienne ou tout au moins favorable aux chrétiens, bien qu'aucun acte, aucun témoignage positif, vienne à l'appui de cette conjecture (3). Les légendes de ses médailles sont purement païennes. Son influence dans la famille d'Oticilia doit être rejetée... à moins qu'on ne découvre à l'impératrice des attaches lyonnaises !

Je propose donc de voir dans la similitude de noms de ces deux personnes une coïncidence fortuite qui nous surprendra d'autant moins que nous connaissons tous, autour de nous, des familles homonymes qu'aucun lien de parenté n'unit.

Le mari d'Otocilia n'énonce qu'un seul nom. Il faudrait le prendre pour son nom d'esclave en se tenant aux règles. Si on le

---

(1) *Grande Encyclopédie* au mot *Consul*, où sont reproduits le *Corpus* et l'édition de Boucher-Leclercq. Voir aussi Cagnat *Cours d'épigraphie latine*, p. 275.

(2) Un décret de Cn. Pompeius Strabo, père du grand Pompée, confère la cité romaine à des cavaliers auxiliaires espagnols. Dans le *Consilium* assistant le général figurent *M. Octacilius* et *L. Otacilius*, et parmi les 30 soldats classés par pays, on voit *Q. Otacilius*, de Lerida. Ce décret est de 664 de Rome (90 av. J.-C.). Cf. *Revue archéologique* de mai-juin 1909, p. 443, qui reproduit *Bulletino communale di Roma*, 1908.

On voit un *Q. Otacilius Quir* (quirina tribu). *Ibidem* 1903, d'après *American Journal of archeology*.

A Mayence, on connaît L. Otacilius Fabricius. (*Ibidem*, 1898, p. 467, d'après *Korrespondenzblatt der Westdeutschen Zeitschrift*.

A Sétif, M. Ballu a découvert une stèle à trois étages, dédiée au dieu Saturne, par L. Otacilius L. filius... Arnensi tribu, candidus sacerdos Dei Saturni, *Bulletin archéologique du Comité*, 1909, p. 81.

(3) Lenain de Tillemont, *Histoire des empereurs*, p. 261, croit que Philippe était chrétien avant d'être empereur.

Victor Duruy, *Histoire des Romains*, tome VI, p. 343, doute très fort de la réalité des sentiments chrétiens du mari et de la femme.

M. Jullian, *Histoire de la Gaule*, tome IV, p. 566, se contente de rapporter le jugement d'Eusèbe.

tient pour son nom d'affranchi, ou bien il vient de *Marcia*, prénom de l'impératrice Otacilia (il faudrait pouvoir lire Augustæ libertus, nouvelle analogie que rien ne laisse entendre) ou bien de Marcus, prénom d'un empereur difficile à déterminer parce que ce prénom est très fréquent, depuis Marc-Aurèle, parmi les empereurs de la fin du IIe siècle et surtout parmi les empereurs du IIIe siècle. Dans ces deux cas le nom d'esclave manque.

En résumé, si on veut assigner une date approximative à notre cippe, on considérera son laconisme, la beauté des lettres, la forme (1) un peu allongée de l'O d'Otocilia, et surtout le surnom de Severa dont la vogue a dû se développer au cours des règnes de Marc-Aurèle, de Septime Sévère (2), et d'Elagabale.

Je dois ajouter que M. C. Jullian « hésite beaucoup, malgré l'élégance des caractères, à ne pas rapporter au temps de Philippe l'inscription de Saintes. La coïncidence de ces trois faits : les noms d'Otacilia Severa pour la femme, le nom de Martius pour le mari, qui rappelle celui de Marcia porté par l'impératrice, le fait que ce Martius est dit affanchi imperial, crée une extrême vraisemblance. » (*Lettre du 3 janvier.*)

Ch. Dangibeaud.

LIVRES ET REVUES

Aventures du Rochelais Nicolas Gargot, dit « Jambe-de-Bois », capitaine de navire, présentées et annotées par M. Ch. Millon.

N notre temps de *vies romancées*, ces aventures fourniraient un thème tout désigné à un écrivain qui aurait un talent de mise en scène. Il lui suffirait d'exploiter la réalité sans gros frais d'imagination. Ces aventures sont suffisamment dramatiques pour n'avoir pas besoin d'être *corsées* par des inventions ou seulement une exagération de la réalité. Elles ont d'ailleurs le mérite d'avoir été vécues, si bien que M. Ch. de la Roncière n'a

(1) Sur ce point voir le *Cours d'épigraphie latine* de M. Cagnat (1889), p. 19.

(2) L'impératrice Otacilia Severa peut servir de criterium. En 249, Philippe, âgé de 44 ou 45 ans, son fils, âgé de 12 ans, sont assassinés. Si on suppose qu'à son mariage Otacilia avait 17 ou 18 ans, elle serait née en 219 ou 220, sous Elagabale, dont la seconde femme se nommait Aquilia Sévera. Mais les médailles montrent un très beau profil de femme ayant dépassé 30 ans.

pas dédaigné de les résumer dans un article du *Correspondant*, le 10 avril 1904, concernant la *question de Terre-Neuve*, reproduit en préface par M. Millon.

Ces mémoires ou aventures ont été écrits par un avocat de La Rochelle, Pierre Groyer, qui eut à s'occuper des affaires de Gargot. Il n'en existe que trois exemplaires, en France, deux à Paris, un à La Rochelle (1). M. Millon a eu l'excellente idée de la rééditer, en élaguant les longueurs et en modernisant le style — ce qui est moins bien — puis de demander à M. Suire des dessins qui ajoutent un charme nouveau. Enfin, il a mis des notes et des appendices où il a montré un travail d'érudition dont les lecteurs lui sauront grand gré.

Ce Gargot, né à La Rochelle, le 10 février 1619, de parents protestants, mort catholique le 16 décembre 1664, est un exemple de ces rares tempéraments, extraordinairement solides et chanceux — ou habiles et adroits — résistant aux plus dures fatigues, échappant aux dangers de mort les plus imminents, promenant sa personne sur toutes les mers, à Terre-Neuve, au Canada, en Portugal, recevant en Lorraine une balle dans le genou, qui le cloue au lit pendant deux ans, l'oblige à faire couper la jambe — d'où son surnom ; assailli sur son bateau par dix-huit de ses hommes, à coups de piques, percé de vingt-quatre blessures, se défendant avec tout ce qu'il peut, même avec un gros livre et un matelas, sur une seule jambe parce que son valet, complices des mutins, lui a enlevé sa béquille, sauvé seulement parce qu'étant tombé l'équipage le crut mort, Gargot se ranime et fait vœu à la Sainte Vierge de se convertir s'il réchappe à tous ces périls. Un mutin, chargé de l'assassiner, manque de courage au dernier moment, mais un navire apparaît à l'horizon, les

(1) Il y en a trois autres en Amérique.

matelots apeurés, craignant que ce ne fut un turc, supplient leur capitaine de reprendre le commandement. L'ennemi fait demi-tour. L'équipage reprend courage, recommence à persécuter son chef et dirige le navire sur Cadix où il débarque Jambe-de-Bois revêtu de sa casaque écarlate, chamarrée d'or et d'argent. Passons sur son aventure galante platonique avec une senorita et notons simplement que ce brave Gargot se laissa duper par ce grand filou de Daugnon et qu'il ne put jamais obtenir ni de celui-ci ni de sa veuve la restitution des 242.000 livres qu'il s'était laissé extorquer peu à peu, y compris un chameau !!!

Aventures n'est certainement pas un mot exagéré pour qualifier l'existence d'un homme qui a commencé à treize ans à courir le monde.

La *Revue des Etudes anciennes*, tome XXX, n° 3 (1928), contient un article de M. Ch. Dangibeaud intitulé : « *A propos des briques à cupules de Glozel* » avec une photographie d'un fragment de brique à soixante trous appartenant au musée de Saintes.

M. C. Jullian a ajouté des notes qui montrent que les briques de cette sorte se rencontrent du sud de l'Italie à l'Angleterre. Déchelette en avait signalé à Stradonitz.

La *Revue archéologique* de mai-juin 1928 donne le dessin de briques à trous de la Clyde et d'Alvao (Portugal). Une de ces dernières a le plus grand rapport avec celles de Glozel.

L'animateur des Temps nouveaux du 5 octobre 1928 est tout entier consacré à l'histoire d'Ernest Cognacq illustrée, sans qu'elle nous apprenne rien d'inédit.

Bulletin de la Société de l'histoire du Protestantisme français, avril-juin 1927.

Parmi les documents utilisés par M. Ph. Mieg pour son mémoire sur *Mulhouse et les officiers huguenots au XVII*e *siècle*, figure le certificat de vie délivré le 6 juillet 1670 à Bertrand Géraud, écuyer, sieur de Latour, ci-devant capitaine de la garnison de Brisach, demeurant au bourg de Baigne depuis le 2 octobre 1668, protestant, ainsi qu'à ses neveux Elie et Jean de Roulleau, demeurant avec lui, par J. Thibault, pasteur, D. Voullet, J. Entier, Moreau, Honem, R. Gourdet, Lamoureux, Guilhou, Germain, anciens de l'église de Montausier et Baigne.

B. Géraud est originaire d'Angoumois, il est en garnison à Brisach dès 1657 ; il s'éprend de Mulhouse, projette de s'y installer, et fait son testament (12 décembre 1665) en faveur de son fils Daniel, dit le chevalier de La Tour, et ses trois neveux : Elie de Roulleau, sieur de Puymartin ; Geoffroy de Roulleau, sieur de Beaupré et Jean de Roulleau, sieur de La Noue. En août 1668, il se décide cependant à revenir en Angoumois.

Geoffroy de Roulleau est né à Chillac, près Baignes. Il a servi comme lieutenant dans le régiment du colonel de Grafeuried (Suisse ?), va en 1664 au régiment en garnison à Brisach. Il accompagne son oncle en été 1668 et retourne à Mulhouse en avril 1669.

Au numéro 3 de 1927 est annexé le catalogue du musée de la Société. L'auteur fait naître B. Palissy en Périgord, ce qui a dû lui attirer des observations de la part de M. Weiss.

Sous le n° 72 : *Jeanne d'Albret présentant son fils aux chefs huguenots*, dernier tableau (inachevé) peint par P.-A. Labouchère. Au fond, l'entrée du port de La Rochelle. A droite, Jeanne d'Albret, Henri (né en 1553) et Catherine de Bourbon. A gauche, le jeune Henri de Condé, l'amiral Coligny, le prince de Condé, La Noue, La Rochefoucauld et d'Andelot.

— p. 490 *Aggrippa d'Aubigné et son imprimeur de Maillé* (1616-1620).

D'Aubigné fait paraître dix-huit éditions de ses œuvres en cinq ans. Toutes sortent des presses établies à ses frais dans son propre domaine et pour son usage exclusif. Où était située cette imprimeric ? Dans le fort du Dognon, au bord de la Sèvre, au nord-ouest du bourg de Maillé où d'Aubigné avait en même temps acheté (1609) une maison.

Moussat, l'imprimeur, commença à imprimer à Niort vers 1615 et mourut le 3 décembre 1626. On ne connaît que deux volumes sortis de ses presses à Niort, l'un en 1624, l'autre en 1626.

Le *Bulletin archéologique du Comité*, 1926 (publié en 1928), contient un mémoire de M. Ch Dangibeaud sur le *Portail de Nuaillé-sur-Boutonne*.

Ce très beau portail est resté inconnu jusqu'ici. M. Léon Duret avait bien écrit un petit article le concernant dans le *Recueil de la Commission*, en 1886, mais mieux vaut le considérer comme inexistant.

Ce portail très remarquable, unique de son genre en Saintonge, est composé de deux voussures sur lesquelles on voit le Christ et les douze apôtres au moment où N.-S. donne à ses disciples leur première mission. La seconde voussure est chargée d'une adoration des Mages, d'une Annonciation, du songe de Joseph et d'Hérode envoyant chercher les mages et leur donnant audience. M. Dangibeaud explique ces scènes à l'aide du théâtre et des Evangiles apocryphes. Il relève une influence du portail sud d'Aunay dans le tracé des voussures et dans l'exécution de la première, puis il compare la seconde avec l'iconographie du portail nord dit de Saint-Michel de la cathédrale de Poitiers, où les mêmes scènes sont répétées avec plus de détails.

M. Dangibeaud croit que ces deux ouvrages, datant des dernières années du XIIe siècle, ont été inspirés par quelques dévots de l'Immaculée Conception dont le chapitre de Lyon avait institué la fête en 1140.

M. Enlart, en proposant au Comité l'impression de ce mémoire, ajouta : « les conclusions de ce travail semblent justes. » (Séance du 14 juin 1926.)

Annales de la Société royale d'archéologie de Belgique, tome IV (1927). *Les prescriptions hygiéniques et médicales d'Anvers entre 1439 et 1496.*

Curieuses prescriptions du magistrat : hygiène générale de la voirie, curage des cours d'eau, contrôle des denrées, maladies pestilentielles, animaux vaguant dans les rues, ribauds, ribaudes, truands...

Revue Mabillon, 1927-1928. *Les bénédictins et l'histoire des provinces aux XVIIe et XVIIIe siècles.*

Le Correspondant du 10 juillet 1928. *Les leçons de trois centenaires*, par Mgr Sagot du Vauroux, évêque d'Agen. Autour de quatre « jugements derniers », par M. Edmond Joly.

Bulletin de la Société d'Etudes scientifiques et archéologiques de Draguignan, tome XXXVI (1926-1927).

M. L. Honoré publie une longue liste des *Peintres, sculpteurs... en Basse Provence* (XVe-XVIIIe siècles) (p. 5-124) récoltée dans les archives d'une centaine de communes.

Bertrand Jacques, orfèvre, confectionne en 1628 « palmes, armuries » pour le feu de joie et « ung cierge artificiel doré pour y metre feu » à l'occasion de la prise de La Rochelle : 4 livres, 16 sous.

Claude Cronier, maître sculpteur sur bois, natif de Tours, demeurant à Aix, exécute à Meounes une niche en bois pour la châsse de saint Eutrope (lequel ?).

Philippe Marsal, orfèvre à Toulon (âgé de quarante-cinq ans en 1791) est originaire de Melle.

Mimault François, maître peintre à Draguignan, est né à Parthenay (fin du XVIe siècle, et mort à Aix en juin 1652, élève de Finsonius (cf. *Revue des Sociétés savantes*, 6e série, tome V, 1877). Il est père de Bernardin Mimault, peintre à Draguignan (1660). Longue liste d'ouvrages de François.

Pierre Tiran, peintre de Draguignan, a peint sur une bannière « saint Estropy et saint Morti » (8 novembre 1607).

Bulletin de la Société des Antiquaires de l'Ouest, 1927.

Page 630 : *Quelques mots sur la Sorcellerie dans les provinces de l'Ouest au XVIe et au XVIIe siècles*, par M. Henri Carré.

Page 675 : *Signes lapidaires à Poitiers*, essai d'interprétation par M. le docteur Vincent.

Le *Bulletin de la Société historique et archéologique du Périgord*, tome XL, p. 67-77, contient un article de M. Maisonnier-Lacoste : *Notes sur les papeteries des environs de Thiviers.*

Ces fabriques vendaient leurs produits à Angoulême dès 1683 aux Vangangelt, Janssens et autres Hollandais. Nombre de livres d'Amsterdam sont imprimés sur papiers du Périgord (cf. même revue, séance du 6 janvier 1923). Les filigranes relevés sont récents (1700-1756).

Bulletin de la Société polymathique du Morbihan, 1927.

Page 5 des procès verbaux : curieux détails sur les charivaris à l'occasion de certains mariages et les mais injurieux.

Bulletin de la Société historique et scientifique des Deux-Sèvres, 1926.

M. R. Rousseau lit une lettre envoyée par les officiers municipaux de Marennes (29 fructidor an II) aux représentants du peuple de Fontenay et transmise par ceux-ci au district de Niort. Il s'agit des gardes municipaux de Marennes, chargés de la garde de la côte ; ils n'ont plus de sabots, les chemins sont impraticables « pour tous autres que des républicains ». Le district de Niort accorde autant de paires qu'il se pourra « tant que cela ne nuira pas à l'approvisionnement des communes ».

M. Giraudias examine la question de savoir quelle est la *véritable ortographe du nom de René Caillié*. Il faut s'en tenir à la forme Caillié.

Bulletin et Mémoires de la Société archéologique et historique de la Charente, 1926-1927.

— p. XLV. M. George lit un arrêt du Parlement de Bordeaux rendu le 18 juillet 1553, contre Christophe de La Laurencie, écuyer, seigneur de Claix, accusé par Louis de Saint-Gelais, seigneur de Lanssac, « d'avoir séduict et diverty seur Anne de La Rocheandry », religieuse professe au monastère de Saintes, contre le gré de Philippe de la Rocheandry son père, et sœur du poursuivant.

— p. CXXXIX-CXLIII. M. R. Delamain, étudie l'origine du nom de Jarnac qu'il faut distinguer du nom de La Jarrie, qui tirerait son origine du mot ibère *garrie*, chêne. « Jusqu'au moyen âge, Jarnac est un gué et vers ce gué convergent les voies de communications. » Les lieux La Jarne, La Jarnoux sont pareillement des passages d'eau.

Le volume est terminé par un très important mémoire du docteur Henri Martin, *Les Troglodytes quaternairs de la vallée du Roc, commune de Sers*. Abondamment illustré, d'un intérêt préhistorique considérable. « Des faits exposés, on peut conclure que dans la vallée du Roc les hommes de l'âge du renne ayant vécu à la fin du Solutréen, peut-être même au vieux Magdalénien, ont inhumé trois corps sous un abri composé d'énormes blocs éboulés : un homme de cinquante ans environ, une femme de quarante ans, un adolescent de dix-huit ans. »

Mémoires de la Société Eduenne, tome XLV, p. 454.

M. de Romiszowski fait une communication sur un dépôt de coquilles d'huîtres. « Il y a déjà longtemps qu'un jardinier établi dans le voisinage de la porte d'Arroux (à Autun) m'avait signalé et fait visiter un véritable dépôt de coquilles d'huîtres, d'une superficie d'environ 10 mètres carrés et d'une épaisseur d'environ 30 centimètres, situé près du bord de l'Arroux. Ce qui m'avait surtout intrigué, c'est que beaucoup de ces mollusques, mélangés à des débris de tuiles et de cailloux, n'avaient pas été ouverts. Mes observations en étaient restées là, quand j'ai lu dernièrement que le même fait avait été constaté en France dans deux villes assez éloignées de la mer et assez distantes l'une de l'autre, à Jarnac (Charente) et à Clermont-Ferrand. »

La question est vieille chez nous. Voir *Bulletin-Revue*, tomes III, IV, V, VIII, mais le vrai but de ces dépôts n'a pas été trouvé.

Dans le *Bulletin de la Société archéologique de Nantes*, tome 67, (1927), M. Evelin publie un article important sur *Le vieux Paris* et *ses poinçons* d'argenterie.

Les pièces d'orfèvrerie, après 1506, portaient deux poinçons *la marque* ou poinçon particulier de l'orfèvre, *la contremarque*, poinçon de la communauté de l'orfèvre qui garantit la loyauté du titre. Celle-ci disparut à la Révolution. C'est l'Etat aujourd'hui qui seul contrôle les matières précieuses mais dès 1672 et 1681 apparaissent les poinçons du fisc. Louis XIV établit sur l'orfèvrerie un *Droit de marque* attesté par un poinçon dit de *charge* et à partir de 1681 un second dit de *décharge*. Ils attestent seulement que l'orfèvre est en règle avec le fisc, peut vendre librement son ouvrage. Il n'est plus question du titre.

M. Evelin a accompagné son mémoire de planches qui reproduisent divers poinçons avec les noms des orfèvres et leurs dates, de 1690 à 1785. Il réunit les contremarques de Paris de 1313 à 1789 (ce sont des lettres timbrées d'une couronne). Dans un tableau il donne les contremarques de quelques communautés de province : à Angoulême c'est une tête de chien, à Cognac un fer de flèche, à Marennes une huître. Les poinçons de charge et de décharge à La Rochelle sont un H timbré d'une couronne fermée pour la charge, d'un écureuil, et d'une tête de chien de 1774 à 1780, d'un casque de chevalier et d'une tête de chien de 1780 à 1789.

Le *Bulletin* d'avril-juin 1927, *des comptes rendus des séances de l'Académie des Inscriptions et Belles-Lettres* (p. 160) rend compte de l'étude de M. Joly, membre de deuxième année de l'Ecole française d'Athènes intitulée : *Etudes d'architecture minoenne : la maison crétoise d'habitation*, de 88 pages illustrées, de 65 fig. et de 4 plans hors texte. « Ce travail confirme le goût de l'auteur pour les questions d'architecture auxquelles il avait déjà consacré, durant son séjour à l'Ecole normale, un excellent travail de Diplôme d'études supérieures. »

Ce même fascicule contient une communication du docteur Henri Martin sur des *gravures solutriennes contemporaines d'une inhumation dans la vallée du Roc* (Charente).

Revue historique, septembre-octobre 1928, article très important (10 pages) de M. R. Joly, ancien élève de l'Ecole d'Athènes pour analyser le volume de Sir Arthur Evans sur *the palace of Minos at Knossos*.

On sait que M. Joly est un ancien élève du collège de Saintes ; son père vit à Saintes.

Genava, VI, 1928. Ce magnifique bulletin d'art et d'histoire de Genève reproduit (p. 146) l'épitaphe d'Agrippa d'Aubigné, décédé le 29 avril (ancien style) ou le 9 mai (nouveau style 1630). Son monument fut transféré à Saint-Pierre et encastré dans le mur de la deuxième travée du bas côté sud.

Etudes locales (Angoulême), janvier 1928. Cette livraison est presque tout entière consacrée aux *noms des communes de La Charente* (p. 1-57).

M. J. Talbert a collectionné, dans les Pouillés, cartulaires et autres ouvrages, les formes latines des noms de communes de son département. C'est une œuvre méritoire qui rendra des services, puisqu'il n'existe pas de Dictionnaire topographique de la Charente. On pourrait la reprendre et la développer. Certains paragraphes auraient pu être déjà renforcés, ne serait-ce qu'à l'aide du Holder, par exemple, qui n'est pas à la portée de tout le monde (les 3 volumes valent 1800 à 2000 francs) il est vrai. A défaut.

quelque livre de numismatique aurait pu être consulté. Les *monnaies mérovingiennes* de M. Prou donnent (p. 453) deux formes intéressantes d'Angoulême ICOLISIMA, ECOLISINA, surtout un ORGADOIALO (Orgedeuil), forme voisine mais plus ancienne que celle du Livre des Fiefs de Guillaume de Blaye. Les noms du VIIIe siècle sont trop rares pour être négligés ; l'existence d'un atelier monétaire vaut bien d'être signalée.

M. T. s'efforce de deviner et d'expliquer (avec hésitation avouée) les origines des noms. Beaucoup de mots latins ne sont que la traduction, pure et simple, plus ou moins heureuse, à l'usage des Pouillés et ordo, du mot populaire. Je n'ai pas vu citer le Godefroy parmi les références ni notre Jônain.

QUESTION

Avec quelle confiance convient-il d'accueillir la macabre information suivante donnée par l'internonce de Salamon dans ses *Mémoires*, p. 106 (publiés en 1890 par l'abbé Bridier chez Plon) : l'évêque de Beauvais, rencontré encore respirant par son valet de chambre qui le retira de la charrette des cadavres, survécut six mois, mais avait perdu la raison. L. Audiat (*Deux Victimes*...) dit que l'évêque de Beauvais périt aux Carmes avec son frère.

Luçon. Imp. S. Pacteau.

REVUE
DE SAINTONGE ET D'AUNIS
REVUE DE LA SOCIÉTÉ DES ARCHIVES

SOMMAIRE

EN SUIVANT DEUX VOIES PRÉROMAINES DE LA SAINTONGE
(*Suite et fin*)

II. Route de Pons aux Loges, près Brives-sur-Charente.

Cette route est dénommée sur les plans cadastraux et par les habitants du pays : Chemin de Bougneau aux Loges. Il serait assez difficile d'admettre qu'elle ne reliait pas Pons et Bougneau. Cette voie semble être préromaine et sur son parcours on peut noter du sud au nord, en même temps qu'on suit une ligne de mégalithes, des indications archéologiques dont nous ne donnerons qu'une rapide énumération.

Pons. — Stations néolithiques, notamment celle qui se trouve près du petit ruisseau de Châtres. — Sépulture néolithique fouillée par M. Chauvet, à Marjolance, en 1869. — Restes probables d'un dolmen près de Pinthiers. — Souterrains refuges de trente mètres de développement : galerie dominée par une hutte (1).

Bougneau. — Souterrain refuge à Montignac. — Près de la route, le lieu dit *Le Chiron.*

Saint-Seurin-de-Palenne. — Les lieux dits *le Petit Cailleau* et le *Grand Cailleau* sont encore près de la route. Le Petit Cailleau était un dolmen qui fut détruit par le propriétaire il y a près d'un siècle. Un trou fut creusé près du monument, on fit basculer la pierre de couverture dans la fosse et les supports furent enlevés. C'était un dolmen de petites dimensions. Aucun renseignement n'est fourni sur l'autre mégalithe.

Le plateau de *Berlu* se trouve à la fois sur les communes de Saint-Seurin, de Montils et de Pérignac. Il domine à la fois les vallées de la Seugue et de la Charente. « Par un temps clair on y peut compter vingt-deux clochers », disent les habitants d'Orville, le village le plus voisin. Dans sa partie ouest, ce plateau est coupé par le chemin de Bougneau aux Loges encore dénommé le *chemin de l'Enfer* tout au moins près de Berlu et d'Orville. Ce chemin, mal entretenu, quasi abandonné, limite en un point les communes de Montils, de Saint-Seurin et de Pérignac. Le village d'*Orville* a une source à niveau à peu près constant, dont les eaux ne rejoignent celles de la Seugne que durant trois ou quatre mois d'hiver. Sur le sommet même du plateau se trouve un endroit de petit étendue qu'on nomme *Châtre.* On trouve sur tout le plateau des fragments de tuiles à rebords et *d'abondants tessons de poterie*, principalement sur le penchant du coteau compris entre Châtre et Orville. C'est une poterie grise, quelquefois blanchâtre, faite au tour et bien cuite ; certains fragments sont ornés de divers dessins où les lignes droites très rapprochées sont diversement combinées ; d'autres tessons de teinte rouge sont

(1) Ces renseignements, comme quelques-uns de ceux qui suivent, se trouvent : 1° dans la note sur les *Souterrains-Refuges de la Charente-Inférieure* du Docteur Vigeu, 2° dans l'ouvrage de M. Georges Musset : *La Charente-Inférieure avant l'histoire et dans la légende.*

plus rares. Une monnaie romaine y a été trouvée, mais aucun objet de bronze ou de fer n'a été recueilli. Il n'y a point de station néolithique. Sur le penchant du coteau, face à Saint-Seurin, en bordure du chemin de l'Enfer, des accidents de terrain semblent cacher des murs ou des substructions. Une partie du chemin d'exploitation qui, sur la crête, se dirige vers Pérignac, a pu être faite sur (ou avec) les restes d'anciennes murailles ; c'est la vieille route de « *Pérignac à Meursac* » qui traverse la Seugne tout près de *Lijardières* (1). Mais Meursac n'est pas plus un point d'arrivée que Pérignac n'est un point de départ. Il s'agit d'une voie qui, entre Saintes et Pons, se dirigeait vers un point important de la côte, autrement elle aurait rejoint l'une ou l'autre de ces deux villes. Peut-être conduisait-elle au fameux *Portus santonum !* Quoi qu'il en soit, cette voie nous paraît très ancienne et mériterait une étude spéciale ; elle se dirige vers la mer en longeant la rive droite de l'embouchure de la Seudre.

Montils. — Cette commune s'étend depuis Saint-Seurin jusqu'au fleuve la Charente. Les deux villages les plus anciens : *Auvignac* et *Averton* ne sont pas sans rapports avec le chemin.

Auvignac se trouve sur un coteau qui domine la vallée de la Seugne. Des sources abondantes alimentent la Seugne en ce point. Sur le sommet même du coteau, près de la voie ferrée, on trouve des silex néolithiques noirs, sans patine — par conséquent d'une teinte différente de celle des silex qu'on trouve plus bas dans les alluvions de la Seugne et qui sont d'époques beaucoup plus éloignées. On trouve également sur ce coteau des fragments de poterie grise, quelquefois noirâtre, modelée au tour et qui n'est pas sans rapport avec celle de Berlu. Près d'Auvignac se trouve le lieu dit *La Grande Borne* d'où part, se dirigeant vers Berlu, *le Chemin des Morts*. Une partie de ce chemin, dit-on, porte aussi le nom de *Chemin du Gîte* sur le plan cadastral de Montils. Le chemin des Morts part de l'endroit où se trouvent les champs aux appellations suivantes : *Les Chirons, la Grande Borne, le Fat, la Minade, la Cave*, toutes dénominations caractéristiques pour l'archéologie. Nous n'avons pas retrouvé le *Sentier de la Grande*

(1) 1540-17 juin-Dénombrement rendu au roi par l'abbé Chabot, de l'abbaye de Saint-Jean-d'Angély. *Archives historiques de la Saintonge et de l'Aunis*, XXXIII, 1903, page 235.

Borne qu'indique M. Musset (1). Après Lesson, M. Musset indique encore dans le bourg même de Montils « des gîtes creusés dans le roc qui ont été habités et qui ont dû servir de retraites soit à l'époque celtique, soit à l'époque carolingienne ».

Le chemin de Bougneau se dirige ensuite vers les Loges, mais avant d'arriver à ce village il coupe la voie romaine de Saintes à Guitres et Libourne à peu près au lieu dit Le Gain. Par endroits, il est actuellement recouvert par des emblavures. Il contourne ensuite l'important mamelon du *Moulin de Vent* qui est une très importante station néolithique avec profonds fossés circulaires. D'une superficie d'environ huit hectares, cette station, peut-être la plus riche de la région, présente un outillage lithique qui n'est pas sans rapport avec celui de certaines stations de l'Espagne (2). Les motifs décoratifs des poteries sont semblables à ceux du Peu Richard (Thénac, près Saintes).

Sur le coteau du Moulin de Vent il y avait un mégalithe disparu depuis longtemps et qu'on nommait la *Pire folle*. Une partie du mamelon, celle où il y a le moins de silex taillés, est encore ainsi dénommée. Un peu au nord du carrefour du Chemin de Bougneau aux Loges et de la voie romaine de Saintes à Libourne on a trouvé des monnaies, une meule, divers objets et des substructions de l'époque gallo-romaine ; quelques-uns de ces objets, nous a-t-on affirmé, se trouvent dans une collection particulière (Veillon à Saint-Sever-sur-Charente).

Les sources du village des Loges alimentent régulièrement le ruisseau qui va se jeter dans la Charente et qu'on nomme le *Peyrat* — nom qu'ont en même temps des terres qui se trouvent sur la rive gauche du ruisseau, près d'*Averton*.

Si la route traversait la Charente — et les cours d'eau n'étaient point des obstacles sérieux pour les Préhistoriques qui établissaient des ponts sur pilotis — elle pouvait tout aussi bien la traverser à *Averton* qu'à *Brives*. Brives, avec son vieux nom gaulois qui indique un passage, est cependant l'endroit indiqué. Toutefois il importe de remarquer que sur le côté est du mamelon du

(1) *La Charente-Inférieure avant l'histoire et dans la légende*. Dans cet ouvrage M. Musset, entrevoyait il y a longtemps, l'ancienneté de la voie que nous suivons.

(2) Lettres particulières de M. l'abbé H. Breuil de l'Institut de paléontologie humaine (Paris).

Moulin de Vent que nous avons souvent examiné, il y avait une chaussée très sommairement établie qui se dirigeait sur Averton. Dans le pays on nous a déclaré qu'autrefois la Charente était guéable au « Détour de Dion » en face Averton. C'est assez difficile à admettre en raison de la profondeur du fleuve ! Néanmoins un chemin indiqué sur la carte du ministère de l'Intérieur allait d'Averton aux bords mêmes de la Charente. Quelques haches polies récemment achetées par le Musée de La Rochelle (collection Goy) proviennent d'Averton qui est encore dans la commune de Montils et qui fut, comme son nom l'indique, un lieu fortifié de l'époque celtique. Sur la rive droite de la Charente, en face Averton, on pourrait peut-être ensuite trouver le prolongement de cette voie au nord de la Charente dans la direction des villages suivants : *Le Pérou, Péret* et la *Motte-de-Béguillères* qui d'ailleurs sont reliés par un chemin.

Brives-sur-Charente. — D'après M. le docteur Vigen on a trouvé près de la gare de Brives, en mai 1874, alors qu'on construisait la voie ferrée, un puits qui était creusé dans la craie à 3 mètres de profondeur. De ce puits partait un couloir de 1 m. 25 de hauteur, 0 m. 60 de largeur, formant successivement deux équerres conduisant à une chambre ovale. Aux équerres, on notait des trous superposés comme pour fixer des barres fermant des portes, et au-dessus d'un trou, fait pour une « lioube », il y avait des traces de fumée au plafond.

A 500 mètres de là on a trouvé des cachettes semblables. Mais il y avait aussi d'autres puits sans issue. Au fond de l'un de ceux-ci se trouvait un squelette de femme assis sur un siège taillé dans le roc, regardant l'orient ; à chaque poignet il y avait un bracelet de bronze, mal soudé et gros comme un crayon ordinaire. (Ces bracelets furent donnés au Musée de Saintes.)

A l'époque gauloise il y avait deux agglomérations importantes très proches l'une de l'autre, Brives et Averton, situées sur la rive gauche de la Charente ; elles se trouvaient sur une ancienne voie qui devint plus tard, en cette région du moins, la voie romaine de Saintes à Périgueux. A Merpins, à Brives, à Courcoury (Gatebourse) des objets en bronze ou en cuivre ont été recueillis. Des silex du Grand Pressigny de Touraine qui, dans notre région, appartiennent très fréquemment à l'âge du Bronze furent trouvés à Merpins, Rouffiac et les Gonds. Les voyageurs des temps où le métal commençait à être utilisé ont fréquenté cette voie qui longeait la Charente et les outils qu'ils laissèrent permettent de reconnaître leur passage.

III. Toponymie.

Dans ce chapitre à la fois bien important et très difficile nous ne ferons que fournir des indications en souhaitant de les voir utilisables ; les vocables prélatins ont laissé de nombreuses survivances dans les noms de lieux de ces petits pays.

Il est d'abord curieux de constater la répétition de certains noms de villages dans la région située de part et d'autre de la route entre Beauvais et Jarnac. On a *Courbillac*, près d'Herpes et *Courbillac*, à l'ouest des ruines du Bois des Bouchauds (Germanicomagus). — *Coucoussac*, près de Siecq et *Cougoussac*, à l'est du Bois des Bouchauds. — *Orlut*, bourg situé sur la rive gauche de l'Aguirande, faible cours d'eau tributaire de la Charente, et *Orlut*, à quatre kilomètres environ à l'ouest de Sainte-Sévère. — *Gourvillette*, canton de Matha, et *Gourville*, à cinq kilomètres au nord du Bois des Bouchauds. — *Le Cluzeau*, qui se trouve au sud de Houlette et de Courbillac, et *Le Cluzeau*, à trois kilomètres au sud-ouest d'Orlut, sur la rive gauche de l'Aguirande. — *Les Buges* (*Albugis*, dans le cartulaire de Saint-Jean-d'Angély), près de Gourvillette (1) et *Les Buges*, commune de Sainte-Sévère. Dans la commune de Saint-Ouen il y a actuellement le lieu dit inhabité *Les Bugets*. — *La Courade*, village de la commune de Mareuil, près Neuvicq-le-Château, et *La Courade*, village au sud de Montigné. — *Thors*, bourg sur le Brioux, au sud de Matha (2), et le lieu dit *Sur Tord*, de la commune de Bresdon, indiquant qu'il y avait un *Tord* moins élevé et dominé par les terrains dont le nom est conservé au plan cadastral. — *Sonnac* se trouve à la source de la Sonnoire, tandis que *Sonneville* se trouve à la source de la Garonne. — *Varaize*, bourg du canton de Saint-Jean-d'Angély, et *Varaise*, petit hameau entre Nercillac et Saint-Brice de Cognac.

Les villages et les lieux dits *Les Bouchauds* (Bresdon, Barbe-

---

(1) D'après G. Musset. Index alphabétique qui suit la publication du *Cartulaire de l'abbaye de Saint-Jean-d'Angély*. *Archives historiques de la Saintonge et de l'Aunis*, *XXXIII*, 1903.

(2) Matha se trouve sur l'Antenne.

zières, Saint-Cybardeaux, etc.) sont des endroits où l'on a extrait du sol du calcaire friable contenant un peu d'argile et que l'on nomme du « bouchaud », confondant ainsi le nom de cette terre et celui de l'ouverture faite pour l'extraire. Le « bouchaud » était utilisé pour faire du mortier et pour établir les aires battues des habitations d'autrefois.

Quant aux *Breuils* (dénomination celtique) nous ne les compterons pas.

Les cours d'eau. — La *Thène* et la *Thénaie* sont des ruisseaux aux noms légèrement différents. L'*Antenne* est plus importante. Aux époques préromaines *Thène* ou *Tène* s'appliquait peut-être aux fontaines. A *Thenac* (près Saintes), par exemple, la grosse agglomération néolithique du Peu Richard (cf. les principaux manuels de préhistoire) était alimentée par la fontaine aux eaux abondantes du village des Arènes. Les populations gauloises et gallo-romaines se sont rapprochées de cette importante source et ont vécu où se trouve actuellement le village, comme le montrent différentes notes du baron Eschassériaux.

La *Garonne*, la *Sébronne*, la *Boutonne*, la *Béronne*, sont des noms prélatins indiqués par le deuxième mot *onno*, dont la forme féminine est *onna* et qui a le sens de rivière, source (1).

La *Garonne* (2). Est-ce le coteau de Puygard qui a donné son nom au ruisseau ou est-ce le contraire ? Nous ne savons. Mais il semble bien que les noms ont ici un étroit rapport à moins que Gard soit du genre *Garde*, *Lagarde*. Les coteaux de Puygard, constamment habités depuis les temps néolithiques, sont boisés dans la partie haute et escarpée qui domine le cours d'eau.

La *Sébronne* est bien l'ancien nom du Goufre pour les deux raisons que nous avons déjà indiquées et ensuite parce qu'entre

---

(1) *Quelques noms prélatins de l'eau dans la toponymie de nos rivières*, par A. Dauzat. *Revue des Etudes anciennes*. Tome XXVII. N° 2, avril-juin 1926, pp. 152 à 168. M. Dauzat écrit à ce sujet : « Il ne paraît pas que le mot soit celtique, car aucune racine de ce genre n'a été signalée, sauf erreur, en britannique ou en gaëlique. On peut donc présumer qu'il s'agit d'un emprunt gaulois à une langue préexistante. »

(2) « Il y a des Garonne ou des Garonnelle un peu partout en France, et notamment en Provence. Evidemment c'est un nom commun de cours d'eau, et visiblement encore tiré du Gaulois où le suffixe *onna* accompagnait d'ordinaire des noms de fontaines. Les dictionnaires topographiques des départements en fournissent un assez bon nombre. » M. Camille Jullian (Lettre, 7 décembre 1927).

la Garonne et la Sébronne se trouve le petit plateau triangulaire des *Suberlures*, dont le nom doit être rapproché de celui de Sébronne. Un autre nom, celui du ruisseau le *Cébron* (Deux-Sèvres), qui prend sa source dans les communes d'Adilly et Fénery et se jette dans le Thouet à Saint-Loup, semble se rapprocher de celui de la Sébronne. D'après Ledain (1) on avait au treizième siècle le *Sevron* et en 1453 le *Severon*, alors que Cassini donne le *Cébron*. Ces formes ne sont d'ailleurs pas isolées. Le nom de la *Sèvre* du Poitou et de l'Aunis, dans le cartulaire de Saint-Jean-d'Angély, se présente sous les formes *Seuranda* ou *Sevrenda* fluvium (vers 988) et *Superius* fluvium (1025) et la première partie de ces mots semble se rapporter à la première partie des mots *Sebronne* ou *Sevronne*.

La *Boutonne*. — Les deux plus vieilles indications que nous connaissions au sujet de ce cours d'eau sont *Vultumnis* (830, Chronique de Saint-Maixent) et *Vultonna* (951-990. Cartulaire de Saint-Jean-d'Angély (2). Dans le nord du département des Deux-Sèvres, au Breuil-sous-Argenton, se trouve la Motte-du-Bois-Boutonne. Ce bois couvrait les pentes du coteau qui descend vers le *Louer* ou l'Ouère. D'après l'abbé Michaud (3), cette motte serait de grandes dimensions ; nous pourrions ainsi la comparer à celles de la route de Jarnac à Melle.

La *Béronne* (*Béronne*, 950, cartulaire de Saint-Maixent, page 30). Ce ruisseau de Melle a pour affluent la *Berlanne*. La première partie de ce mot n'est peut-être pas la même que *Ber* (*n*) qu'on retrouve dans Berneuil, Bernon, et que M. Ch. Dangibeaud présente, au cours de son étude sur l'étymologie de Jarnac, comme dérivant de *Bar* (4) (lieu élevé).

Il s'agit peut-être ici de *Ber* que l'on trouve dans *Berlu* de la deuxième voie que nous avons suivie de Pons à Averton. Ce mot *Ber* a dû se transformer souvent en *Bre* ; c'est ainsi qu'on a *Brelou*, commune du premier canton de Saint-Maixent, qui était d'après le cartulaire de Saint-Maixent : *Sanctus Petrus de Berlo* (1110).

(1) *Dictionnaire Topographique des Deux-Sèvres*, MDCCCCII.

(2) Ledain, id.

(3) *Belenus Appollon* au Breuil-sous-Argenton (Deux-Sèvres), par l'abbé G. Michaud. Argenton-Château, 1924, 7 pages et deux gravures.

(4) *L'étymologie de Jarnac*, p. 256. *Revue de Saintonge et d'Aunis*, XLIIe Volume, 7e et 8e Livraison, 1927.

Un vieux document concernant cette région nous fut communiqué il y a plusieurs années par le regretté docteur J. A. Guillaud. Il ne contient pas autant d'indications que nous l'aurions souhaité sur les noms de la région, mais présente néanmoins un grand intérêt. Il s'agit d'un extrait du cartulaire de Vierzon au sujet de donations à l'abbaye de Dèvres (791) (1). On a d'abord : « *In duabus vicariis Brasdunense et Cirpense* » — « *in ipsa villa Brasdum* ». Les deux vigueries de Bresdon et d'Herpes étaient bien voisines l'une de l'autre. Telles sont aussi les deux plus vieilles formes contenues dans ce document et se rapportant à Bresdon.

Cirpense semble se rapporter à Herpes. Toutefois, sur le cartulaire de l'abbaye de Saintes (CCIV) on a « *ecclesiam sancti Marie de Arpes* » (1167). D'ailleurs dans le pays on prononce encore Arpe ; on dit encore assez fréquemment aller « en Arpe » pour aller à Herpes. — D'autre part, à la page 6 de l'ouvrage déjà cité de Philippe Delamain sur le cimetière d'Herpes, il y a les lignes suivantes de M. Salomon Reinach : « Je suis porté à voir dans Herpes un nom germanique. On trouve, en effet, en Allemagne, en Bavière, des villes anciennes appelées Herpa, Herply, Herpel, Herper, Herpesdorf, Herpf. Vous auriez donc eu à Herpes une population franque assez importante » (Lettre du 16 juin 1890). Alors on pourrait peut-être rapprocher les noms d'Herpes et d'Herbord (près de Sanxay des environs de Poitiers).

Dans le même texte on a : « *in villa Bucsinum* » qui semble être Boissec de la commune de Sicq, « *Mauriacum villa* », Macqueville, « *Ballincum* », Ballans et « *Getum* » Le Gicq, du canton d'Aulnay.

« *Capellam in civitate Agenno in honore Sancte Marie ...* » Ici, il s'agit d'*Haimps*, comme le fit remarquer autrefois le docteur Guillaud. De plus, d'après M. Musset, dans le cartulaire de Saint-Jean-d'Angély, Haimps est représenté par *Aent* et *Aehent*. Dans

---

(1) Extrait du Cartulaire de Vierzon. Bibliothèque nationale, fonds latin, 9.865, folio VII, verso. Copie du Comte de Toulgouët Treanna publiée textuellement avec ses fautes dans son *Histoire de Vierzon et de l'abbaye de Saint-Pierre*. Paris, Picard, éditeur, 1884 : Donations de Centulfe à l'abbaye de Dèvres (791). — Copie faite par M. J. Soyer, archiviste du Cher, d'après la Charte existant aux Archives du Cher et d'après le Texte du Cartulaire de Saint-Etienne de Bourges, Bibliothèque nationale, nouvelles acquisitions latines, N° 1274, folio 36, publiée dans les *Mémoires historiques du Cher*, 4e série, 13e volume, 1898.

l'endroit on prononce encore A-in-s. On ne saurait donc traduire par la ville d'Agen, comme le fit M. Soyer.

Certains noms de cette région se retrouvent dans le premier volume de Longnon : *Les noms de lieux de la France :* Mareuil (I, p. 67) — Neuvicq (I, p. 121) — Gourville et Gourvillette (I, p. 134) — Sciecq (Deux-Sèvres) (I, p. 84) — Orlut (I, p. 168) — Bresdon (I, p. 30).

D'autre part, dans les deux régions correspondant aux deux routes que nous avons suivies, il y a quelques noms où l'on trouve le radical *jar*. C'est d'abord *Lijardières* sur la Seugne où passait la voie Pérignac — Meursac — côte de l'océan ; pour *Jarnac* se reporter aux savantes et très curieuses observations de MM. Jullian et Ch. Dangibeaud (1) ; puis *La Jarrie*, qui se trouve à l'ouest de Sigogne, est exactement situé à la limite du Pays Bas, autrefois très fangeux, et du Pays Haut, comme l'indique d'ailleurs la carte géologique de l'armée au 300.000, feuille de la Rochelle. On voit ensuite dans le cartulaire de Saint-Jean-d'Angély le don d'un pré sur la Sèvre, près du château de Niort, au lieu appelé *Jarcugniacus* (vers 988). Mais ce dernier lieu est éloigné de la région qui nous intéresse.

Il est un autre nom — *Ranville* — dont nous ne connaissons pas les formes médiévales, mais sa situation, à la limite est des régions qui nous intéressent, nous fait penser aux indications données par Longnon au sujet des mots antéromains *Ivuranda* ou *Igoranda* (3), puis par M. Dottin (p. 444, Manuel d'Antiquité celtique 1915) qui dit que le second terme de ces noms s'explique peut-être par l'irlandais *rand*, *rann* et par le breton *rann* : « partie ». Sur ces mots on a des indications très voisines de celles de M. Dottin et qui sont fournies par M. Loth dans la *Revue Celtique* (4). Une étude d'un grand intérêt et d'une rare précision de M. Ch. Dangibeaud : *Le Pouillé du Diocèse de Saintes en 1683* (5), commentée ensuite par M. Camille Jullian dans la *Revue des Etudes anciennes* (6), nous montre que Ranville, qui était à la

(1) *Revue de Saintonge et d'Aunis*, XLII• volume, 4• livraison 1926 même revue, t. XLI, p. 332. — *Revue des Etudes anciennes* de janvier-mars 1926.

(2) *Les noms de lieux* (I, p. 72).

(3) Page 411. Vol. XLIII. N°ˢ 3 4.

(4) *Archives historiques de la Saintonge et de l'Aunis*, XLV.

(5) Tome XX, N° 4, Octobre-Décembre 1918.

limite des diocèses de Saintes et d'Angoulême, était sans doute aussi à la limite des civitas d'Angoulême et de Saintes. Le petit cours d'eau l'Aguirande (*Ecuranda*), affluent de la rive droite de la Charente, le marché de Germanicomagus et Ranville sont autant de lieux qui, du sud au nord, se trouvaient, bien avant les temps romains, à la limite des pays de Saintonge et d'Angoumois.

Averton. — Si le *dunum* primitif est devenu *don* comme dans Bresdon et même *Averdon* (Loir-et-Cher) (1), il a aussi donné en Saintonge un son plus dur avec Averton.

Dans un dénombrement de 1549 (2) on lit *Anavorton* mis pour *En Averton.* On dit dans le pays aller *en* Averton comme on dit aller *en Berlu* (Saint-Seurin-de-Palenne), *en* Arpes (Courbillac), *en* Verneuil (Neuvicq) *en* Courcoury, près Saintes, etc., etc. Cette façon locale de s'exprimer s'applique à des endroits qui ne sont pas toujours actuellement habités, mais qui le furent autrefois. Toutefois, il ne faut pas confondre l'emploi du mot *en* avec celui des locutions prépositives *dans les*, *en le*, *en les*, communément employées surtout lorsqu'une idée de mouvement, de direction, est encore employée dans la phrase.

La préposition *en* était autrefois semblablement utilisée devant les noms de nombreuses localités de la côte saintongeaise, localités qui formaient presque des îlots avant que les vases et les alluvions aient complètement comblé le golfe saintongeais d'autrefois. C'est pourquoi l'abbé Lacurie écrivait (3) : « Aussi rien de plus ordinaire que d'entendre dire aller *en* Marennes, *en* Saint-Just, *en* Nieule, *en* Arvert, etc., comme l'on dit aller *en* Oléron ». Peut-être que les premiers et les derniers exemples que nous citons, malgré les différences de lieux, s'appliquent à une même loi originelle.

IV

Au sud de la Charente, nous ne croyons pas que la voie Melle-Jarnac, partant de ce dernier point, allait rejoindre la vallée du

(1) Longnon. *Les noms de lieux de la France*, I, p. 30 *Averdon* (Loir-et-Cher), sur les bords de la Cisse « au XIe siècle chef-lieu de la *vicaria Everdunensis* ; le nom primitif en était sans doute, comme celui d'Embrun et Yverdon, *Eburodunum.* »

(2) Dénombrement (1549-17 juin) rendu au roi par l'abbé Chabot, de l'abbaye, de Saint-Jean-d'Angély, présenté à la Chambre des Comptes de Paris, le 21 du même mois. *Archives de Saintonge et d'Aunis*, XXXIII-1903, page 235.

(3) Page 11. *Notice sur le pays des Santones à l'époque de la domination romaine.* Saintes. R. Scheffler, 1851.

Né (1) pour se diriger ensuite plus franchement vers le sud. Elle ne devait pas s'éloigner des limites de la Saintonge et de l'Angoumois d'abord et ensuite pourquoi n'aurait pas conservé sa direction nord-sud qu'elle suit si exactement de Melle à Jarnac ? C'est pourquoi nous lui supposons le parcours suivant : Jarnac — le Petit Mur — Mainxe — Segonzac (à gauche du terrier de Fontbelle) — Chadeville — Le Péron-de-Jarnac — La Voute — La Motte d'Ambleville (2). Ces hameaux et ces bourgs sont reliés par des chemins qui, dans l'ensemble, forment une ligne droite. De La Motte d'Ambleville la route pouvait ensuite rejoindre Barbezieux, puis Coutras.

La route de Melle à Jarnac mettait primitivement en rapport les tribus néolithiques des rives de la Charente, puis du deuxième centre Courbillac-Herpes-Puygard-Macqueville et de la zone Massac-Beauvais-Bresdon. Plus au nord nous ne connaissons rien de la préhistoire de la région.

Nous nous promettons de souligner un jour le nombre élevé des habitants de la Saintonge aux temps néolithiques. C'est à la fin de ces temps que la zone qui nous intéresse retint les populations primitives, mais elle eut rapidement de nombreux habitants et à l'époque gallo-romaine il y avait autant de villages qu'aujourd'hui. A Neuvicq et dans les environs immédiats il y avait autant de villages à l'époque gallo-romaine qu'il y en a actuellement.

C'est la nature du sol qui retint tant d'habitants dans ces régions. Ces terrains de la fin du jurassique, recouverts d'une couche végétale peu épaisse, sont cependant fertiles et surtout *très faciles à cultiver*. On ne saurait trop insister sur ce dernier point. Les terres des environs de Saintes, par exemple, souvent argileuses, exigent parfois de pénibles efforts des cultivateurs. Il n'en est point ainsi de Jarnac à Cressé, où des moyens primitifs de culture pouvaient donner des récoltes abondantes aux premiers agriculteurs, d'autant plus que les ruisseaux dont on trouve si difficilement les noms aujourd'hui maintenaient, grâce aux forêts, et peut-être au climat, une humidité constante.

Cette route semble avoir été établie au plus tard à l'âge du Bronze.

---

(1) Robert Delamain, *Jarnac à travers les âges*, page 5.

(2) La Motte est le nom d'un village assez important qui se trouve près du bourg d'Ambleville. D'après l'étude déjà citée de M. Ch. Dangibeaud, Ambleville aurait été moitié en Saintonge, moitié en Angoumois (*Archives historiques de la Saintonge et de l'Aunis*, T. XLV, p. 221).

Ce sont les constructeurs de dolmens, ceux qui savaient orienter leurs massifs monuments, qui ont si exactement tracé, du sud au nord, la route de Jarnac à Melle. Si les dolmens ne sont pas plus nombreux, c'est que la matière première faisait défaut ; quelques petits menhirs, quelques « hautes bornes » et surtout des tumuli furent établis en bordure de la route. Les deux voies que nous avons suivies sur un parcours de 34 kilomètres environ — de Jarnac à Beauvais et de Pons à Averton — ont encore tout près de leur passage environ trente monuments ou traces de monuments disparus — la plupart d'entre eux appartenant aux époques pré-romaines ; mais il en est beaucoup d'autres qui furent très sûrement détruits sans qu'on puisse aujourd'hui retrouver la moindre indication les concernant. Les tombeaux étaient principalement près des routes et des sources. Si l'on y ajoute une partie des souterrains rencontrés, du genre de ceux de Beauvais, de Saint-Ouen-la-Thène, de Brives, on arrive à un nombre qui surprend et montre toute l'importance attachée alors au culte des morts.

Les tumuli de petites dimensions, tels que ceux de Macqueville et de la Fontenelle de Bresdon, sont d'époques différentes. Pour bien étudier ces monuments, les recherches ne devraient pas se borner au seul examen de la partie qui est au-dessus de la surface du sol, car la masse de terre ou de pierres recouvre parfois une tombe.

Les « Mottes » entourées de fossés, monuments plus importants que les précédents, appartiennent, croyons-nous à l'époque gauloise ; des fouilles méthodiques, complètes, pourraient seules fixer sur leur destination. Certaines ont un tumulus comme noyau, d'autres n'étaient point des tombeaux. Les Mottes (1) voisines de la route Melle-Jarnac ne sauraient être des limites féodales comme nous l'avons parfois entendu dire. On ne voit guère sur la carte ce qu'auraient pu limiter les tertres de Sainte-Sévère, des Métairies, de Puygard, du Bois du Fouet et de Siecq. Ce ne sont point non plus des indications de limites de l'époque gauloise, car si des monuments de ce genre existaient, il conviendrait de les rechercher un peu plus à l'est, sur la ligne Aguirande — Le

(1) Nous ne saurions trop recommander l'étude de la brochure : *Classement chronologique des Camps, Buttes et Enceintes* du Loir-et-Cher, par Florance. Extraits du *Bulletin de la Société préhistorique française*, 27 pages. Monnoyer. Le Mans, 1919.

Bois des Bouchauds — Ranville où se trouvent répétés plusieurs noms de lieux rencontrés aussi à l'ouest de la route.

La route Pons-Averton nous apparaît franchement néolithique.

Quant aux oppidums gaulois (nous francisons le nom) que nous croyons reconnaître aux Combes, près Bresdon, à Puygard, près Neuvicq, à Mareuil, à Averton, à Berlu, ils sont tous de grande étendue, n'ont point d'abords escarpés (sauf à Puygard) et n'étaient guère faciles à défendre. Il s'agit plutôt de vastes enceintes agricoles faiblement protégées par des murailles peu importantes.

Telles sont les constatations essentielles faites en suivant ces deux routes qui semblent avoir été des voies préhistoriques importantes.

Ces notes ne sont qu'une modeste contribution à l'étude des voies indiquées.

Bien des recherches s'imposent pour connaître « l'histoire d'une route » qui est en grande partie celle du pays voisin.

L'étude de certaines voies très anciennes permettrait « d'organiser » à la fois les recherches et les plus vieux documents archéologiques de certains petits pays du genre de ceux que l'on vient de traverser.

Marcel Clouet.

LA CLOCHE DE SAINT-GEORGES DE CUBILLAC

Un de mes amis : M. Auguste Origène, de Saint-Fort-sur-le-Né, membre de la société archéologique et historique de la Charente, a relevé, sur une des cloches de Saint-Georges-de-Cubillac, l'inscription suivante que m'avait déjà signalé M. Paul Robert notre confrère (1).

La voici très exactement reproduite avec toutes ses particularités :

▭ LA o PRESANTE o APARTIENT o A o LEGLI3E o REFORMEE

DARCHIAC o FAITE o EN o LAN I6IS ▭ ▭ ⚜ ▭

⚜⚜⚜

La première ligne commence par un rectangle garni d'arabes-

(1) Pour les cloches protestantes, voir : *Revue de Saintonge et d'Aunis*, XIIe volume, 1892, pp. 75 et suivantes.

ques et d'une fleur de lys ; la deuxième est terminée 1° par la marque du fondeur : une cloche au relief très accentué ayant au bas à gauche un P, le tout est encadré par un filet bouclé dans un carré ; 2° par un rectangle garni d'arabesques ayant au-dessous 3 fleurs de lys ordonnées 1 et 2 ; 3° par une fleur de lys ; 4° par un rectangle rempli d'arabesques. L'apostrophe n'existe pas, tous les mots sont séparés par des médaillons ovales renfermant chacun un trèfle à 4 feuilles ; ces médaillons ont à peu près deux centimètres de hauteur, celle des lettres est de 4 centimètres environ. La lettre S du mot église est à la place du 3 de la date et le 3 de la date à la place de l'S du mot église. Les dimensions approximatives de la cloche sont les suivantes : hauteur 0 m. 43, ouverture 0 m. 53.

Dans *les manuscrits Albert*, registre n° 28, pages 115 à 119, nous trouvons :

« L'an 1673, le temple des huguenots fut démoli jusque dans « ses fondations par ordre du roi, donné à Versailles l'année pré- « cédente, 1672, le 10 décembre. Les PP. Amaud Lagorce et Aga- « tange Vasseron poursuivirent cet arrêt, et l'obtinrent par leurs « soins et par leurs sollicitations. Il fut signifié à Jacques Fon- « taine, ministre de la religion prétendue réformée d'Archiac, et « à Jean Hommeau, maréchal et ancien de la même religion. Sa « Majesté fit très expresses inhibitions et défenses aux habitants « d'Archiac de faire aucun service de la religion prétendue réfor- « mée, et ordonna que dans quinzaine du jour de la signification « du présent arrêt, le temple construit au dit lieu d'Archiac soit « démoli jusques aux fondements, laissant la liberté aux hugue- « nots de disposer des matériaux ainsi qu'ils aviseront bon être ; « autrement, et à défaut de ce faire dans le dit temps, et icelui « passé, pourront les habitants catholiques en faire faire la démo- « lition aux frais et dépens des dits prétendus réformés. »

« Ceux-ci ne leur en donnèrent pas la peine : ils obéirent à l'or- « dre du roy. Cinq ans après, c'est-à-dire en l'an 1678, le 20 de « février, M. Claude marquis de Bourdeille et d'Archiac, comte de « Matha, baron de la Tour-Blanche, Branthôme, St-Pardoux la Ri- « vière, seigneur de la Feuillade, des maisons nobles de Péri- « gueux, et autres places, donna aux Récollets l'emplacement où « était le temple des huguenots, pour y bâtir une église et une « chapelle. Le 18 mai de la même année, les fondements en furent « creusés.

« Les huguenots en étant instruits, cinq d'entre eux firent op-
« position au nom de tout le corps ; on passa outre, et le 23 du « même mois, la premiere pierre fut posée par M. du Périer, « prieur de Lachaise.

« Les catholiques étaient si contents de voir bâtir une église « pour eux dans un endroit où il n'y en avait jamais eu, que le « même jour ils portèrent sur le local plus de soixante charretées « de la pierre du temple, que les huguenots avaient cachée dans « une terre voisine ; mais parce que, selon l'édit du roi, elle ap- « partenait à ceux-ci, le seigneur de Saint-Eugène la leur acheta « toute, pour la somme de 300 livres et par ce moyen on évita des « frais considérables pour le charroi. »

Il est assez curieux qu'aucune mention de cette cloche n'est faite, et nous nous demandons comment elle se trouve dans une église aussi éloignée du temple auquel elle a appartenu pendant 60 ans (1).

André Dumontet.

M. COUSSEAU DE LA RICHARDIÈRE

Vicaire général de La Rochelle

Alexandre-René-François Cousseau de La Richardière naquit à Châtillon-sur-Sèvre (Deux-Sèvres), le 1er août 1744, dans la paroisse de Saint-Mélaine. Ordonné prêtre au séminaire d'Angers, après avoir terminé avec honneur ses cours de théologie et de droit civil et canonique, il fut appelé à La Rochelle par son évêque, Mgr de Crussol d'Uzès, ami et protecteur de sa famille, et bientôt pourvu d'un canonicat de la cathédrale et de la charge de secrétaire de l'Evêché. Il vécut au palais épiscopal jusqu'à la mort du prélat en 1789.

Son successeur sur le siège de La Rochelle, Mgr de Coucy, nomma l'abbé de La Richardière son vicaire général aussitôt après son arrivée dans le diocèse, c'est-à-dire le 12 mars 1790.

Dès l'année suivante, le prélat et son grand vicaire n'ayant pas voulu faire le serment à la constitution civile du clergé, durent partir pour l'Espagne.

Il accompagna son évêque en 1800 jusqu'à Lisbonne. Ce fut

---

(1) L'ancien cimetière protestant d'Archiac était situé dans l'angle formé par la route départementale d'Archiac à Jonzac et le chemin dit des voituriers. Son emplacement est occupé par un jardin et un immeuble. Il porte le n° 308, section A du plan cadastral. Il était presque en face du temple.

alors qu'il eut des rapports fréquents avec le nonce Pacca, plus tard cardinal. Vingt ans après, l'abbé de La Richardière rappelait encore avec bonheur les entretiens qu'il eut avec lui.

On sait que Mgr de Coucy fut du nombre des prélats qui refusèrent à Pie VII la démission de leurs sièges, à la suite de la signature du Concordat. Il écrivit à plusieurs prêtres vendéens des lettres qui contribuèrent puissamment à former et à entretenir le schisme de la *Petite Eglise*. (Il compte encore des adhérents dans la partie du diocèse de Poitiers ayant appartenu à l'ancien diocèse de La Rochelle).

L'abbé de La Richardière combattait l'opinion du prélat, en lui disant qu'il pouvait bien faire valoir ses prétentions auprès du Saint Père, mais non pas les manifester au dehors, dans la crainte que des esprits faibles n'en fissent mauvais usage en se révoltant contre la chaire de Pierre.

Vers le mois d'août 1802, l'abbé de La Richardière quitta l'Espagne et revint à La Rochelle. Il eut la douleur de voir dans la suite que Mgr de Coucy écrivait encore à quelques prêtres anticoncordataires des lettres qui les affermirent dans le schisme.

Quand Mgr de Coucy rentra en France au début de la Restauration, il fut nommé archevêque de Reims. Il voulut y emmener comme vicaire l'abbé de La Richardière qui refusa. L'humble prêtre, retiré désormais à Châtillon-sur-Sèvre, préféra consacrer le reste de sa vie aux travaux les plus modestes du ministère sous l'autorité de son neveu, Charles Cousseau du Vivier, curé de la Trinité, et aussi, en même temps, à l'extinction de la *Dissidence*.

Pour cet effet, il obtint les pouvoirs les plus amples des vicaires capitulaires de Poitiers, MM. Dargens, de Moussac et de Beauregard, de Mgr Paillou, évêque de La Rochelle, qui avait sous sa juridiction le département de la Vendée, de Mgr Montault, évêque d'Angers, et plus tard de Mgr Soyer, évêque de Luçon. Son zèle actif et prudent ouvrit les yeux à beaucoup d'âmes égarées.

Mgr de Bouillé ne fut pas plus tôt monté sur le siège de Poitiers (1817), qu'il donna des lettres de grand vicaire à l'abbé de La Richardière. Revêtu de cette dignité, le bon vieillard ne changea rien à la simplicité de ses habitudes, servant toujours de vicaire à son neveu, se rendant accessible à tous, surtout aux pauvres, et témoignant du plus tendre intérêt aux élèves du sanctuaire.

C'est au milieu du travail, après quelques mois de souffrances, qu'il mourut, en 1828, à l'âge de 84 ans. Son neveu, le curé de Châtillon, l'avait précédé dans la tombe depuis cinq ans.

Chanoine UZUREAU.

LIVRES ET REVUES

GEORGE et GUÉRIN-BOUTAUD. *Les Eglises romanes de l'ancien diocèse d'Angoulême.*

A qui *sait* attendre tout vient à point, affirme la Sagesse des Nations ! A condition de corriger *sait* en *peut*, d'ajouter « avec patience », et de prendre une assurance sur la vie, l'aphorisme est acceptable. Il y a bien vingt-cinq ans, sinon plus, que j'ai entendu parler pour la première fois de la préparation d'une *histoire* des églises romanes de l'Angoumois. Elle vient de paraître, ou plutôt il vient d'en paraître une. Je me réjouis de la grâce que Dieu m'a accordée en me laissant vivre jusqu'en l'an 1928 et voir cet heureux événement, car les savants et les simples autodidactes romanisants accueilleront avec reconnaissance et grande joie tout ouvrage de cette sorte, d'autant plus que la cherté des impressions actuellement pouvait expliquer l'ajournement de l'édition du volume en espérance à des temps meilleurs. Mettre aujourd'hui sous presse un ouvrage de 345 pages grand in-4°, illustré de 1005 motifs, dont 12 grandes planches hors texte (superbes), plus une carte en couleurs, aurait pu passer pour une entreprise audacieuse. Mais la Fortune aime les audacieux ! Le volume est magnifique, hélas ! combien fragile ! *Pulvis est et in pulverem reverterit.*

En attendant cette heure néfaste, les classificateurs vont être en liesse ! Il semble, en effet, que les auteurs se sont donné la tâche de recueillir des renseignements techniques aussi étendus que possible sur l'architecture des églises de leur région, en suivant un plan un peu spécial. Ils se sont livrés à une complète et consciencieuse autopsie des monuments, ils ont rédigé un procès-verbal de leurs constatations, inventaire minutieux, précis, très détaillé, avec divisions, subdivisions, qui glace toute envie de critique. Ils ont parcouru cent cinquante paroisses, ils ont mesuré compté colonnes, piliers, fenêtres, voûtes, arcs, ils ont décrit pièce par pièce les façades, les contreforts, les clochers, ils ont photographié extérieurs et intérieurs, sans oublier les meubles, ils ont classé leurs observations catégorie par catégorie, établi des statistiques, des tant pour cent pour chaque membre, des quotients. On ne saurait rien désirer de plus polytechnique ! Personne ne contrôlera ni ne discutera un seul chapitre. Le lecteur est en présence de chiffres, de faits matériels devant lesquels il n'aurait qu'à s'incliner, si cette longue et attentive nomenclature, en ordre dispersé, n'inspirait pas quelques regrets.

Volontairement et obstinément confinés dans les limites très étroites du diocèse d'Angoulême, tel qu'il était constitué au moyen âge, MM. George et Guérin-Boutaud se sont interdit de jeter le moindre regard par dessus la ligne conventionnelle de démarcation, vers les marches des provinces limitrophes, Saintonge, Poitou, Périgord, aussi les églises des arrondissements de Barbezieux, Ruffec, Confolens, qui ont quelque rapport avec leurs voisines angoumoisines, n'obtiennent même pas un modeste mémorandum ! Ils n'ont voulu voir que le seul diocèse médiéval. C'est leur droit, de même qu'il est légitime de le déplorer. Il semble que des monuments de la qualité de Barret, Condéon, Bourg, Gensac, Courcôme, Ruffec, Aubeterre, de style plus angoumoisin que saintongeais ou poitevin, auraient dû fléchir la rigueur de la consigne et fournir au moins un petit appendice, complément nécessaire.

Nos auteurs paraissent avoir pris modèle sur la seconde partie des *Vieilles églises de la Gironde*, de Brutails. Comme lui, ils nous offrent un dénombrement trop serré des différentes parties des églises. C'est la seule imitation qu'ils se soient permise.

Ils ne décrivent jamais un ensemble, ils ne présentent pas le monument avant de le disséquer, de telle sorte que si le lecteur veut se renseigner sur tel ou tel, il faut, qu'à l'aide de la table, il tourne et retourne les pages en avant, en arrière, se reporte aux nombreux chapitres et paragraphes d'un bout à l'autre du volume, copie les détails nécessaires et essaie de mettre les uns à côté des autres, ou les uns sur les autres, les membres épars, finalement sa peine aboutit à un... très mince résultat (1).

---

(1) Le chapitre (p. 189-210) sur l'*ordonnance générale* montrant « comment ces diverses parties s'unissent et quel ensemble elles présentent » est un tableau plus statistique qu'archéologique. Le résumé (p. 325) est un tableau d'ensemble de 5 pages. Essayez de vous rendre compte de la hauteur de la nef d'une église quelconque dont vous avez sous les yeux une photographie de l'intérieur. Page 44, vous trouverez le moyen de la déterminer, mais il faut que vous sachiez le diamètre des colonnes. Or, on ne vous le dit pas et on ne vous donne

Brutails s'est bien gardé de soumettre son lecteur à telle gymnastique. Il n'a procédé à l'analyse qu'après avoir décrit cinquante-cinq paroisses. Il a tracé lui-même son programme : « reviser et compléter les monographies déjà publiées, puis *analyser d'autres édifices*, afin de coordonner les observations partielles en une synthèse. » Il ne s'est point arrêté à la limite du diocèse de Bordeaux, il a complété sa documentation en jetant un coup d'œil sur les églises de Saintonge. Il a même écrit un chapitre intitulé « les affinités avec les Charentes ».

MM. George et Guérin-Boutaud ont délibérément écarté la monographie. Le curieux aura donc recours aux articles du Congrès archéologique d'Angoulême de 1912 et autres, du *Bulletin*, qui ont été publiés (2). Ils n'ont admis d'exception qu'en faveur de la Cathédrale, en disséminant de ci et de là leurs observations. Ils ont senti leur faute, au moins pour ce superbe édifice, car, dans une note, ils s'excusent d'être si brefs. Ni Saint-Amand, ni Châteauneuf, ni Roullet, ni Puyperoux, dont ils avouent, cependant, que « tous les éléments sont intéressants (p. 198) qu'ils datent, certains du moins, de la fin du XIe siècle » (p. 229, 240) (1) ne jouissent d'un pareil traitement bienveillant.

Les photographies suppléent sans doute la rédaction ? — Non, hélas ! Elles offrent beaucoup de *coins* d'intérieurs, mais à si petite échelle que, véritablement, cela ne peut suffire. M. George, il est vrai, nous met sous les yeux d'excellents plans, qui font honneur à son talent de dessinateur. C'est une excuse. Pourquoi n'ont-ils pas fait trois ou quatre clichés de belles nefs pareils à ceux des façades ?

En somme, quel but se proposaient-ils ? Procurer au lecteur des documents. Certes, il y en a beaucoup, mais mal répartis à mon sens. Cet émiettement ne va pas sans inconvénients, compensés à la rigueur, par l'avantage de savoir que tel ou tel membre de construction se rencontre en tels ou tels endroits.

---

pas la possibilité de le déterminer. Pas de détails, pas d'espèces [illegible] plans et coupes sont à trop petite échelle, et de plus, vous rencontrez [illegible] le plan correspondant au monument désiré.

(1) Intentionnellement je ne cite ni la *Statistique* de l'abbé [illegible]ichon comme trop en retard, ni l'*Exploration* de Lèvre trop sommaire.

(2) Page 331, Puypéroux est indiqué comme « une des églises les plus anciennes, remontant au moins au milieu du XIe siècle. » Raison de plus pour augmenter nos regrets du mutisme des auteurs. Puypéroux est, en effet, une très charmante église.

Je me suis demandé quelles puissantes raisons ont pu empêcher nos deux archéologues, si amateurs de statistique, de ne pas coter sur leur carte la répartition des divers types d'églises qu'ils décrivaient morceau par morceau. Là encore, le curieux doit faire son instruction.

D'après leurs calculs, il n'y a qu'une vingtaine de façades du type dit Saintongeais, c'est-à-dire ayant, au rez-de-chaussée, une porte d'entrée, sans tympan, accompagnée de deux baies aveugles seulement, ou ces trois mêmes éléments avec une arcature au premier étage (surmonté rarement d'un second rang d'arcades, spécial à l'Angoumois). Sur quelle étendue s'élèvent ces églises ? Un signe convenu, placé à côté de chaque nom, sur la carte du diocèse, aurait suffi à nous l'indiquer. Il y en a une quinzaine à l'ouest ou au sud d'Angoulême. Et c'est là qu'apparaît en plein la grande erreur du parti-pris de ces messieurs. La majeure partie est groupée dans le sud-ouest du diocèse, autour de Pérignac, c'est-à-dire dans le voisinage immédiat de Condéon, Barret. Il n'est pas douteux que ces dernières églises, et plusieurs autres, ne soient des œuvres des mêmes constructeurs que ceux qui travaillèrent entre Mérignac et Chadurie. Pourquoi ne pas le dire ? La question a une portée qu'il aurait fallu souligner et même discuter. Nous aurions aimé posséder l'avis de nos auteurs sur les théories de M. Deshoulières, relatives à l'origine des façades charentaises, et sur celle de M. Nodet, qui fait passer les arcatures d'Angoumois en Saintonge. MM. George et Guérin-Boutaud ne paraissent pas éloignés de les partager, parce que, disent-ils (p. 11) « le rôle décoratif des arcades aveugles a été compris et utilisé dans notre province dès le *premier quart* du XIIe siècle. » C'est environ l'époque admise pour la construction de la façade de l'abbaye Notre-Dame de Saintes, la plus ancienne (1125-30) selon des apparences des églises de Saintonge. L'Angoumois aurait-il influencé la province voisine ?

La chronologie serait d'un puissant secours à résoudre le problème, si on pouvait en établir une sûrement. Elle a fortement préoccupé les auteurs : ils y reviennent à plusieurs reprises. Ils se sont efforcés de déterminer des dates en interrogeant chaque partie des édifices (p. 152).

Leurs éléments de datation sont parfois très fragiles, d'autant plus qu'ils ne pouvaient invoquer l'argument le plus significatif, malgré son peu de certitude : l'iconographie. Le costume fournit tout au moins des indications qui limitent les calculs. Le volume de Demay est une manière de criterium. Or, l'iconographie angoumoisine est très pauvre en personnages, exception faite toujours de la cathédrale, de Saint-Amand, Saint-Michel... ! La déplorable interdiction de franchir les limites du diocèse, même en quête d'information et de comparaison, les a privés de moyens de contrôle. Voici, par exemple, trois chapiteaux de Ronsenac, Plassac, Feuillant (fig. 264), montrant un homme assis ou agenouillé, vêtu d'un vêtement collant. A Ronsenac, il sonne de deux olifants, à droite et à gauche (par symétrie décorative). MM. George et Guérin-Boutaud datent ces personnages de deux époques : celui de Plassac serait du *milieu* du XIIe siècle (p. 331), mais « les personnes agenouillées (p. 332) appartiennent à la seconde moitié du même siècle, l'on peut même dire du troisième tiers ». Ils connaissent sans aucun doute, à Chatignac, un chapiteau (voir planche IV, si mal tirée, de mon article sur les *Influences des façades romanes charentaises*) où un homme assis, sonnant de l'olifant, tenant le bout d'une corde passée au cou d'un homme qu'une femme tire par la barbe. Même style, même facture, même tailloir. La parenté de ce chapiteau avec les précédents est patente. Cette femme, coiffée de la guimpe, dont la mode ne remonte pas au delà du dernier quart du XIIe siècle, est un document précieux. Mais il fallait l'ignorer parce qu'en Saintonge !

La deuxième partie, consacrée à la sculpture, est la plus travaillée de l'ouvrage (1), abondante, pleine d'intérêt, de nouveauté et d'enseignement. Nous retrouvons dans ce répertoire décoratif des analogies, des motifs communs avec d'autres régions, dents de scie (fig. 160 *e*), dents d'engrenage (fig. 195), coussinets (fig. 158). Les entrelacs (fig. 171 et 172), que Berthelé attribuent si témérairement comme particuliers à l'Angoumois et à la Saintonge, ne diffèrent guère d'autres. Les superbes chapiteaux de Lanville, Pérignac, Dirac, Marsac (fig. 195) accusent une réminiscence très nette de l'art romain ; ceux de Châteauneuf une influence orientale manifeste (fig. 260, 273) ; ceux de Porcheresse et de Becheresse (fig. 198) ont des parents proches en Poitou et même à Moissac ; un autre de Saint-Michel (fig. 205) rappelle un chapi-

(1) La description de la façade de la cathédrale est particulièrement soignée.

teau d'Airvault, et la corniche du rez-de-chaussée de Châteauneuf est de même type que celle de Saint-Sernin, de Toulouse.

Les bons clichés de M. George, les excellents dessins de M. Vuillemot, mettent en évidence un style (1) et un parti-pris, une direction totalement différents de ce que l'on voit en Saintonge, en Poitou, en Bordelais, en conservant, néanmoins, un certain air de famille.

Les magnifiques et si artistiques décors de la cathédrale, de Beaulieu, de Lichères, de Châteauneuf, témoignent d'un talent à peu près sans rival dans toute la région du sud-ouest. Ce sont des exceptions. L'ensemble est moins soigné. Là comme ailleurs les imagiers ont des talents (1) inégaux. Le parti-pris décoratif importe davantage. Il s'affirme tout à l'opposé de celui de Saintonge : très peu de scènes religieuses, pas de vierges sages, pas de vieillards : une nativité barbare à Ambérac (comme celle de Lignières, qui n'est pas citée parce qu'en dehors du diocèse), un Samson classique, un Daniel (fig. 27), une Tentation, un sacrifice d'Abraham, sont les seuls emprunts, plus que médiocres, faits à l'ancien et au nouveau Testaments. A la cathédrale, quatre chevaliers, deux à pied, deux à cheval, combattant les vices, ce que MM. George et Guérin-Boutaud n'ont pas admis, malgré l'interprétation si juste de M. Serbat. Ils ont préféré revenir au symbolisme !

Le réalisme, même très laid, inspire le sculpteur livré à sa propre initiative, comme partout. Les modillons de la figure 228 sont remarquables : le II de Montbron — la Terreur — est un vrai chef-d'œuvre d'expression d'épouvante. On ne peut qu'être frappé du goût très vif pour les animaux (parmi lesquels un éléphant — rapprochement de date à faire avec Aunay ? — et surtout pour les cavaliers des façades transportés sur les chapiteaux de l'intérieur.

La flore locale aurait fourni des modèles que ces messieurs tentent d'identifier.

Quels regrets pour nous que ceux-ci, contrairement aux usages des constructeurs du XIIe siècle, que les frontières convenues n'ar-

(1) Que l'on mette en regard l'un de l'autre la façade de la cathédrale celle de Notre-Dame de Saintes qui sont très sensiblement de même date.

(1) Les deux modillons barbares de Couture et de Valence (fig. 227) sont sûrement de la fin du XIIe siècle (la cause de la coiffure) comme celui de Plassac si charmant (fig. 228).

rêtaient pas, se soient enfermés, comme entre quatre murs, sans fenêtres et sans portes — une muraille de Chine ! — dans les étroites limites du diocèse ! Ils auraient doublé l'intérêt, déjà considérable, de leur dossier, constitué avec un souci peut-être trop scrupuleux de l'exactitude ! Quel profit nous aurions retiré des réflexions qu'une étude si approfondie a dû leur suggérer à l'égard des écoles du sud-ouest !

Ultime regret ! nos auteurs ne soufflent mot des réparations qui ont été exécutées dans les églises de l'Angoumois depuis cinquante ans. Je crois qu'il est inutile d'insister sur l'utilité d'une semblable notation. La besogne, difficile aujourd'hui, sera impossible dans un demi-siècle.

La conclusion s'impose : nécessité d'une seconde édition refondue sur un nouveau plan élargi, allégé d'une partie des mathématiques, et comprenant un bon chapitre archéologique.

Ch. D.

COMPTE-RENDU FINANCIER AU 31 DÉCEMBRE 1928

Actif.	
En caisse au 1er janvier 1928	578.25
Compte chèques	193.43
En Banque	529.62
	1.301.30
Cotisations	288.50
Vente de volumes	502.50
Virement par chèques postaux	1.699.45
Retiré du Crédit Lyonnais	667.00
Livret de caisse d'Epargne	347.00
Divers	135.70
	4.941.45
Passif.	
Factures de l'imprimerie Pacteau (Revue)	2.838.95
Primes d'Assurances	47.75
Fournitures de Bureau 1927	20.80
Versements à la Caisse d'Epargne	347.00
Versements aux Chèques Postaux	100.40
Versements au Crédit Lyonnais	200.00
Divers	65.00
En caisse { En numéraire	115.80
En caisse { Compte chèques	510.38
En caisse { Compte Banque	695.37
	4,941.45

Saintes, 25 janvier 1929.

Le Trésorier, E. TEXIER.

A partir du 1er avril, les *nouveaux sociétaires* paieront 15 francs de cotisation annuelle.

Il serait à souhaiter qu'*un grand nombre des anciens* portent *bénévolement* la leur à cette même somme. C'est ce qui se fait dans plusieurs sociétés. Notre trésorerie, comme beaucoup d'autres, est très à court. La Revue s'en ressent. L'argent n'est pas le nerf pour la guerre seulement ! Il faudrait recruter cinquante souscriptions.

Pour payer la *cotisation annuelle, actuellement exigible, pour* 1929 :

Un débiteur titulaire d'un compte courant postal, s'il s'est fait ouvrir un compte particulier au bureau de poste de sa résidence, peut s'acquitter par chèque de virement postal.

AVIS ET NOUVELLES

Nouvelles admissions :

M. Marcel Fleury, artiste graveur, La Rochelle.
M. Paul Enard, La Cotinière (Ile d'Oleron).
Mme M. Martineau, Saintes.
M. Jean Musset, Saint-Mandé.
M. Alcide Bertrand, à Laage, par Reaux.
M. Abel Savary, à Arthenac.
Delaborde, libraire, Saintes.

Le congrès des Sociétés savantes se tiendra à Paris en avril 1929. Les congressistes ont droit au retour gratuit.

M. de Vaux de Foletier, archiviste de la Charente-Inférieure, est nommé conservateur des antiquités et objets d'art de ce département.

M. Lelièvre, élève diplômé de l'Ecole des Chartes (promotion de 1927) est nommé conservateur de la Bibliothèque municipale de La Rochelle.

M. le docteur Bourriau est nommé conservateur du musée d'Orbigny, à La Rochelle, en remplacement de M. G. Musset.

Le 28 octobre 1928, a été inauguré le monument Combes, à Pons, pour lequel le Conseil général a voté 10.000 francs, malgré une protestation de M. de Montbron, invoquant la détresse du budget.

On sait qu'à la suite de la cérémonie, un jeune homme brisa à coups de marteau le nez et la barbiche du buste et qu'au cours de la bagarre qui éclata alors entre les gendarmes et une troupe de camelots du roi, un gendarme tua un de ces jeunes gens et en blessa un autre.

Le buste martelé, étant irréparable, sera remplacé.

Cette double affaire a été longuement racontée et commentée avec ardeur dans les journaux.

Le buste d'Agrippa d'Aubigné, trop proche du monument, a été déplacé et transporté place de Verdun.

M. Herriot, ministre de l'Instruction publique et des Beaux-Arts, a présidé l'inauguration du musée napoléonien à l'île d'Aix et posé la première pierre du Préventorium de Liedot, et, à Fouras, il a inauguré une stèle commémorative de l'embarquement de l'Empereur.

On sait que le promoteur de ce musée est M. Chanlaine, qui provoqua le classement de la maison de Napoléon. Une Société des Amis de l'île d'Aix se forma sous la présidence du baron Gourgaud, descendant du général.

La chambre de l'empereur est aujourd'hui à peu près telle qu'elle était lorsque l'empereur la quitta (12-14 juillet 1815). Dans le fond, l'alcôve et le modeste lit, sur la cheminée, le buste de l'empereur, par Chaudet ; au centre de la pièce, une table d'acajou sur laquelle se trouve le brouillon authentique de sa lettre au prince régent d'Angleterre : « Je viens, comme Thémistocle,... »

Un petit sceau de bronze a été découvert dans la terre d'un jardin de Beauvais-sous-Matha. D'une lecture assez difficile, M. H. Stein, notre confrère, a lu : + S THEOBALDI CANOICI BL'ERTI, ce dernier mot suivi peut-être d'un signe abréviatif.

De quelle localité s'agit-il ? Il n'y a pas en Saintonge de chapitre d'une collégiale dont le nom s'adapte aux dernières lettres de la légende.

Inscription de la cloche de l'hôpital de Saint-Jean d'Angély, qui a été bénit le 26 août 1928, celle existante ayant été fêlée cette même année.

S N

PATRINVS JACQVES TEXIER-RABAULT
MATRINA JACQVELINE BERNARD-DAVBIGNÉ
FVSA FVI ANNODNI MDCCLXII
REFVSA ET BENEDICTA MCMXVIII
AD HONOREM DEI ET VSVM HOSPITII AGRIACENSIS
POND 136 LIBR

D B

MEFECIT LVDOVICVS BOLLEE AVRELIANENSIS

L'inscription de la cloche précédente était la suivante :

MON PARREIN A ETE MONSIEUR PIERRE LOVIS AVDOVIN DE LA PRADE, TITVLAIRE DE LA CHARGE DE PROCVREVR DV ROI. MA MARREINE, MADEMOISELLE MAGDELEINE DE LA PRADE. 1762.

Le 2 novembre 1928, à Fouras, la bénédiction solennelle a été donnée à un calvaire monumental, en granit, élevé à la mémoire des prêtres morts pour la Foi sur les pontons, pendant la Révolution, et ensevelis sur la rive droite de la Charente.

Mgr Paillou avait demandé par une lettre datée du 7 décembre 1822, à M. de Corbières, ministre des cultes, l'autorisation de construire ce calvaire et de faire une quête en France pour se procurer les fonds nécessaires.

Le ministre de Louis XVIII lui répond que l'intention est assurément louable, mais il le dissuade d'en entreprendre l'exécution.

L'Illustration du 21 juillet 1928 donne la vue d'une représentation d'*Oreste*, le drame de M. René Berton, aux arènes de Béziers, dans un splendide décor, tel que M. Castelbon de Beauxhostes sait les ordonner, en véritable artiste qu'il est.

Saintes a eu la primeur de ce drame, le secours d'un Beauxhostes en moins.

Mlle M. Huteau, peintre, a fait don à l'église de Grandjean d'une Madone, et à la mairie d'un tableau : *Fin d'automne en Sain-*

tonge, chrysanthèmes avec, à l'arrière-plan, « au milieu d'un ancien cimetière attesté par des sarcophages de l'époque médiévale » la lanterne de Fenioux. (Voir *Journal de Saint-Jean-d'Angély* du 1er décembre, qui reproduit un article de M. A. Mesnard dans le *Pays de France illustré*.

M. de Foletier vient de faire paraître à Paris, chez Boivin, une *Histoire d'Aunis et de Saintonge*. Un volume in-8°, illustré (18 francs).

Dans le numéro du *Temps* du 5 octobre 1928, notre confrère, M. Chesnier du Chesne, fait l'historique des trois substantifs *pensions, jetons et indemnités académiques*, à propos du décret de mai dernier, qui élève l'indemnité annuelle servie aux membres de l'Institut de 1.500 à 5.000 francs. Ces 1.500 francs remontaient à 1796.

Dans *Le Temps* du 16 février 1929, il donne l'explication de *nouer l'aiguillette*.

Le numéro de l'*Illustration* du 8 septembre 1928 contient deux pages de *Costumes du bon vieux temps*, en couleurs, par M. Léandre Vaillat.

En haut de la seconde page apparaît *la Saintonge* (sic) *mariée de l'île de Ré* (XIXe siècle). « Sa coiffe est l'habituelle coiffe de l'île, montée sur une enveloppe carrée, une de ces enveloppes que l'on achète aujourd'hui pour en faire des *sacs* » pour les théières chaudes.

En novembre 1928, l'Etat, avec le concours de la ville, fait réparer la calotte en plomb de Saint-Pierre. La croix, avec paratonnerre, a été remise en place.

Le 12 août 1928, représentation, aux arènes de Saintes, de la pièce primée par la Société des Fêtes, *Les quatre Fils Aymon*, de M. Emile Boudié, avec ballet inédit dont la musique a été écrite par M. André Bureau, originaire de Coivert. La musique de scène était du même.

M. Gabriel Cognacq, directeur de la Samaritaine, qui assista à la représentation des arènes, a donné 10.000 francs pour restauration de l'amphithéâtre (août 1928).

Le Conseil municipal a décidé d'employer cette somme, en y

ajoutant 7.000 francs, à l'achat de l'immeuble Niox, au coin des rues Bourignon et Lacurie.

X..., dans le numéro de juillet-octobre 1928, de la *Revue archéologique* (page 132), consacre six lignes nécrologiques à Georges Musset, et il assure qu'à « ce savant modeste et laborieux » on doit une édition de la *Cosmographie de Dom Fonteneau !* Lisez *Jean* Fonteneau, dit Alphonse de Saintonge. (Rectifié depuis).

A l'hôtel Drouet, vente du 16 novembre 1928 : Lebourg. *Sortie du port de La Rochelle à marée basse* 11.500.

Le 6 janvier 1929, M. le général Nollet a remis à M. l'abbé L. Gaurier, la grande médaille d'honneur de topographie de France pour ses travaux sur les lacs pyrénéens.

NOTES D'ÉTAT CIVIL

DÉCÈS

Le 30 juillet 1928, est décédée, à Saintes, Mme Marie-Victoire-Andrée Oudet, en religion sœur Jeanne du Sacré-Cœur, du couvent des Filles de Sainte Marie de la Providence, âgée de soixante-trois ans, fille de feu M. le baron Oudet.

Le 29 juin, à Montlieu, est décédé un de nos plus anciens confrères : M. le docteur Charles Vigen, âgé de soixante-quatorze ans, inhumé à Lagarde. Il a passé tous ses loisirs à collectionner des documents sur Montlieu et ses environs.

Il était né le 27 août 1854 à Lagarde, fils de Jean-Baptiste-François-Elie, propriétaire et juge de paix, et de Anne Marchais. Il épousa le 26 septembre 1883, à Chevanceaux, Lowely-Marie-Madeleine Desmoulins de Leybardie, née le 30 novembre 1861, à Chevanceaux.

Il fut maire de Lagarde le 29 mai 1900 et démissionna le 11 janvier 1903. Secrétaire de l'Association des anciens Elèves de Montlieu, élu le 10 juin 1884.

Il passa sa thèse de licence en droit le 1er août 1876, et sa thèse en médecine le 31 juillet 1882. Il vint habiter Montlieu le 24 décembre 1883 et cessa d'exercer la médecine en 1904 passant sa clientèle à son neveu, Henri Vigen, décédé en 1921.

Le *Bulletin religieux* du 4 août 1928 annonce le décès de Mme Cognacq Adèle, âgée de 72 ans (proche parente du grand Cognacq), qui a passé à travers La Rochelle en faisant le bien, et dont la renommée n'a pas dépassé les remparts. Elle avait fondé et dirigeait *l'Œuvre des Petits morceaux et l'Œuvre des malades*, deux institutions de bienfaisance dont les bénéficiers « avaient changé de milieu social » depuis la guerre. La forme de la charité n'était plus la même. Les nouveaux secourus, victimes de la guerre et de renchérissement de la vie, étaient d'autant plus intéressants que « leurs détresses étaient cachées ».

Le 10 août 1928 est décédé, à Royan, M. Jules Massiou, notaire honoraire, âgé de 65 ans. Il avait cédé son étude, à Saujon, en 1926.

Le 13 août, est décédé à Royan, M. Pierre Billaud, directeur du *Royan*, imprimeur, âgé de 42 ans.

Est décédé à Saintes, le 9 septembre 1928, M. Volcy Robin, ingénieur des Ponts et Chaussée en retraite.

Né à Saint-Sauveur-de-Nuaillé, le 22 juin 1844, entra, après de solides études au lycée de La Rochelle, dans l'administration des Ponts et Chaussées, le 19 septembre 1864, en qualité d'employé secondaire dans les bureaux de l'ingénieur en chef du département.

Le 2 mai 1872, il fut promu au grade de conducteur et chargé, jusqu'au 2 janvier 1878, du service de la comptabilité. Mais il avait besoin d'une activité plus grande. Le port de La Pallice était décidé entre temps. C'est M. Robin à qui on confia l'étude sur le terrain et la préparation de l'avant-projet du bassin, puis, en 1886, la surveillance de son exécution qu'il suivit jusqu'à l'inauguration du port, le 19 août 1890. Jusqu'en 1899, il continua la construction des bâtiments d'exploitation, aménagement des terre-pleins, voies ferrées, outillage des quais. Le 12 août 1899, M. Robin fut nommé aux fonctions d'ingénieur du service ordinaire de l'arrondissement de Saintes. Il était mis à la retraite le 1er juin 1914, quand la guerre éclata. Il se tint néanmoins à la disposition de son administration, qui utilisa son expérience jusqu'au 1er juin 1919. Proposé, dès 1891, pour la croix de Légion d'honneur, il n'obtint cette suprême récompense qu'après sa retraite.

Il laisse deux fils, M. Georges Robin, Inspecteur principal des Contributions directes et M. le Docteur Robert Robin, à Saintes. (Voir le discours de M. Luzinier dans l'*Indépendant* du 22 septembre.)

Le 12 septembre 1928, M. Abel Inquinbert, négociant, membre de la Chambre de Commerce de Rochefort, administrateur de la Banque de France, est décédé, à Saintes, âgé de 74 ans.

Mlle Henriette Inquinbert, sa sœur, est décédée le 24 novembre, âgée de 70 ans.

Le 19 septembre 1928, est décédé subitement, à Saint-Palais-sur-Mer, âgé de 66 ans, Georges Goizet, époux de Marguerite Boissaye, officier de la Légion d'honneur, officier du Mérite agricole, ancien conservateur des Eaux et Forêts. Il était fils aîné de défunts Laurent-Paul Goizet, notaire à Loulay, et Marie-Claire Charrier ; frère de Charles-Aimé-Paul Goizet, président du Tribunal civil départemental de Périgueux. Il laisse Jean-Jacques Goizet, ingénieur des Arts et Manufactures. Son corps a été inhumé à Loulay dans le tombeau de famille. (Voir la généalogie *Revue de Saintonge et d'Aunis*, t. XIX, p. p. 14-16.)

Mgr Barthe, prélat de Sa Sainteté, qui fut vicaire général, doyen du Chapitre de La Rochelle, né à Portel (Aude) le 28 juin 1865, est décédé à Amélie-les-Bains, le 2 décembre 1928.

Le 12 décembre, est décédé, à Cognac, M. Roger Lacaud, imprimeur, directeur de l'*Indicateur de Cognac*, âgé de 54 ans.

Le 15 janvier 1929, est décédé, à La Rochelle, M. Tornézy, arrière petit-fils de Déchézeaux, ancien magistrat, avocat honoraire, âgé de 86 ans.

Le 20 janvier 1929, est décédé M. Lem, ancien préfet, ancien trésorier général de Limoges et de La Rochelle, ancien régent et premier sous-gouverneur de la Banque de France.

Inhumation en l'île de Ré.

Le 18 février 1929, à Saint-Jean-d'Angély, est décédée Mme Louise-Eugénie-Laurence Hérissay, âgée de 89 ans, veuve de M. A Gouzay, conseiller d'Etat, mère de Mme Arthur Bonnet.

Le 24 février, à Angers, est décédé M. Justin Coutanseaux, notre confrère depuis 1883. Inhumé à Saintes.

MARIAGES

Le 11 septembre 1928, à Fouras, a été bénit le mariage de M. Marie-Marcel-Jules-Jean Pellisson, licencié en droit, diplômé supérieur H. E. C. (Ecole des Hautes Etudes commerciales de Paris), chef de service à la Société Générale de Crédit Industriel et Commercial, à Paris, fils de M. Charles Pellisson, avoué à Saint-Jean-d'Angély, et de Mme née Aversenq, avec Mlle Suzanne-Thérèse-Claire-Marie Soupa, fille de M. Jean-Henri Soupa, médaillé militaire, employé principal, Services Centraux des Chemins de fer de l'Etat, et de Mme née Lacroix Angèle-Cécile-Pauline, demeurant ensemble à Argenteuil (Seine-et-Oise).

Le 22 septembre, a été célébré, à Paris le mariage de Mlle Yvonne Deblois avec M. Robert Tschirhart.

Le 27 novembre 1928, à Eymoutiers, a été bénit le mariage de Mlle Madeleine de L'Hermite avec M. Gabriel de Bellabre.

Luçon. — Imp. S. Pacteau.

LA REVUE

Publiera dans les prochains numéros

De l'Option des Religieux entre la Vie commune et la Vie privée dans la Charente-Inférieure, par feu M. le Chanoine Lemonnier.

État des armoiries du clergé de Saintonge en 1697.

Marché pour fournitures de tapisseries, par M. Ch. Dangibeaud.

Les ateliers de Saint-Martin et de Châtres, par M. R. Delamain.

La haute Société de Saint-Seurin d'Uzet, par M. M. Pellisson.

Burgaud des Marets, addenda, par M. Beaulieu.

L'évêque Ranoul Foucault, par feu M. Depain.

Victor Louis : L'hôtel de Kerlivio-Broussard à Pons, par M. R. Ducot.

Les personnes qui ne collectionnent pas la *Revue* sont instamment priées de renvoyer à la Société le numéro 2 de 1924 qui lui fait défaut.

On le rachète.

LUÇON (VENDÉE). — IMPRIMERIE S. PACTEAU

REVUE

DE

SAINTONGE & D'AUNIS

BULLETIN DE LA SOCIÉTÉ

DES ARCHIVES HISTORIQUES

PARAISSANT TOUS LES TROIS MOIS

XLIIIe *Volume.* – 7e et 8e *Livraisons*

CE FASCICULE EST TRÈS EN RETARD PAR SUITE DE CHANGEMENT D'IMPRIMEUR

Soixante cotisations sont en retard
voir page 259
Les tables seront distribuées dans le courant de 1930

SAINTES
LIBRAIRIE DELAVAUD
5, COURS NATIONAL

1929

ADMINISTRATION DE LA SOCIÉTÉ

BUREAU

Président d'honneur : M. F. CHAPSAL, sénateur, maire de Saintes.
Président : M. CHARLES DANGIBEAUD, 14, rue des Ballets, Saintes.
Vice-Président : M. MAURICE BURES, docteur en droit, avocat à Saintes, rue Hôtel de Ville.
Secrétaire : M. FERNAND BREJON, avocat, rue St-Maur, à Saintes.
Trésorier : M. TRIOU père, 6, place du Synode, Saintes.

COMITÉ DE PUBLICATION

M. DE VAUX DE FOLETIER, archiviste du département, La Rochelle.

CONSEIL D'ADMINISTRATION

MM. FERDINAND BABINOT, avocat, suppléant au juge de paix, rue Saint-Vivien, à Saintes.
ABEL MESTREAU, rue de l'Artois, 24, à Saintes.

Le siège de la Société des *Archives* est à Saintes, Hôtel des Sociétés, Grande Rue Victor Hugo et rue André Lemoine.

La Société publie tous les trois mois un *Bulletin, Revue de Saintonge et d'Aunis.*

Le prix de l'abonnement annuel à la *Revue-Bulletin* est de 13 fr. et 15 fr. : 18 fr. pour l'étranger ; un numéro, 3 fr. 50.

(COMPTE DE CHÈQUES POSTAUX DE LA SOCIÉTÉ. N° 7038, BUREAU DE BORDEAUX.

REGLEMENT. — ARTICLE II. La Société se compose : 1° de membres fondateurs qui versent, une fois pour toutes, une somme de 500 francs ; 2° de membres qui paient une cotisation annuelle de 13 francs ; 3° de membres perpétuel qui rachètent leur cotisation moyennant une somme de 250 francs...

REVUE
DE SAINTONGE ET D'AUNIS
REVUE DE LA SOCIÉTÉ DES ARCHIVES

SOMMAIRE

LES ATELIERS
DE SAINT-MARTIN ET DE CHATRES

Dans la *Revue de Saintonge et d'Aunis*, vol. XLIII, 3e et 4e livraisons, M. Dangibeaud demande ce que sont devenus les objets signalés par Ris-Paquot et P. de Lacroix comme sortant de la fabrique de faïences de Châtres.

C'est pour moi l'occasion de rassembler et de compléter les notes que j'avais prises, il y a un an, sur cette manufacture de Châtres, au moment où je cherchais à faire une sorte d'inventaire de nos connaissances sur les faïenceries de l'Angoumois. En ce qui concerne Gardépée, en particulier, je n'ai jamais été satisfait des indications fournies par Ris-Paquot et par P. de Lacroix, comme semble l'être M. Dangibeaud, pour qui les renseignements donnés par ces deux auteurs sur la date, l'entrepreneur, le personnel et les produits de cette fabrique paraissent suffisamment précis pour qu'il ne soit pas besoin de revenir sur ces questions.

Ris-Paquot ne dit presque rien sur Mouchard, — à peine sept lignes lui sont consacrées et encore est-ce pour l'accuser d'avoir fait des œuvres que réprouve la décence. C'est seulement avec cette flétrissure que, pour lui, Mouchard doit passer à la postérité. Il ne le cite, au surplus, que comme peintre décorateur sur porcelaine du faubourg Saint-Martin à Angoulême. Toute la production de Gardépée, dont il semble ne connaître que la faïence, il l'attribue délibérément à Garive, qu'il considère comme « l'illustration de la région charentaise ».

Bien qu'il veuille paraître connaître à fond l'œuvre de Garive, puisqu'il prétend que Garive a créé *« une infinité de pièces »*, « marquées au coin du bon goût et de l'originalité », nous n'en doutons pas moins que les objets qu'il lui attribue et qu'il reproduit dans son ouvrage soient réellement sortis des mains ou même de l'atelier de Garive. D'autant plus qu'il avoue lui-même n'avoir jamais vu aucune pièce signée de Garive. Il affirme même que Garive n'a jamais signé ses œuvres, ce qui est une erreur.

P. de Lacroix, lui, mentionne bien les tasses en porcelaine de Gardépée, il en relève les inscriptions, il en nomme les possesseurs. P. de Lacroix admet la collaboration de Garive et de Mouchard à Gardépée. Mais il s'est trop laissé influencer par Ris-Paquot dans son jugement sur Garive, qu'il proclame également un grand artiste. C'est même cette opinion reçue qui l'a porté, à tort, à attribuer à Garive la décoration de nombreuses pièces de porcelaine de Gardépée dont Mouchard seul est l'auteur.

Ris-Paquot et de Lacroix ne sont pas, en ce qui concerne la fabrique de Châtres, des informateurs auxquels on puisse entièrement se fier. En tout cas ne doit-on jamais les citer à ce sujet sans mentionner, à côté des indications qu'ils donnent, le travail de M. E. Biais dans le *Compte rendu des réunions de a Société des Beaux-Arts des départements* du 27 au 31 mars 1894, 18e série. (Voir *Revue de Saintonge et d'Aunis*, 1er mai 1894, p. 175). L'étude de M. E. Biais est une parfaite mise au point.

Au reste, la question de la décoration de la porcelaine à Angoulême et à Gardépée rencontre, actuellement encore, trop d'incrédules pour qu'il ne soit pas intéressant et utile d'y revenir. De nombreuses tasses en porcelaine, décorées par Mouchard et transmises dans nos familles, de père en fils, comme venant de Gardépée et en tous points identiques aux pièces qu'il a signées, ont longtemps été et sont encore aujourd'hui vendues comme porcelaine de Paris. L'attribution de ces tasses aux ateliers de Saint-Martin ou de Châtres est considérée, même dans notre région, comme une imposture : jamais, disent les connaisseurs, de si ravissantes choses ne sont sorties d'un atelier charentais au début du XIXe siècle.

Nous savons par M. E. Biais que Garive était issu d'une famille charentaise et qu'il épousa une demoiselle Marie Priollaud. Lors de la naissance de sa fille Luce, il habitait au faubourg Saint-Martin d'Angoulême, paroisse Saint-Pierre, le 13 brumaire an II. Nous ignorons où Garive avait primitivement installé son atelier, ni quels produits en sortaient alors ; mais il dut avoir déjà fait preuve d'une certaine habileté dans la fabrication et la décoration de la faïence, puisque M. de Jarnac de Gardépée fit appel à son concours lorsqu'il fonda, vers 1792, la fabrique de Gardépée. Les débuts avaient sans doute été fort pénibles et fort modestes car nous voyons Garive installer ses fours, après 1802, dans la vieille église de Saint-Martin-les-Angoulême. Cette petite église d'un quartier miséreux, ruinée pendant la Terreur, est en effet en l'an X dans un tel état de délabrement qu'elle « n'a que les murs pour la soutenir, elle est tellement enterrée que les eaux y découlent et la rendent inhabitable »: Aujourd'hui il ne reste de cette église que des ruines. C'est pourtant là que Garive va construire ses fours pour continuer son industrie.

A Gardépée, où l'a appelé M. de Jarnac de Gardépée, l'installation qui a été mise à sa disposition n'offre guère plus de confort. Le four a été construit à l'extrémité du transept sud de l'église ruinée et abandonnée de Châtres.

C'est entre ces deux ateliers de fortune que se partage l'activité de Garive, qui dut surtout y fabriquer des faïences communes, et exceptionnellement de la faïence décorée. Ris-Paquot et de Lacroix affirment que Garive n'a jamais signé ses œuvres ; c'est là une erreur : il existe un saladier et une écuelle signés de lui, mais ces objets auraient fort peu de valeur artistique, de sorte qu'il ne pourraient que nuire à la réputation de Garive. Nous ne connaissons donc, avec certitude, qu'un très petit nombre des produits de ces ateliers pendant cette période et pour reconnaître du talent à Garive il nous faut nous laisser persuader par Ris-Paquot ou faire confiance au goût éclairé de celui qui l'avait choisi pour monter une faïencerie à Gardépée. P. de Lacroix nous dit qu'il a également décoré de nombreuses pièces de porcelaine. Nous ne pouvons pas le croire : Garive semble avoir été un fabricant et un décorateur de *faïence*. Il a dû employer les décors traditionnels des faïenciers de son époque, qu'il a imités (Ris-Paquot) ou dont il s'est inspiré, des décors larges et libres de fleurs, — mais il était certainement incapable d'exécuter l'extraordinaire travail de miniaturiste que nécessitait la décoration des porcelaines de Gardépée. Aucun de ses contemporains ne l'a mentionné comme décorateur sur *porcelaine*. La tasse en porcelaine dont P. de Lacroix donne l'inscription « *Pour Mme de Gardépée* » et qu'il attribue à Garive, est datée de 1808. Or c'est justement à cette date qu'intervient un autre artiste, Mouchard, qui fut son collaborateur et peut-être son successeur.

Mouchard a été peintre céramiste à Rouen et c'est en effet en 1808 qu'il vint en Angoumois. Qu'il ait été ou non appelé par Garive, qu'il a pu connaître à Rouen, c'est, dès son arrivée en Angoumois, vers les ateliers de l'église Saint-Martin et de l'église de Châtres qu'il dirige ses pas. Il se livra tout de suite, notons-le, à la décoration de la *porcelaine*. Ris-Paquot nous dit qu'il connaît de lui des tasses à café en *porcelaine* signées « Mouchard à Saint-Martin, fecit 1809 ».

Les deux ateliers d'Angoulême et de Gardépée continuèrent à produire surtout de la *faïence*, tantôt nue, tantôt ornée par Garive et par Mouchard. Les diverses argiles qui se rencontrent à Gardépée, traitées avec soin, devaient se prêter à la fabrication de la faïence populaire, la proximité d'un excellent combustible, les brandes de bruyère, assurait la cuisson aux meilleures conditions possibles de prix. Mais, que valait cette production au point de vue artistique ? Les seuls objets décorés qu'il m'ait été donné de voir et que la tradition attribue à la fabrique de Gardépée donnent une idée peu flatteuse des produits de cet atelier : la pâte est lourde et façonnée sans art sinon sans recherche — le gauchissement des plats à la cuisson n'a même pas été considéré comme un motif suffisant pour les jeter au rebut — l'ornementation peut avoir une certaine valeur décorative, mais la mauvaise qualité des couleurs et de l'émail a tout gâté — les teintes se pénètrent et se confondent — le vert cuprique qui a envahi l'émail translucide déborde sur le violet de manganèse ou sur le bleu de lin — les lignes du dessin sont sinueuses, déformées par le coulage de l'émail — le chatironnage, au lieu de souligner le dessin, l'empâte et le défigure et je suis étonné que Mouchard ait pu signer certaines de ces pièces. La cruche de faïence que possède encore actuellement Mme Vignaud et qui porte l'indication de son origine et le nom de son décorateur, probablement Mouchard (M. *f* de Garde Epée), est d'une technique détestable. Une certaine corbeille à anse torsadée, portant comme signature un M, n'offre aucun caractère artistique. Vraiment, si c'est là tout ce qu'a pu produire la fabrique de faïence de Gardépée, mieux vaudrait jeter un voile sur cette malheureuse tentative.

Mieux aurait valu se contenter de fabriquer, avec cette terre, des tuiles et des briques, comme le fit plus tard le sieur Beligon dont les produits étaient étampés « T^le de l'Etang de Garde Epée — Beligon » .

Non, la gloire des fours de Gardépée et de Saint-Martin est la *porcelaine décorée* et là a excellé Mouchard.

Nous connaissons malheureusement très peu de chose sur Louis Mouchard avant son arrivée en Charente ; nous savons en tout cas qu'il était peintre décorateur à Rouen. Il devait être issu de cette grande famille des Mouchard qui a donné à l'industrie des faïences de Rouen au XVIIIe siècle tant de peintres décorateurs sur faïences et tant d'ouvriers faïenciers. De 1722 à 1794 Pottier ne mentionne pas moins de 12 Mouchard peintres décorateurs sur faïence, 2 ouvriers faïenciers, un tourneur, 2 mouleurs et un manufacturier. Installés les uns et les autres tantôt rue d'Elbeuf, tantôt rue de la Pré, dans le faubourg Saint-Sever de Rouen, nous les voyons occupés dans les plus fameuses fabriques de faïences rouennaises comme chez les Poterat, ou alliés à de grands manufacturiers, comme les Saas, ou même installés Maîtres de Manufacture.

Je ne sais s'il s'agit bien de notre Mouchard, mais je vois dans les registres de l'église paroissiale de Saint-Sever de Rouen que le 30 janvier 1775 a été baptisé dans cette église « Louis-Thomas Mouchard, né d'hier, du légitime mariage de Louis Mouchard, peintre en faïence, rue d'Elbeuf, et de Anne-Magdeleine Ridel. Le parrain Thomas Mouchard, peintre en fayence, rue d'Elbeuf ». La marraine était Anne-Marg. Duquesney, d'une autre famille de faïenciers rouennais. Si plus tard nous accordons du talent à Louis Mouchard, nous saurons qu'il avait de qui le tenir. Nous verrons plus loin qu'une parente de Louis Mouchard, Adelaïde Mouchard, *native de Rouen*, vint également s'installer à Angoulême, probablement à côté de lui. Elle était née le 9 juin 1774. L'acte de baptême porte « Marie-Adelaïde Mouchard, fille de légitime mariage d'Antoine-Emmanuel Mouchard, fayencier, rue du Pray, et de Marguerite Fauvel son épouse ». Adelaïde Mouchard mourut à Angoulême le 12 février 1834.

Personne n'a parlé du séjour qu'il dut faire dans les ateliers parisiens et cependant il ne paraît pas douteux, bien qu'on ne trouve pas sa trace parmi les ouvriers de la manufacture de Sèvres avant 1808, que ce soit dans les fabriques de Paris qu'il ait acquis cette maîtrise qui s'est manifestée dès son arrivée en Angoumois et qui a si fortement impressionné ses contemporains : « Homme qui possède à un degré supérieur l'art de peindre la porcelaine » (Quénot, 1818), « artiste très distingué ». Pottier a montré qu'à cette époque on fabriquait déjà à Rouen de la porcelaine, mais il affirme qu'on n'y faisait que de la porcelaine blanche ; ce ne peut donc être qu'à Paris que Mouchard a dû apprendre à décorer de la porcelaine et cela expliquera pourquoi les porcelaines de Gardépée et de Saint-Martin pourront avec vraisemblance être étiquetées plus tard « porcelaine de Paris ».

Personnalité curieuse que ce Mouchard, le plus artiste des décorateurs de l'Angoumois à cette époque, ce mot d'artiste étant pris dans les diverses acceptions qu'il peut avoir, impliquant des qualités souvent contradictoires et même des défauts. Il y a dans Mouchard du traditionnel et de l'imprévu, de la discipline et du caprice, de la retenue et de la fantaisie, beaucoup d'imagination et beaucoup d'inconstance — « de l'invention et du talent », dit M. E. Biais — un peu de génie, aussi. En tout cas un étonnant esprit d'entreprise et un manque presque complet de sens pratique.

Dès son arrivée en Angoumois il se met, nous l'avons vu, à la décoration de la *porcelaine*. Il travaille également avec Garive, à Saint-Martin et à Châtres, dans ces deux vieilles églises délabrées, à la décoration de la faïence, mais c'est surtout la *porcelaine* qui l'intéresse. L'absence du kaolin en Charente n'est pas pour lui un obstacle. Il est décorateur sur porcelaine : il fera venir de Limoges des pièces de porcelaine en blanc et il les décorera ici. On a même pu penser qu'il faisait venir du kaolin de Limoges pour fabriquer les objets qu'il devait décorer ; la phrase prononcée par Castaigne en 1879 peut le laisser supposer : « ce fabricant, dit-il, avait établi son industrie dans l'ancienne église de St-Martin et faisait venir à grands frais les matériaux qu'il employait » (BSHAC 1879, p. LXXXI). Mais les annales de l'industrie de 1820 sont trop affirmatives pour laisser subsister le moindre doute : « M. Mouchard, peintre en porcelaine à Angoulême, faubourg Saint-Martin, Charente, tire de la porcelaine blanche des manufactures de Limoges et après avoir fait recuire les pièces, il y place les couleurs qu'il compose lui-même. Les pièces qu'il a exposées nous ont paru très bien exécutées » (*Annales de l'industrie de 1820, rapport sur l'exposition de 1819*).

Evidemment le prix de revient de ses produits devait, de ce fait, être très élevé et il eût été bien préférable de trouver du kaolin en Charente. Telle va donc être sa préoccupation : trouver en Charente de la terre à porcelaine.

Son activité à Gardépée lui avait permis d'étudier avec soin la composition si variée du sol : entre les argiles des différentes formations géologiques qui se rencontrent et se superposent à Gardépée, se trouvent des bancs de sable d'un blanc pur, d'une finesse telle que la matière donne au toucher la sensation d'onctuosité du talc. Mouchard espère un moment qu'il s'agit là de kaolin et il ne laisse pas ignorer ses espoirs : « Il s'occupe en ce moment (1818, Quenot) de chercher dans cette contrée une mine de kaolin et quelques essais lui laissent soupçonner que cette terre se trouve en *abondance* dans l'arrondissement de Cognac, entre cette ville et celle de Jarnac ». « Plus tard (dit Castaigne en 1879) il trouve des mines de kaolin entre Jarnac et Cognac ». Mais le « kaolin » de Gardépée semble ne devoir donner que des mécomptes et mieux vaut continuer à faire venir de Limoges les pièces en blanc et à les décorer, sans cesser cependant la fabrication des faïences et des poteries. Ses efforts n'ont-ils pas déjà été couronnés de succès ? En 1817 il avait montré au Duc d'Angoulême, de passage dans cette ville, un échantillon sorti de ses fourneaux « et son Altesse, en le complimentant sur ce travail, a permis que son nouvel établissement portât son auguste nom ». Voici donc le modeste atelier de la vieille église St-Martin transformé en « Manufacture du Duc d'Angoulême », titre qui doit s'étendre, sans doute, au four de Gardépée.

Mais Mouchard est hanté par la question du kaolin en Charente. Après tout, ce n'est qu'en 1765 que le kaolin a été découvert en France et les mines de St-Yrieix, découvertes en 1768, ne sont pas éloignées d'Angoulême. En 1821 il croit être arrivé au but, il annonce qu'il a trouvé du kaolin à Dignac. M. E. Biais a rappelé (*BSAHC* 1879, *p. LXXXVI*) tout l'intérêt soulevé par cette découverte à la Société d'Agriculture de la Charente. Nous voyons en effet cette Société former immédiatement une Commission et charger un de ses membres de faire un rapport sur la découverte de Mouchard — et nous allons bientôt voir M. le Préfet de la Charente se rendre lui-même à Dignac pour prélever, dans des sacs, des échantillons de la précieuse terre.

Mouchard, « fabricant de faïence à St-Martin sous Angoulême », avait confectionné, avec de la terre provenant exclusivement de Dignac, de petits creusets qu'il avait soumis à la Société d'Agriculture. M. Jure, directeur de la Fonderie de Ruelle et président de la Commission nommée par la Société d'Agriculture, examina avec soin les creusets fabriqués par le sieur Mouchard « fabricant de poterie et peintre sur porcelaine ». « Nous avons pensé, dit-il dans son rapport, qu'il entrait du kaolin dans la pâte de ces creusets et nous avons soumis ce doute à M. le Préfet en ajoutant que si M. Mouchard n'y avait pas mis de kaolin, il avait obtenu un mélange de silice et d'alumine qui pouvait remplacer le kaolin que l'on trouve dans les environs de Limoges » La question devient donc tout à fait sérieuse. Le préfet répondit que Mouchard lui avait affirmé qu'il n'entrait dans ces creusets rien autre chose que de la terre de Dignac. « Les briques de M. Mouchard, conclut M. Jure, pourraient être employées pour la construction de fourneaux à reverbère » et nous pensons que la fonderie royale de Ruelle trouverait là un très grand avantage dans leur emploi. (*Annales Soc. d'Agriculture de la Charente* 1821, T. III, p. 254).

On décida alors de faire une enquête minutieuse dont le résultat est signalé dans un nouveau rapport de M. Jure : « Je crus, dit le directeur de la Fonderie de Ruelle, que ce fabricant avait fait entrer du kaolin de Limoges dans la composition de ces creusets et je fus fort étonné d'apprendre qu'ils étaient composés avec une terre prise dans ce département, à Dignac, sans aucun mélange de terre étrangère. M. le Préfet, pour s'assurer de la réalité de cette découverte, prit le parti d'aller lui-même sur les lieux ; il fit remplir plusieurs sacs de cette terre qu'il déposa dans une chambre de la Préfecture. M. Maillet fut chargé de faire fabriquer sous ses yeux des briques et quelques vases avec cette terre. Les vases furent soumis à une première cuisson dans un fourneau du sieur Mouchard, ensuite M. le Préfet et M. Maillet les apportèrent à Ruelle et nous les passâmes pendant trois heures au feu violent de nos fourneaux à reverbère. Les gazettes qui contenaient les petits vases ne purent pas résister à une aussi haute température — elles se boursouflèrent et se vitrifièrent. En cassant ces masses informes, nous trouvâmes dans l'intérieur les petits vases affaissés et enveloppés par la pâte des gazettes. *Ces vases étaient de la porcelaine* ». (*Ibid.* n° XII p. 377).

Mais ces petits vases avaient été faits à la hâte. « On aurait voulu y observer un grain plus fin et plus de translucidité. Le sieur Mouchard s'est empressé de remplir les vœux de la Société ; il a mieux broyé ses terres *et il a obtenu des vases en porcelaine* qui réunissent toutes ces qualités. En examinant ces vases on se convaincra que le but du sieur Mouchard est rempli. Il a prouvé que le département de la Charente possède toutes les matières nécessaires *pour la fabrication de la porcelaine dure* et que, par là, cet artiste mérite la continuation de la bienveillance de la Société et du Gouvernement ». (*Ibid. p.* 382).

Puis le directeur de la Fonderie de Ruelle donne un aperçu des perspectives illimitées qui s'ouvrent à l'industrie charentaise par suite de la trouvaille de Mouchard et de l'épaisseur du banc de Dignac et il voudrait qu'un établissement se fondât tout de suite pour tirer parti de la découverte de Mouchard : « La découverte incontestable qui a été faite de matières propres à faire de la porcelaine serait perdue si l'on n'obtient pas quelques secours qui puissent aider à fonder un établissement ». (*Ibid.* 1822, p. 177).

Dans l'association de Garive et de Mouchard, n'est-ce pas plutôt Mouchard, peintre décorateur de la manufacture du Duc d'Angoulême et auteur de la découverte en Charente de *gisements*

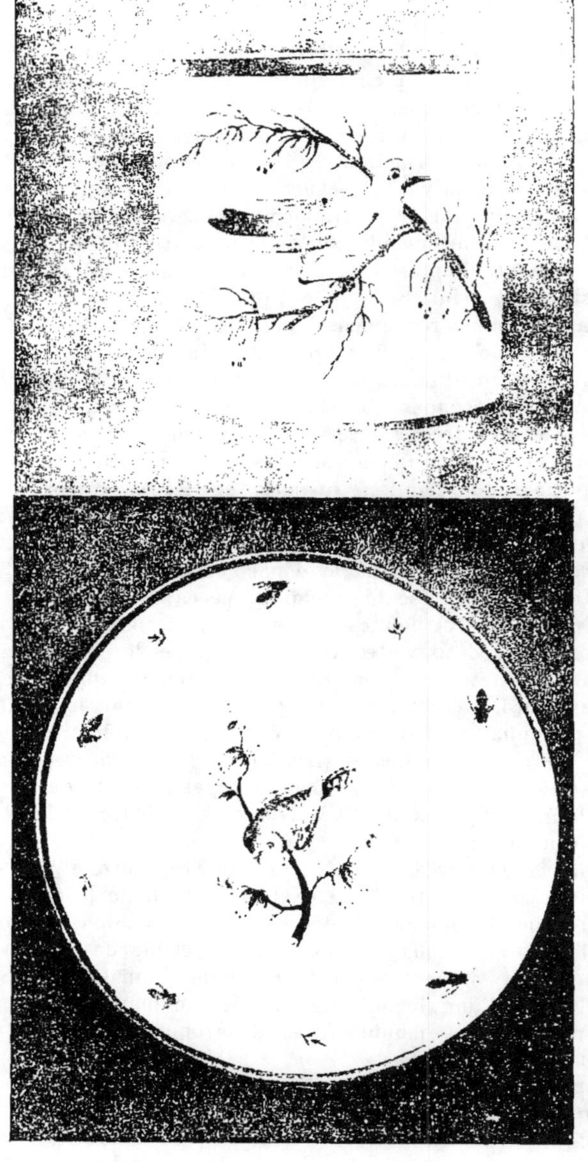

PORCELAINE DÉCORÉE DE CHATRES
appartient à M. Ém. Faure, de Jarnac.

« *inépuisables* » *de kaolin pétunsé*, cet « artiste très distingué », qui est une illustration charentaise ? et après ce qui précède peut-on encore attribuer à Garive la décoration des tasses en porcelaine de Garde-Epée et d'Angoulême ?

Mais, hélas ! la fabrication de la porcelaine avec le « kaolin » de Dignac ne donna pas de beaucoup meilleurs résultats au point de vue industriel que si on avait employé le « kaolin » de Garde-Epée. Mouchard dut abandonner cette industrie, qui ne lui apportait que des mécomptes malgré les puissants appuis moraux qui se présentaient à lui. En vain avait-il obtenu une médaille d'argent (la plus haute récompense) pour les objets qu'il avait montrés à l'exposition de 1822. « Son industrie n'ayant pas prospéré, dit Castaigne en 1879, il cessa *la fabrication* de la porcelaine pour ne plus s'occuper que de faïence. M. Mouchard fit alors quelques vases en terre sur lesquels était monté en relief un portrait du Duc d'Angoulême. M. Castaigne possède un de ces vases portant l'inscription suivante en lettres creusées à la pointe avant la cuisson : « Fait le 15 février 1821 par Mouchard à Angoulême ». « A l'exposition des produits de l'agriculture du commerce et des arts dans le département de la Charente, en 1822, Mouchard a présenté quelques pièces de porcelaine blanche qu'il a dorées et peintes par le moyen de plusieurs couleurs dont il a fait la découverte. Au début la pâte de ces porcelaines manquait de finesse et de la translucidité relative qu'il leur donna plus tard. Ce brave homme fut réduit par le défaut de moyens pécuniaires à ne pouvoir étendre son industrie au delà de très restreintes limites ». (*Hist. des manufactures françaises de porcelaine* », comte X. de Chavagnac et marquis de Grollier, Paris 1906). Les fours de St-Martin et de Châtres durent être éteints peu après 1822.

Les objets en porcelaine décorés par Mouchard et demeurés en Charente durent être plus nombreux qu'on ne le croit généralement, mais la plupart d'entre eux ont été vendus et sont sortis de la Charente sous l'étiquette « Porcelaine de Paris », car les antiquaires estiment que ces porcelaines, qui sont de petites merveilles et d'une technique achevée, comparables aux plus beaux produits des manufactures d'Europe, ne peuvent avoir que Paris pour origine.

Il nous faut donc nous baser sur les objets assez peu nombreux qui sont restés dans nos familles charentaises et que la tradition attribue expressément à Gardépée, ou sur les objets dont l'origine est nettement indiquée, pour rendre à Mouchard l'hommage qui est dû à son grand talent. Je ne puis me livrer à une étude un peu approfondie de l'œuvre de Mouchard, et j'aurais préféré accompagner ces notes de reproductions des tasses qui sont encore accessibles, pour en montrer le charme et la variété. La décoration la plus typique est constituée par des fleurs et des oiseaux aux plus délicieuses couleurs, peints avec un soin infini ; par des jetés de fleurettes d'or et surtout par des mouches « d'une ressemblance inouïe », pour employer l'expression de M. E. Biais. La mouche a souvent figuré dans les décors de porcelaine de Paris, mais ici la mouche est véritablement la signature de Mouchard. Certaines pièces, offrant la même technique et la même décoration, portent l'indication de leur origine et authentifient ainsi les premières : « *Pour Mme de Gardépée* » ou un grand *M.* ou la marque *G de E. P.* avec ou sans l'épée, ou bien encore les initiales en entrelac d'une Dame de Gardépée. J'ai retrouvé celles que cite P. de Lacroix et j'en ai rencontré d'autres encore. Celles qui étaient mentionnées comme faisant partie de la collection de M. de Jarnac de Gardépée sont restées dans cette famille où elles sont précieusement conservées. De même la cruche en faïence dont il a été parlé est encore entre les mains de Mme Vignaud. Partout où j'ai retrouvé des tasses de Mouchard, je sais qu'elles sont en sécurité. Je serais seulement heureux si ces notes contribuaient à les fixer mieux encore où elles sont ou bien si cette courte étude pouvait décider ceux qui en ont encore la garde à les confier à nos musées d'Angoumois ou de Saintonge, où est leur véritable place.

On pourrait alors se faire une idée exacte de l'œuvre si intéressante de Mouchard et se rendre compte de la variété des sujets. Ce sont, comme nous l'avons vu, des oiseaux aux jolies couleurs, des mouches étonnantes de vérité, ce sont aussi des guirlandes de roses, de fines arabesques rouge et or, des chasses, des paysages, des châteaux ou des maisonnettes dans un ovale d'or, des fleurettes d'or semées partout, des bordures d'or, des filets d'or : l'or a été mis sans économie, j'allais dire à profusion. Lorsqu'on parlait naguère encore aux paysans de la région de Gardépée de la fabrique de Châtres, ils racontaient toujours, en riant, que pour mettre de l'or sur les tasses, « on faisait fondre des napoléons de vingt francs ». Le fait m'a été souvent raconté ; il explique en partie pourquoi la spéculation s'est montrée désastreuse.

Ris-Paquot a porté sur Mouchard un jugement superficiel, il l'a accusé d'avoir « mis son talent à la reproduction de sujets que réprouve la décence ». C'est là une méchante imputation que M. E. Biais a su ruiner : Mouchard peut avoir « sacrifié par hasard à l'animation d'une scène galante ; il n'y a pas eu de sa part, que l'on sache, récidive ».

Est-ce à Angoulême ou à Gardépée que Mouchard a décoré ses pièces ? Il semble bien que Mouchard ait décoré ses porcelaines tantôt à Angoulême, tantôt à Gardépée. Nous avons des pièces marquées « *Mouchard à St-Martin fecit* 1809 » ; une autre, représentant une chasse au cerf dans un cercle d'or et signée en noir « *Mouchard, Angoulême, ptre à St-Martin le* 23 *août* 1819 ». (*Hist. des manufact. françaises de porcelaine*).

Mais nous en avons d'autres qui sont marquées « Gardépée » ou d'une Epée ou qui étaient destinées à un membre de la famille de Gardépée. Evidemment, ces pièces aussi auraient pu être peintes à Saint-Martin et apportées à Gardépée. Je crois toutefois que Mouchard a décoré de la porcelaine à Gardépée, à côté de son protecteur. Tout d'abord la tradition l'affirme, et, aussi, il paraît naturel que les pièces marquées « *Garde-Epée* » y aient été décorées. De plus, lorsque Raymond Barbaud écrivit en 1897 sa notice archéologique sur l'église abbatiale N.-D. de Châtres, il ne manqua pas de signaler l'existence, à l'extrémité du transept sud, d'une « cheminée et de la voûte inférieure d'un *four à cuire la porcelaine* » d'après ce qui lui avait été dit sur place, et c'est rarement qu'on emploie, dans nos campagnes, le mot « porcelaine » pour le mot « faïence ». J'en trouve enfin l'assurance dans la tradition locale, profondément enracinée ici, suivant laquelle Mouchard, pour dorer ses tasses, faisait fondre des napoléons de 20 francs. On peut s'imaginer la stupeur de nos campagnards en voyant les pièces de 20 francs, même à l'effigie de Napoléon, jetées dans le creuset de Mouchard pour y être fondues ou soumises à l'action des acides ; nous comprenons que l'impression reçue ait été très forte et durable.

Pour la question de la *fabrication* de la *porcelaine* à Saint-Martin ou à Châtres, nous avons vu que nul doute ne doit subsister. Si Castaigne a pu dire en 1879 « il cessa toute fabrication de la porcelaine pour ne plus s'occuper que de faïence », c'est qu'il était insuffisamment informé, car les témoignages des contemporains de Mouchard sont très affirmatifs : j'ai déjà cité un document de 1820 où il est dit que « M. Mouchard peintre en porcelaine, à Angoulême, faubourg Saint-Martin, Charente, tire de la porcelaine blanche des manufactures de Limoges et, après avoir fait recuire les pièces, il y place les couleurs qu'il a composées lui-même ». Un autre témoignage décisif est celui de Quenot, dans sa statistique de 1818 : « il n'y a point encore de manufacture de porcelaine dans ce département. M. Mouchard, homme habile dans cette fabrication, et qui, surtout, possède à un degré supérieur l'art de *peindre et de dorer* de la *porcelaine blanche* et *de fabriquer de la faïence et des poteries* ».

Il ne faut pas parler des rares pièces qu'il façonna pour prouver les propriétés extraordinaires de la terre de Dignac : ces pièces n'étaient que des essais de laboratoire.

Après avoir abandonné son industrie, qu'est devenu Mouchard ?

Les recherches que j'ai faites ne m'ont donné aucun résultat. Il n'est pas mort à Angoulême, ni à Limoges. Je n'ai pas pu trouver son acte de décès à Rouen. Et M. Lechevallier-Chevignard, directeur de la manufacture nationale de Sèvres, m'affirme qu'il n'a pas travaillé dans cet établissement après 1821. Peut-être saurons-nous un jour où il a dirigé ses pas, après ses échecs en Charente. Peut-être saurons-nous alors quelles œuvres il a pu encore produire, et quelle notoriété s'est, ailleurs, attachée à son nom. Pour le moment, nous ne savons rien sur les dernières années de cet artiste.

Adélaïde Mouchard, elle, mourut à Angoulême, le 12 février 1834 ; son acte de décès porte : « Adélaïde Mouchard, décédée le 12 février 1834, à Angoulême, femme Lecler, native de Rouen, âgée d'environ 50 ans ».

Je serais heureux si ces notes pouvaient servir à faire revivre le souvenir d'un des plus charmants artistes qui aient travaillé en Charente au début du XIXe siècle. Sa renommée fut toute régionale — toute locale, même — parce que, plus tard, on jugea invraisemblable qu'un grand talent ait pu se manifester ainsi dans deux obscurs ateliers d'Angoumois.

Robert DELAMAIN

Victor Louis en Saintonge

L'HOTEL DE KERLIVIO-BROUSSARD

a Pons

Au numéro 46 de la rue Gambetta, vis-à-vis du vieux donjon, s'élève l'hôtel de Kerlivio-Broussard, plus connu à Pons sous le nom de « Maison Sardou ».

Avant de donner la description de ce bel immeuble, il est nécessaire de rappeler une tradition très tenace relative à sa construction. Tradition qui fait foi de document lorsqu'elle est admise par un érudit comme Charles Marionneau (1).

Le biographe du célèbre architecte qui dota Bordeaux de son Grand-Théâtre nous dit qu'il aurait construit vers 1780 l'Hôtel de Kerlivio-Broussard à Pons, ainsi que la maison Belrman. Louis, ajoute-t-il, habitait la maison de M. Richard Laurenceau. Ce fait vient à l'appui de son intervention dans la construction de l'immeuble qui nous occupe ; en effet, les Laurenceau, vieille bour-

(1) Charles Marionneau, *Victor Louis, architecte du Grand-Théâtre de Bordeaux*. Bordeaux, Gounouilhou, 1881, p. 434.

geoisie de robe, étaient intimement liés et furent alliés à la famille Broussard.

Il n'est cependant pas prouvé que Louis eût résidé à Pons. Dans ce cas, il en serait comme de l'hôtel des intendants de Franche-Comté dont les plans sortirent des bureaux de Louis à Bordeaux et qui fut exécuté sans que l'architecte eût jamais séjourné à Besançon.

Marionneau devait ces informations à Me Maufras, notaire de Pons, mais il n'avait pas personnellement étudié l'hôtel de Kerlivio-Broussard. C'est sans doute la raison pour laquelle il le date de la fin des travaux du Grand-Théâtre de Bordeaux (1780). Certains éléments de décoration nous font croire que sa construction est beaucoup plus rapprochée du commencement de ces travaux, c'est-à-dire de 1772. Louis avait déjà eu à faire en Saintonge puisque le gros-œuvre du château de Plassac fut terminé cette année.

Les précieux cartons de l'architecte du roi de Pologne, ou plutôt ce qu'il en reste, ne révèlent aucun renseignement et le traité de construction n'a pu être découvert. Cependant, lorsque l'on rapproche la demeure des Kerlivio des constructions conçues par Louis, on n'a aucun doute sur son origine. *S'il n'en a pas lui-même dirigé l'exécution, Louis en a dressé les plans et l'a fait édifier par un de ses nombreux collaborateurs, vers 1772.*

*
* *

La décoration et les vastes proportions de l'ouvrage témoignent du goût et du luxe de l'époque. D'importants travaux de restauration exécutés par M. Sardou, vers 1900, assurèrent la conservation de l'édifice sans compromettre ses dispositions primitives.

La façade principale, percée de vingt-sept ouvertures (vingt-quatre fenêtres et trois portes) mesure trente-deux mètres cinquante de largeur. L'intérieur est divisé en vingt-deux pièces. Le rez-de-chaussée, entièrement voûté (comme les caves) comprenait à l'origine les cuisines, la salle à manger et les salons.

L'escalier primitif en bois fut remplacé lors de la restauration par le bel escalier en pierre qu'on peut voir aujourd'hui. La superbe rampe forgée d'après les dessins de Louis fut utilisée lors de cette transformation. Le premier étage, avec ses pièces hautes et spacieuses, abritait les chambres à coucher ; l'ouverture du milieu donne accès sur le balcon en fer forgé dont les ornements les plus curieux sont des trophées composés de torches, de cœurs et de flèches symbolisant l'amour. Ce balcon, ainsi que les autres pièces de ferronnerie (rampes, tympans des portes d'entrée, ferrures)

L'Hôtel de Kerlivio-Broussard.
(*État actuel*).

forment un ensemble remarquable du travail du fer forgé et repoussé à la fin du XVIIIe siècle.

A l'extrémité du premier étage se trouvait la chapelle dont il sera parlé. La tradition a conservé sa dénomination primitive à cette pièce correspondant aux deux premières fenêtres à droite de la façade. Enfin le second comprenait les chambres des serviteurs. La façade donnant sur la cour d'honneur est la répétition de la façade principale.

De vastes bâtiments et chais témoignent d'une importante installation de brûlerie. On appelle encore (le cadastre en fait foi) ces constructions « la recette » parce qu'elles furent élevées sur l'emplacement des anciens bâtiments où se percevaient les droits seigneuriaux (1)

Il existait en outre toutes sortes de dépendances propres à donner le confortable nécessaire à ce bel hôtel seigneurial construit sur l'emplacement de bâtiments plus anciens pour les époux de Kerlivio-Broussard. Au-dessus de la porte d'entrée figure un écusson en fer forgé portant leur chiffre K. B.

***

Messire Jean-Baptiste de Mauduit de Kerlivio, seigneur de Kerlivio, Branderion (2) et autres lieux, capitaine-commandant le régiment Royal-Dragon avec rang de lieutenant-colonel et chevalier de l'ordre royal et militaire de Saint-Louis, épousa le 27 décembre 1762, dans l'église des RR. PP. Cordeliers de Pons, demoiselle Françoise-Elisabeth Broussard dont il eut une nombreuse postérité (3). Jean-Baptiste de Maudit de Kerlivio vota à l'assemblée de la noblesse de Saintes, le 16 mars 1789 (4) et fut décédé en son hôtel à Pons, le 8 février 1790. Le 29 mars, un acte de notoriété établissait la qualité de ses héritiers et une procuration fut établie afin d'encaisser les pensions militaires accordées en vertu d'un brevet signé du Roi, le 1er août 1779 et de remettre la Croix de Saint-Louis (4).

Sa veuve et ses enfants occupèrent l'hotel de Kerlivio-Broussard et ne tardèrent pas à être inquiétés comme « suspects » à cause de l'émigration de « très illustre Michel-Jean-Pierre Dexmier,

(1) Les Broussard étaient seigneurs de Jazennes, Monac, La-Croix-Marron, etc. (Arch. de la Charente-Inférieure B., Sirerie de Pons).

(2) Sénéchaussée d'Hennebont, diocèse de Vannes.

(3) Etat civil de Pons.

(4) De la Morinerie, *La Noblesse de Saintonge et d'Aunis...*, p. 101.

(4) Potet, notaire à Pons.

comte d'Archiac », seigneur de Dercie et capitaine de cavalerie au régiment de la reine, qui servait dans l'armée de Condé et y fut tué le 1er décembre 1794 (1). Sa femme, sa belle-mère, ses beau-frère et belle-sœur ne tardèrent pas à tomber sous le coup des décrets qui frappaient les parents d'émigrés et furent incarcérés en compagnie d'un groupe de dames suspectes.

Après avoir parlé du Père de Ravignan et de la distribution de prix à laquelle il assista au collège de Pons, M. Lugat, maire d'Agen et ancien officier ayant servi aux Hussards de la montagne (2), rappelle, dans une lettre en date du 22 février 1847, une anecdote assez plaisante et relative à cette incarcération (3) :

« A l'époque où je quittais la garnison de Libourne avec le com-
» mandant Joliet et deux cents hussards, on me confia le rôle
» d'officier-payeur et nous passâmes par Pons pour nous rendre à
» Saint-Maixent où était le régiment. Après tous les soins donnés
» à nos occupations, ne sachant que devenir, nous fûmes flaner
» sur la place de l'ancien château et à fumer notre maudit tabac.
» Tout à coup, nous aperçûmes à des croisées en fer, plusieurs
» dames, qui, sans doute effrayées de nos regards indiscrets et
» sans doute du rôle que nous étions appelés à jouer, se retirèrent
» à la hâte et fermèrent leurs volets. Nous fûmes désolés de ce
» contre temps et nous restâmes les bras croisés, sans pipe à la
» bouche, dans un morne silence qui, sans doute, ne fut pas mal
» interprété de la part de quelques curieuses qui rouvrirent un
» coin de leur volet. Bientôt après, tous les volets se rouvrirent et
» toutes les fenêtres — *C'était une très grande maison, aujourd'hui*
» *Petit Séminaire* — furent garnies de dames. Un de ces officiers
» qu'on rencontre partout nous dit que c'était une *maison de ré-*
» *clusion où l'on enfermait toutes les dames suspectes de ne pas*
» *aimer la République une et indivisible.* »

« Par un mouvement spontané, dès que nous aperçûmes ces da-
» mes, dans un recueillement forcé par les circonstances, nous ex-
» primâmes de notre mieux l'intérêt sacré qu'elles nous inspiraient
» et nous en reçûmes des remerciements tacites, mais expliqués
» par des signes non équivoques ....
» Longtemps après, un de mes amis d'ici fut se marier à Pons ;
» si je ne me trompe, tu as dû le connaître dans l'escadron d'Or-
» thès. De Sainte-Colombe de Boissonnade était son nom ; marié

---

(1) Poitevin, notaire à Pons.
(2) 12e régiment de hussards.
(3) Archives du château de Belvèze (Tarn). — M. Lugat n'indique pas la date, mais il est certain que ce fut après le 23 janvier 1793 et avant le 1er mars 1795, vraisemblablement sous la Terreur, en 1794.

» qu'il fut, il conduisit sa moitié à Agen où j'eus l'honneur de la » voir plusieurs fois. Un jour que je causais avec elle, je lui parlais » de Pons et de notre aventure devant la maison où l'on tenait » enfermées toutes les dames suspectes, *à qui en parlez-vous, me » dit-elle, j'étais là aussi avec ma mère et ma sœur, je me rap- » pelle très bien cette anecdote.* Elle eut l'obligeance de me dire » que toutes, d'un commun accord, elles avaient (*sic*) passé de la » terreur à la plus douce confiance, et chacune d'elles disait : » *Plût à Dieu que tous les républicains fussent de cette trempe.* »

Joseph-François-Armand de Sainte-Colombe de Boissonnade, dont parle M. Lugat, avait épousé, à Pons, Marie-Gabrielle de Mauduit de Kerlivio (1), le 30 prairial an VIII (16 juin 1800). La bénédiction nuptiale leur fut octroyée dans la chapelle de l'hôtel de Kerlivio-Broussard par François Chenuau de Latour, prêtre approuvé par les Vicaires apostoliques pour le diocèse de Saintes. La minute de l'acte, conservée dans la famille, porte que la cérémonie eut lieu dans la chapelle « à défaut d'église pour les catholiques » (2).

Par suite de ce mariage l'hôtel de Kerlivio-Broussard devint la résidence d'hiver de la famille de Sainte-Colombe de Boissonnade. Eulalie-Charlotte-Hermance de Sainte-Colombe de Boissonnade, confidente du cardinal Clément Villecourt, y naquit, le 23 ventôse an XII (14 mars 1804) (3). Mathurin-Jean-Baptiste-Annibal-Gaston, comte de Sainte-Colombe de Boissonnade, y était né le 13 floréal an XI (3 mai 1803) et fut baptisé dans la chapelle (3).

Les *Chroniques du Carmel* citent à tort (4) la naissance de la fondatrice des Carmels d'Angoulême et de Genève, Elisabeth de Sainte-Colombe de Boissonnade qui naquit au château de Pouyehaut, à Nérac (L.-et-G.), le 6 floréal an IX (26 avril 1801) (5). Elle fut baptisée dans la chapelle de l'hôtel de Kerlivio-Broussard, en 1804, par l'abbé Bouyer, que la famille de Kerlivio avait caché pendant la Terreur.

***

(1) Etat civil de Pons, Potel, notaire. — Marie-Gabrielle de Mauduit de Kerlivio, née dans la même ville, le 2 septembre 1769, décédée à Saintes, le 25 juin 1849.

(2) Le chevalier Joseph-François-Armand de Sainte-Colombe de Boissonnade, dit le comte de Sainte-Colombe de Boissonnade, né au château de Boissonnade à Layrac (L.-et-G.), le 16 juin 1772, fut maire de Villars-en-Pons pendant vingt-deux ans, de 1808 à 1830 et décédé sur cette commune, au château des Touches, le 13 juillet 1843.

(3) Etat civil de Pons.

(4) Tome IV, p. 60.

(5) Etat civil de Nérac.

L'œuvre de Louis devait changer fréquemment de propriétaires ; en vertu des partages survenus à la mort de la douairière de Mauduit de Kerlivio (1), l'hôtel de Kerlivio-Broussard devint la propriété de sa fille la comtesse Dexmier d'Archiac. Confidente du cardinal Clément Villecourt, lorsqu'il était évêque de La Rochelle, Madame d'Archiac ne tarda pas à mettre à la disposition de ce prélat la plus grande partie de son immeuble. L'inventaire de sa succession (2) nous apprend que l'évêque l'occupait depuis longtemps à titre de bail verbal.

Enfin Monseigneur Clément Villecourt acquit l'hôtel de Kerlivio-Broussard en vertu d'un acte sous seing privé, enregistré à La Rochelle, le 14 octobre 1841. Une ordonnance royale, du 27 novembre 1842, en autorisa l'acquisition par les Séminaires « pour l'agrandissement de l'école secondaire ecclésiastique existant à Pons ».

Après que le séminaire fut transféré dans la maison de Notre-Dame de Recouvrance, ou Collège de Pons, un décret impérial du 11 juillet 1860 en autorisa la vente, passée à M. Delouche, le 8 août de la même année.

Ce bel immeuble, actuellement en vente, est la propriété de son petit-fils, M. Marc Sardou.

Robert DUCOT.

LE BAS-RELIEF DE SAINT-CLÉMENT

L'église de Saint-Clément (Cabariot), près Tonnay-Charente, est une de celles qui, à l'écart des voies fréquentées, restent inconnues, souvent à tort. Elle présente une façade percée d'une porte accompagnée à droite et à gauche d'une arcade aveugle. Les chapiteaux se profilent sur les arcades de manière à former tympans. Sculpture d'ornement, le même tout le long. La porte est remarquable par sa voussure polylobée, rareté dans notre pays. Le tympan de droite mérite attention parce que lui aussi offre la particularité peu répandue d'un bas relief inspiré par la vie du saint patron.

Cette église, restaurée en 186, a été décrite par Bourgeat dans le *Recueil de la commission des Arts et Mon. de la Charente-Inférieure*, tome II, p. 148. Lesson dans ses *Fastes* pl. 75, a donné un dessin exact dans l'ensemble. Tous deux ont expliqué le bas

---

(1) Elisabeth Broussard, décédée le 13 juin 1824.

(2) Fait par devant Me Drilhon, notaire à Saintes, après son décès survenu le 14 août 1841.

relief de la même façon et se sont étrangement trompés. Dans ce tympan on voit quatre personnages, très mutilés, dans une barque sur les flots.

Bourgeat et Lesson ne se sont pas doutés un instant qu'il s'agissait d'un épisode de la vie du saint patron. Ils l'ont comparé avec le sépulcre du roi Dagobert à Saint-Denis. « C'est la vision, dit Lesson, du moine Jean, racontée par Aymoin, du passage dans la barque de l'âme du roi Dagobert ». Bourgeat ajoute : « Ce sont les trois évêques saint Denis, saint Martin et saint Maurice portant l'âme de saint Dagobert qu'ils ont été chercher en enfer ». Evidemment, à Saint-Denis et à Saint-Clément on voit quatre personnes dans un bateau, mais ils s'expliquent d'une manière différente.

Deux registres superposés du tombeau de Dagobert racontent sa légende, à Saint-Clément un seul suffit. La *Légende dorée* contient un long récit de la vie dramatique de saint Clément. Voici en peu de mots l'épisode que l'imagier du XIIe siècle a voulu figurer.

Clément a été ordonné évêque par saint Pierre qui lui céda son pontificat. Un jour, il accomplit un grand miracle qui impressionna la foule ; 500 convertis se présentèrent au baptême, détruisirent les temples de la province. L'empereur Trajan envoya un prince sur les lieux, et quand celui-ci vit que tous les fidèles étaient décidés à mourir, il fit saisir Clément et jeter à la mer, une ancre attachée au cou, en disant : « les chrétiens ne pourront l'honorer comme un dieu ». C'est la scène représentée. La légende ajoute que bientôt après, Corneille et Phébus, disciples du saint, recommandèrent aux chrétiens assemblés sur le rivage de prier, afin que le Seigneur leur fît découvrir le corps du martyr. Et aussitôt la mer recula d'un espace de 3 milles, et les fidèles, avançant à pied sec, trouvèrent un édifice de marbre, une sorte de temple où le corps de Clément était enseveli dans un tombeau, l'ancre étant posée à côté.

Ch. D.

SAINTONGIANA

I

Un grand manuscrit in-folio de la Bibliothèque nationale (il mesure 573 mm. × 392 mm.) contient des « *Postilles de Nicolas de Lire sur les premiers livres de la Bible...* » (latin 11.519).

Les gloses du célèbre Nicolas de Lire n'intéressent en rien notre province mais, sur un feuillet de garde de ce volume, figure le curieux marché suivant :

« Le XXVe jour de apvril mil CCCCLXXII fist marché Jehan Gourdon, escripvain, demourant à Xaintes, à noble homme René Chauderier, escuier, seigneur de Nyoil, en la manière qui s'ensuit : C'est assavoir que le dit Gourdon doit faire et noter le noir d'un antiphonier ou responsier à l'usaige de Xaintes et rendre prest dedens de la Saint Jehan prouchaine qui vient en ung an, tout et en la fourme qu'il a fait au dit escuyer ung grallier, fors qu'il y aura en chacune paige dix ou onze lignes au choys du dit escuyer, lequel escuyer doit fournir de parchemin. Et pour ce faire doit paier la somme de quarante livres au dit Gourdon, et oultre par le dit marché doit le dit Gourdon, toucher et rendre le dit livre relié bien et deuement. Et fut ce present marché fait presens Pierres Crosson, Guillemin Bonfilz et autres, et signé de la main du dit Gourdon les jour et an dessus dis : J. Gourdon. » (1)

Ce marché nous apprend plusieurs choses intéressantes : Jehan Gourdon était sans doute, à cette époque, un des rares copistes saintongeais, puisque le seigneur de Nieul venait jusqu'à Saintes pour lui faire exécuter un antiphonaire, après avoir obtenu du même un grallier (2). Gourdon est chargé seulement de faire le noir. On sait que les manuscrits passaient souvent chez plusieurs copistes, avant d'être terminés.

L'écriture courante de Gourdon n'est pas belle : les caractères sont grossiers, empâtés, très difficiles à lire. Elle fait un contraste étrange avec le manuscrit qui suit, également du xve siècle, sur beau parchemin blanc, d'une jolie écriture, très fine et très lisible, quoique serrée. Il est probable que ce feuillet de garde, en raison de son grand format égal à celui du manuscrit, aura été ajouté au moment de la reliure actuelle, qui ne date que du xviiie siècle.

Nous apprenons aussi ce qu'on payait alors, en province, pour l'écriture noire d'un antiphonaire avec sa reliure, soit 40 livres, environ 1.280 francs (en or d'avant-guerre, d'après G. d'Avenel). Pour connaître la valeur totale du livre il faudrait ajouter le prix du parchemin (3) et, le cas échéant, le salaire du rubricateur.

Nous n'avons rien trouvé sur les deux témoins du marché : Pierre Crosson et Guillemin Bonfils. Ces noms et celui de Jehan Gourdon

---

(1) Cette transcription est de Léopold Delisle qui, dans ses *Instructions pour la rédaction d'un catalogue de manuscrits.....* Paris, s. d. [1910] 8° (p. 12) cite ce volume comme exemple de la description d'un manuscrit.

(2) grallier (graelier, gralier) graduel. (*Dict.* de Godefroy). Lacurne ne donne que la forme *grael.*

(3) En 1467, le duc de Bourgogne payait le parchemin à raison de 16 sols le cahier. (Lecoy de la Marche).

se retrouvent encore aujourd'hui dans notre province. Le nom de Chaudrier, par contre, est connu de tout le monde.

René Chaudrier, Ecuyer, seigneur de Nieul, Cirières, Noireterre, etc., épousa, vers 1448, Françoise Bonenfant, dont il eut un fils et deux filles. Le fils, Jean Chaudrier, épousa Joachine de Beaumont qui lui donna deux ou trois filles dont l'une, Jeanne, dame de Cirières et autres lieux, eut une existence assez mouvementée. Beauchet-Filleau nous apprend qu'elle fut enlevée par Jacques de Fontbrener (1), qu'elle épousa ensuite, en 1500, Guyot des Roches, puis en secondes noces Louis de Ronsart, maître d'hôtel du dauphin. De ce mariage naquit Pierre de Ronsard.

René Chaudrier, seigneur de Nieul, client de l'écrivain saintais Jehan Gourdon, est donc le grand père maternel de l'illustre poète Ronsard, qui consolida ses attaches avec la Saintonge en chantant divinement Hélène de Surgères.

C. B.

LE TUMULUS DU CRUCHEAU

Lorsque l'on parcourt la route départementale de Pons à Archiac l'œil découvre, en arrivant devant la gare de Sainte-Lheurine, sur le côté droit, à cent mètres de cette route, un mamelon avancé, qui donne l'impression d'un cerne de moulin. Ce mamelon appelé le « Crucheau », porte, sur la carte de l'état-major, la cote 88. Il est abrupt, face à la route, avec une hauteur de 3 m. 80, dont la perspective s'augmente du fait de la déclivité des terrains environnants, sauf vers l'ouest, où la pente s'atténue plus légèrement.

Un passant, mieux avisé, éprouve une autre impression que celle d'un cerne de moulin ; il se demande s'il n'est pas plutôt en face d'un tumulus.

C'est ce qu'avait pensé l'un de nos confrères, M. Braud, qui l'avait signalé, dans le numéro du 1er janvier 1886 de cette Revue, vol. VI, page 31 ; mais le tertre gardait tout son mystère, aucune fouille n'ayant été faite jusqu'ici.

Il y a quelques mois M. Ulysse Pinaud, demeurant au village de Chez Lacour, commune de Sainte-Lheurine, perçait une large

(1) On pourra compléter cette notice en se reportant aux lettres de Louis XII publiées par P. Marchegay dans *Lettres missives originales du Chartrier de Thouars, série du* XV*e siècle*, (p. 151-53) où le nom du ravisseur est écrit Fonbrunier d'abord et Fonbernier dans le désistement des promesses de mariage qu'il avait souscrites à Jeanne Chaudrier (26 septembre 1499).

ouverture sur le flanc du terrier du Crucheau, qui dépend de sa popriété, dans la partie la plus élevée, dans le but d'y édifier un caveau sépulcral. Cette idée pourra paraître à notre époque une originalité ; mais elle n'a pas à être discutée, et, à nous, elle nous aura permis de savoir ce que cachait « le Crucheau ».

Ayant appris que, sur le point de terminer son travail, M. Pinaud venait, dans un dernier coup de pioche, de mettre à jour un squelette, nous nous sommes rendus de suite, les quelques membres de notre Société de cette région, sur le terrain, dans le but d'y recueillir le plus possible de renseignements et faire nos observations, que nous rapportons ici.

Nous nous trouvons bien devant un tumulus, très important, si l'on considère tout son développement.

Nous regrettons beaucoup de ne pas avoir été prévenus assez tôt, afin de nous permettre d'assister au dégagement du squelette, pour prendre toutes les précautions recommandées. Nous nous sommes trouvés en présence d'un travail accompli ; il ne nous restait plus qu'à faire nos constatations.

Le tumulus a la forme elliptique allongée.

Son orientation est N.-E. S.-O.

Il se compose d'une grande quantité de terres amoncelées, blanches friables, terre noire légère, qui semblent provenir de la « Font-Martin » à 500 mètres, à vol d'oiseau.

Le squelette retrouvé occupait le milieu de la partie principale, à 20 m. de l'extrémité N.-E. et 15 m. sur les deux autres côtés.

C'était un accroupi, assis sur le sol primitif, les jambes repliées, la tête inclinée vers les genoux, recouvert par 1 m. 75 de terres rapportées, au-dessus du sol primitif, sans chambre funéraire, ni pierre quelconque autour de lui. Le crâne rempli de la terre qui l'entourait. La mâchoire inférieure intacte, avec ses dents, celle supérieure trop friable pour être recueillie. Taille moyenne. Orientation du squelette : face au midi, peut-être face au S.-O., soit dans l'axe même du tumulus.

Aucun objet, aucun mobilier funéraire n'aurait été trouvé par M. Pinaud, placé à côté du squelette, ni terre oxydée, ou rouillée, indiquant la présence d'une arme en cuivre ou en fer ; enfin rien de ce qui souvent se retrouve dans pareilles sépultures.

Toutefois M. Pinaud dit avoir remarqué un silex noir, retiré de l'intérieur de la tête, ce silex ayant la forme d'un galet allongé, aplati, les arêtes arrondies, les deux extrémités légèrement poihtues, d'une longueur de 4 à 5 centimètres et largeur 1 centimètre et demi. Si cet objet a appartenu au défunt il daterait de l'époque de la pierre polie, et sa présence, avec la terre retrouvée dans le crâne, semblerait indiquer qu'il y aurait été introduit par la bouche, ou bien serait l'arme qui aurait tué le combattant en pénétrant dans le crâne.

Malheureusement cet objet, auquel on n'a pas prêté plus d'attention, rejeté avec les déblais, dans le champ voisin, n'ayant pu être retrouvé, son authenticité reste douteuse.

Aucune sépulture adventice n'a été retrouvée, jusqu'ici.

Enfin le tumulus se termine en cone allongé, de 30 mètres de largeur, soit 15 m. de chaque côté du squelette, 10 m. à son extrémité, côté S.-O, et 100 m. de longueur à partir de l'emplacement du squelette.

Le tumulus est perpendiculaire à un ancien chemin (dont il est distant de 200 m.) qui, partant du haut d'Archiac, traverse le village des Maines, en Sainte-Lheurine, passe par Jarnac-Champagne, puis par Biron, près du cimetière barbare ou mérovingien, décrit par M. Ph. Delamain, dans cette Revue, vol. XI, p. 357, (1er nov. 1891) et à 3 kilomètres 500 m. plus loin rejoint, avant d'arriver à Pons, l'importante voie romaine pavée et jalonnée de bornes milliaires, allant de Pons à Périgueux, et l'autre voie de Pons à Coutras au-dessous d'Avy.

Cette voie, au sud de Crucheau, est désignée, sur quelques endroits de son parcours, comme chemin romain ; mais, à mon avis, il est préromain.

On sait que les tumulus, dolmens et menhirs ont été élevés par les peuples primitifs, au cours de l'époque néolithique, dans une pensée religieuse, pour honorer la mémoire de leurs chefs, ou commémorer un évènement important de leur histoire guerrière.

Cette coutume n'aurait complètement cessé qu'avec l'occupation romaine, faisant place, peu à peu, à l'inhumation par incinération.

La découverte de cet accroupi est très intéressante pour notre région.

Ce genre de sépulture est assez rare en France ; on en retrouve quelques cas isolés en Bretagne, en Alsace, en Suisse, remontant au deuxième âge de la pierre, beaucoup plus fréquents en Russie, en Autriche, surtout en Grèce.

La sépulture de Crucheau doit remonter à l'époque transitive du néolithique au bronze.

Ce tumulus était-il autrefois surmonté d'un dolmen ? C'est possible. Ce serait alors l'explication du nom significatif de « *Pierre-Percée* » que porte le village voisin.

Alexandre Bertrand, dans son ouvrage sur « *la Gaule avant les Gaulois* », parle de plusieurs pierres de dolmens, trouées intentionnellement, dont celui de Trye-le-Château est pris comme type.

Une légende, à Sainte-Lheurine, veut qu'un village existait autrefois sur le versant N.-O, du terrier de Crucheau, ruiné pendant les guerres du moyen âge. Ce village pouvait s'appeler « *Pierre-Percée* » en souvenir du dolmen, élevé à côté, lui aussi détruit. Et, lorsque, sur la butte voisine, à deux cents mètres de distance, un nouveau village s'est construit plus tard, c'est encore le nom de « *Pierre-Percée* » qu'il aurait conservé, perpétuant le souvenir de la pierre disparue, symbole de l'expression d'un culte que l'on retrouve partout où l'homme a vécu, à toutes époques de l'histoire et de la préhistoire.

P. ROBERT.

LIVRES ET REVUES

ARMAND (Dr M.) *La cathédrale Saint-Pierre de Saintes.* — Excellente monographie présentée sous une forme élégante irréprochable. Tout le monde sera de cet avis. Le dire n'est de ma part ni un devoir de convenance personnelle, ni une complaisance, c'est un devoir de justice simplement, de conscience. J'ajouterai que mon opinion est même totalement indépendante du désir (réel cependant) d'engager mes confrères de la Société à faire l'acquisition d'un volume remarquable pour aider M. l'Archiprêtre à fournir la grosse part de frais à laquelle il a été taxé. Ce livre est aussi agréable à lire qu'à regarder. L'acheter est à la fois une contribution à une bonne œuvre et une bonne acquisition.

Il faut espérer que tout Saintais, éloigné de Saintes, ne négligera pas de le demander,

M. le docteur Armand qui a assumé la rédaction de cette histoire s'est entouré de tous les documents possibles. Il a condensé, avec beaucoup d'art, les monographies écrites par différents auteurs à des points de vue différents. En réalité, une histoire complète du monument n'existait pas. M. le docteur Armand nous la donne définitive. C'est son début comme historien, espérons qu'il n'en restera pas là.

CH. D.

Le Correspondant du 10 juillet 1929.

Un épisode émouvant de la vie de Mgr Batiffol, par Mgr Sagot du Vauroux. C'est l'histoire de la critique que souleva le livre *L'Eglise naissante*, de la censure qu'il encourut et des corrections qui y furent apportées.

Abbé V. BELLIARD. — *Ile d'Oleron ; notes d'histoire locale.*

Ce volume in-4° de 546 pages, qui a coûté à son auteur dix-huit ans de travail, est un précieux recueil d'extraits de minutes de notaires du Château et de Saint-Pierre principalement. C'est l'histoire de toutes les gentilhommières, mais ce n'est pas que cela. M. B... a rédigé quelques notices en utilisant le fameux mémoire Le Berthon et le *Coutumier* de M. Ch. Bémont. Il a même reproduit, (en français) les Roles d'Oleron. Il a donc assemblé à l'inédit, qui est le fond de son livre, des renseignements déjà connus.

On comprend qu'aucun résumé n'est possible. C'est une source à laquelle il faudra désormais puiser pour connaître ou compléter la généalogie d'une quantité de familles du pays et de menus faits intéressant ces familles et le clergé.

Une table onomastique le permet, autrement toute recherche serait interdite.

Ce volume, imprimé par M. Barbault, à Marennes, est encore remarquable par son extrême bon marché. Même en sachant que ces textes ont paru en feuilleton dans un journal de Marennes, on est stupéfait de voir qu'il ne coûte que 12 francs, le prix du papier. Il n'a certainement pas son pareil dans la librairie française d'aujourd'hui.

Glossaire des patois et des parlers de l'Aunis et de la Saintonge, par Georges Musset, tome premier.

Voici une victime de la guerre qui, orpheline, nous est présentée par un de nos plus vaillants confrères, affrontant un travail écrasant, avec un courage que le nombre des années n'amollit pas. Avant 1914, le *Glossaire* était déjà ou allait être mis sous presse. Après, Georges Musset, son père, entreprit de le faire sortir de ses cartons. Sa mort arrêta la naissance de cet enfant choyé entre tous, objet de ses soins assidus depuis quarante ans. Il avait trop attendu ! Planter à son âge est folie !! Par prévoyance il avait nommé quatre curateurs *ad hoc*, mais comme il ne les avait pas choisis parmi les éphèbes des patoisants, deux le suivirent dans la tombe. Le troisième se défila si bien que M. Marcel Pellison hérita seul le lourd fardeau de servir de tuteur au pauvre petit, au milieu de péripéties qui mirent l'enfant à deux doigts de la mort définitive. Souhaitons que notre confrère conserve encore pendant de longues années la vigueur nécessaire à la continuation de sa bienfaisante intervention désintéressée.

Il est trop tôt pour formuler un bon jugement sur un ouvrage de l'importance de ce glossaire. Attendons le prochain tome. On ne peut nier que l'auteur lui ait donné une étendue considérable, conséquence de son souci de ne rien oublier, mais inquiétante. Il est, d'autre part, évident que si la publication arrive au dernier tome, le patois saintongeais que « les pésans parlant pu guère à neut et n'écrivant h'mai, tandi que les mousieu zou parlant pas l'écrivant meu que les pèsans zou ferian » aura trouvé dans ce dictionnaire un refuge que les philologues seront bien aises de fréquenter.

Tout Saintongeais doit favoriser la continuation de l'ouvrage en contribuant à épuiser le premier volume.

A noter l'heureuse innovation de l'introduction de la nomenclature des lieux dits.

De Vaux de Foletier, *Histoire d'Aunis et de Saintonge.*

M. Victor Chapot rendant compte, dans le numéro de janvier-mars 1929, de la *Revue des Etudes anciennes*, du volume de M. Albert-Petit, *Ce qu'il faut connaître de la Rome antique*, s'exprime en ces termes : « Agréable petit volume, où l'auteur témoigne, à un degré rare, du talent d'abréger et d'exprimer l'essentiel. Chaque mot a sa valeur, si bien qu'aux initiés principalement l'ouvrage pourra servir d'aide-mémoire. Aux autres, il paraîtra un peu sec peut-être, par sa concision même. L'édition moderne, qui tend de plus en plus à donner sur toutes choses des manuels ultra-condensés, inflige aux auteurs des tâches surhumaines : il faut faire d'un tome un chapitre, d'un chapitre un paragraphe, d'un paragraphe une ligne... ».

Il serait difficile de caractériser en termes plus vrais le volume de M. de Vaux de Foletier, mais il faut ajouter de suite que ce n'est pas la faute de l'auteur. S'il avait été libre d'écrire son *Histoire* selon son goût, il aurait suivi une autre méthode et il n'aurait pas produit seulement une histoire quintessensiée.

M. Albert-Petit a imposé sa manière (1). Il a entrepris de conter au public l'histoire des provinces de France, onze volumes ont déjà été édités, (avec succès), renfermés dans le même cadre étroit, rigide, d'où sont exclues toute espèce de référence, toute digression fleurie. On s'étonne, à bon droit, ce me semble, qu'il ait réussi à trouver des rédacteurs poussant l'abnégation, ou le dévouement à l'instruction du grand public, jusqu'à faire complète abstraction de leur personnalité. On aurait donc tort de reprocher à M. de F. le raccourci qu'il a signé : il faut le remercier au contraire — et l'admirer en le plaignant — de nous permettre d'avoir un bon tableau d'ensemble de l'histoire de notre pays. Au fond, ce *raccourci* est très fourni, très substanciel. Si on le compare à l'histoire du département de Delayant (1860), on jugera qu'il est copieux. M. de F. en effet, a repris le plan du volume, dans lequel Delayant résuma Massiou en y ajoutant quelques pages consacrées au XIXe siècle. Il l'a fait avec toute la compétence et l'érudition étendue d'un chartiste, très au courant des annales du département qu'il habite. Certains chapitres sont un peu rapides, d'autres plus développés. C'était fatal. En somme, cette histoire permettra, notamment aux jeunes, et aux person-

(1) Il a donné la formule dans *l'histoire de Normandie.*

nes, qui n'ont ni le temps ni le désir d'approfondir, de meubler leur mémoire d'idées générales exactes, depuis la préhistoire jusqu'à nos jours.

Le myope qui n'ouvre un livre que pour vérifier si l'auteur a parlé du personnage ou de l'évènement qui l'intéresse trouvera des omissions volontaires ou involontaires, qu'il se plaigne à M. A. P. CH. D.

Il est bien peu de chercheurs qui n'aient eu besoin de compulser le précieux *Glossaire archéologique du Moyen âge et de la Renaissance* de Victor Gay, sans regretter que le second volume n'ait pas été publié. Cette lacune vient d'être comblée. Gay est mort laissant à Molinier le soin de compléter son œuvre. Ce dernier mourut, la guerre intervint. Bref, le second volume restait toujours en manuscrit, malgré les appels désespérés des archéologues. « Alors apparut le sauveur de l'œuvre, dont la compétence fut égalée par le dévouement. M. H. Stein » (notre éminent confrère) assisté de MM. Migeon, Marquet de Vasselot, et surtout de M. Aubert, « donna des années de ses rares loisirs à la revision presque intégrale du texte... »

Ce second tome est aujourd'hui à la disposition des archéologues...riches, car il ne coûte pas moins de 250 fr. « Aucune bibliothèque ne peut plus s'en passer », assure M. Salomon Reinach (*Revue archéologique janvier-mars* 1929) avec infiniment de raison, surtout celles qui possèdent déjà le premier volume, mais il faut payer. *That is the question.*

Bulletin philologique et historique du Comité des travaux historiques 1926-1927. — *Essai sur les institutions communales de Cognac, des origines à* 1507, par M. P. Martin Civat.

Chronique des archives départementales, années 1926 et 1927, par MM. Vivier et H. Courteault.

Les archives départementales ont reçu d'exceptionnels enrichissements : la réforme administrative et judiciaire de 1926 en est la principale cause. Les registres et dossiers des conseils de préfecture, vieux de 30 ans, dossiers d'intérêt administratif ou historique ; les documents centenaires des justices, des greffes de justices de paix, de tribunaux de première instance supprimés ont été versés aux archives du département. Ainsi les registres paroissiaux sont compris dans ce versement, une circulaire du 1er décembre 1927 prescrit aux archivistes de dresser un répertoire de ces registres.

En dehors de ces fonds, les archives ont reçu des dons de collections particulières.

Un sommaire des nouvelles entrées est donné pour chaque département.

Dans le Cantal, M. Delzous a donné des pièces concernant la famille de Salvert-Montrognon.

Les acquisitions venues de la Charente-Inférieure occupent deux grandes pages et demie, trop longues pour être reproduites ici.

A Limoges, six lettres de dom Vergniaud, oncle de l'orateur et prieur de Saint-Léonard de la Chaume.

Pages 107-118, J. Plattard, *Le séjour de J.-J. Scaliger en Poitou.*

Bulletin de la Société d'archéologie de Saint-Jean-d'Angély, 1929, édité avec luxe, par la plus jeune, la plus nombreuse, déjà la plus riche des sociétés savantes. *Découvertes* d'un hypocauste à Saint-Savinien, d'une piscine à Grandgent, de galeries souterraines à Puy-Aumont, de carreaux à dessins à La Folatière, d'une chapelle souterraine à Saint-Jean-d'Angély. Inscription de la vieille cloche et de la nouvelle de l'hôpital de Saint-Jean-d'Angély.

Les deux derniers fascicules des *Noms de lieux de la France*, d'Auguste Longnon, viennent de paraître, consacrés aux origines féodales (p. 447-536), aux origines modernes (p. 537-644) et à un index qui ne comprend pas moins de 183 pages à deux colonnes ! L'éloge de « ce résumé des conférences de toponomastique générale » n'est plus à faire. La Charente-Inférieure fournit un bon contingent de noms. Faute de dictionnaire topographique, l'auteur a été obligé d'en négliger beaucoup. Le respect de l'autorité qui s'attache à l'enseignement de ce grand spécialiste d'étymologie toponymique ne s'oppose pas à ce que l'on signale quelques lapsus.

Page 550, on lit : « dans un compte de 1261, il est question d'unes des tours de l'enceinte de La Rochelle, la tour Mau-s'y-frote ». Il n'y a pas de tour de ce nom à La Rochelle, elle était à Saintes sur le pont ; elle changea ce nom en Maltrible, Mantrible, Montrible. Le compte visé est un compte d'Alphonse de Poitiers (1), où figure une somme payée pour réparation, sans aucune désignation de ville. Les non initiés, sur la foi de Longnon, pourraient s'y tromper. P. 600, *Ardille* est bien une argile, mais argile spéciale, très blanche, qui mouillée et bien battue devient dure et sert à faire la « Sole » d'une chambre basse, en Saintonge. P. 626, Corme-Royal et Corme-Ecluse sont en Charente-Inférieure.

(1) *Recueil de la Commission des Arts et monuments de la Charente-Inférieure*, tome XIV, p. 121.

et non en Charente. P. 618 « Aulnay de Saintonge représente *Audenacum* ». Nous étions habitués à *Aunedonacum*.

Une histoire merveilleuse, par Alexandre Mercereau.

« C'est, dit l'auteur, la source du poull-kana, du lavoir des Plomarch en Ploaré, qui me conta, en breton, cette histoire, souvent interrompue par le vent, les arbres, la mer qui ajoutaient un détail, relevaient une erreur, suppléaient à une défaillance de mémoire. »

De là viennent peut-être certaines obscurités dans cette série de récits fanstastiques, dont la trame n'est autre que la suite de la lutte inaugurée à l'Eden, poursuivie du temps du saint homme Job en la terre de Hus, entre l'Eternel et le Malin, continuée et décrite en Bretagne au temps de la duchesse-reine Anne qui réunit la province à la France.

« Je connais des Bretons, remarque l'auteur, qui le reprochent encore à la France ». Qui l'eût dit, il y a quarante ans !

Nous laissons aux lecteurs friands de magie noire et d'archaïsme le plaisir de suivre à la trace les scélératesses du Malin vaincues par le Ciel ; soit qu'il fasse périr successivement tous les frères de la vertueuse bossue Marie-Annik-ar-Boss qui devient une sainte, soit que Dieu protège l'amie de Marie-Annik, Annaïg, fille de Yan-Mari Slocks et, à travers des péripéties semées de dissertations linguistiques, et les pièges toujours déjoués de Satan, lui fasse épouser Judicael, comte et duc de Nantes, cousin de la duchesse-reine Anne.

L'auteur nous dit être issu d'une famille vendéenne de La Chaume en Olonne, être originaire de la Saintonge et avoir fait ses toutes premières études à Saintes. Il a, dans notre pays, vu poursuivre des essaims d'abeilles en chantant « *Abelles si belles* » ou « *Abéle Cybèle* » ; il consacre dix-sept pages à l'explication du rébus d'une enseigne d'orfèvre : c'est beaucoup !

Très instruit des choses du passé breton et du caractère régional de l'Armor, on sent bien qu'il n'est pas breton lui-même. Il nous expliquera que l'île Tristan est le ventre d'une sorcière, le Menez Hom, le paquet de linge changé en rocher qui en recouvre une autre, la baie de Douarnenez, l'expansion miraculeuse d'une source. Mais il a souvent, pour le passé moyenâgeux. des mots sévères que je ne trouve pas injustes. Il égratigne même, en passant, saint Louis, saint Dominique et l'Inquisition.

Tout en stigmatisant « l'an de disgrâce 1927 », il ne paraît pas très enthousaste des ans de grâce du xve siècle où, d'après lui, « si l'impôt du sang se payait par la noblesse, les demeures bourgeoises et récoltes faisaient trop les frais des guerres et un autre impôt était prélevé par les ressortissants à l'impôt du sang et leurs subordonnés mercenaires sur les fillettes et femmes de tous âges, pour la grande satisfaction des soudards ».

M. Mercereau ne paraît donc pas absolument féru de ce bon vieux temps, dont le panégyrique absolu revient à la mode ; il préfère, semble-t-il, vivre même aux stupides XIXe et XXe siècles.

Non loin de son cher Ploaré, j'assistais, il y a quelques années, au grand pardon de Sainte-Anne de la Palud.

Autour de l'église, un vaste espace libre était séparé de terrains silencieux encombrés de tréteaux, théâtres, cabarets, boutiques. Le matin, la cérémonie religieuse, messe, sermon, se célébrait en plein air à gauche de l'église. Dans l'après-midi, la foire battait son plein, tapageant jusqu'à l'heure des vêpres où elle rentrait dans le silence, pendant que se déroulait la procession précédant sainte Anne portée par des femmes au costume rutilant. La cérémonie achevée, la foire se réveillait, et, en regagnant la voiture de Douarnenez, j'avisais, à la porte d'une auberge, un grand diable en manches de chemise, criant : « Achetez le Sphinx... c'est pour le bonheur de tous... pour qu'il n'y ait plus de guere », et vendant, avec bien mince succès, un journal antimilitariste de Brest, sans doute.

En lisant la *Merveilleuse histoire*, sous l'érudition du Breton d'adoption, on sent le rire un peu satanique, au moins gouailleur et quelques coups de griffe du Saintongeais spirituel et railleur, — tapage des forains succédant en sourdine aux cantiques de sainte Anne de la Palud.

G. Tortat.

M. Al. Mercereau, ancien élève du collège de Saintes, est un littérateur fécond et en outre traveller qui a parcouru une partie de l'Europe. Il est fils du docteur Hector-Pierre Mercereau, qui était au collège de Saintes en 1869, décédé le 4 mars 1928, à Paris, juge de paix de Bressuire, après avoir été professeur de sciences et de langues (il connaissait sept ou huit langues) de l'Université de Paris, directeur de l'Ecole normale supérieure du travail manuel, ingénieur F. C. P., docteur en médecine, médecin de l'hospice Leprince, docteur en droit, avocat à la Cour d'appel de Paris.

On lira avec grand intérêt les articles de M. P. Pelliot, dans le *Journal des Savants*, de décembre 1928, mars, juin et juillet 1929, sur *l'origine des relations de la France avec la Chine. Le premier voyage de* l'Amphitrite *en Chine*. Ce vaisseau de 500 tonneaux, armé à Rochefort en 1698, était commandé par le chevalier de La Roque, capitaine de frégate, et avait comme troisième capitaine en second un Froger de La Rigaudière. Il partit de La Rochelle et rentra à Port-Louis en 1700.

Ces articles, abondamment annotés, sont tirés de la *Relation du premier voyage des Français en Chine*, par François Froger. L'éditeur, M. Voretzsch, a vaguement, mais vainement, essayé de rattacher ce Froger aux La Rigaudière. M. Pelliot fait justice de cette tentative. Il commet un lapsus toutefois — qui pourrait tromper un étranger — en mettant La Rigaudière dans la commune de *Médicis* au lieu de Médis, qui prononcé à la mode méridionale ne ferait que Médisse.

Bulletin de la Société des Antiquaires de l'Ouest, tome IX (1928), p. 220. M. René Surreaux a donné deux empreintes d'un sceau provenant d'Archiac, probablement du couvent des Cordeliers de la province de Touraine.

M. Audinet, au nom de ses neveux, enfants de feu M. Paul Oudin, offre un lot de brochures, parmi lesquelles se trouvent « *Les vérités de l'Hercule de l'île d'Oleron présentées au roy à Poitiers* (*Mazarinade de* 1652) ; p. 230 et s. M. Léo Fayolle étudie, dans *Notes de toponymie poitevine*, les origines des noms de certaines localités. Plusieurs ont des ressemblances avec des noms de Saintonge que l'auteur a négligés. Il faudra s'y reporter : Clouseau, Cluzel, Hanc ou Haimps ayant la forme Aent (1039), Ayens (1300), comme en Saintonge : Luchat, Magnac-les-Peu, Puy, Pellouaille.

Revue de l'Agenais 1928.

M. Marboutin décrit la découverte d'un ancien cimetière au lieu-dit Gallamary, commune de Madaillan, (VIIe-VIIIe siècle) (deux planches) qui a des ressemblances avec ceux de Biron et de Chadenac.

Revue économique internationale, Bruxelles, août 1927. H. Hauser. — *Le Sel dans l'histoire.*

Après le sac de Brouage, par Mayenne (1577), le centre du trafic se transporte à La Rochelle, Marennes, Bordeaux.

Mme Germaine André-Hesse publie dans le numéro d'avril 1929 de la *Grande Revue* un article biographique sur Pierre-Charles Ruamps, représentant du peuple de la Charente-Inférieure aux Etats Généraux, puis à la Convention, vota la mort de Louis XVI, se rallia à Napoléon et mourut à Saint-Jean-d'Angély le 15 avril 1808. (Lire 14 avril. Rainguet s'est trompé en disant 5 octobre 1807.)

M. H. Lorimy publie, dans les *Mémoires de l'Académie des Sc. A et B. de Dijon*, (janvier-mars 1928), un article sur les *supports de vases en pierre et en terre cuite de l'époque galloromaine.*

En latin ces objets s'appellent *incitegæ*, très rares, pour ainsi dire inconnus. Les fouilles de Vertault en ont fourni 38. On en chercherait en vain dans les musées, très probablement parce que les fragments rencontrés dans les fouilles ont été négligés faute d'en comprendre la signification. Ce sont de petits supports, en général cubiques, ajourés ou non, en terre cuite, creux, de 0,12 à 0,23 de dimensions, lourds, massifs, destinés à être posés sur une table à manger et à soutenir des bouteilles. On les a pris parfois pour des brûle-parfums.

On a vu à Saintes des pierres cubiques, ayant un grand trou rond au milieu. Personne n'y a attaché d'importance. Il est probable qu'elles entraient dans cette catégorie de supports, non plus pour la table mais au cellier. Dorénavant il faudra les recueillir.

Bulletin de la Société d'Emulation du Bourbonnais 1928. *Notes sur Jean-Pierre Jannin, prêtre de Moulins, deux fois déporté,* par frère Gustave-Marie des Ecoles chrétiennes.

Revue scientifique. (Revue rose) du 22 juin 1924. Important et très intéressant article de M. L. Franchet sur *l'agriculture en Gaule à l'époque romaine ; une tremperie de lupins à Verdes* (Loir-et-Cher) ; *les laveries de blé dans la vallée du Loup,* (Alpes-Maritimes).

La tremperie de Verdes se compose d'une grande auge à fond incurvé, en calcaire de Beauce ; en avant de celle-ci il y a un dallage formé de 14 dalles, et vers le deuxième tiers un caniveau parallèle à l'auge.

Les graines étaient mises à tremper (24 heures ?) puis retirées, mises à égoutter sur le dallage et enfin étendues. Toutes les *villæ rusticæ* n'avaient pas une tremperie de cette importance, mais les petites fermes paraissent avoir eu des mares. Columelles dit qu'il faut deux mares, une pour les oies et bestiaux, l'autre pour les lupins, osier, etc.

Le trempage des graines tenait une place importante dans la ferme romaine : les unes, comme le lupin, la gesse, l'ers parce que contenant un principe toxique soluble dans l'eau, n'auraient pu être consommées autrement : les autres, comme les lentilles, les fèves, simplement pour les ramollir : enfin, le blé et l'orge pour détruire les insectes et probablement aussi pour les nettoyer, en raison de leur dépiquetage par rouleau.

Il existe trois laveries de blé dans les Alpes-Maritimes, auges d'assez grandes dimensions, dont une sert de lavoir.

Imp. de l'Ouest. — La Rochelle.

// REVUE
DE SAINTONGE ET D'AUNIS
REVUE DE LA SOCIÉTÉ DES ARCHIVES

SOMMAIRE

CHEZ UN POTIER DE LA CHAPELLE-DES-POTS

Imitateur de Bernard Palissy

Abel Batard, géomètre à La Chapelle-des-Pots, en faisant enlever, au mois de mars dernier, un talus de terre, derrière sa maison, a découvert les ruines d'un four de potier et, à côté, un tas de débris ornés de reliefs qui enrichissent l'histoire de la céramique saintongeaise, et celle de La Chapelle-des-Pots en particulier, de documents d'un intérêt puissant, témoins authentiques de la fabrication d'une officine de la localité, qui confirment des conjectures plausibles — mais conjectures quand même — proposées pour certaines pièces, et nous révèlent des types nombreux dont la nouveauté nous charme autant qu'elle nous étonne. Les collectionneurs auront maintenant au musée municipal de Saintes, où M. Batard a remis une soixantaine des meilleurs morceaux (1), le moyen de faire d'utiles comparaisons.

Ce n'est certes pas la première fois qu'au cours de terrassements on fasse à La Chapelle des trouvailles pareilles à celle-ci ; mais c'est la première fois qu'il est permis aux intéressés d'étudier la composition d'un lot aussi varié. L'abbé Lacurie — il y a 80 ans — envoya des fragments et pièces complètes à Benjamin Fillon qui s'en servit pour écrire les trois pages qu'il a consacrées à La Chapelle, dans son *Art de terre*. Autant que l'on peut s'en endre compte, la fabrique qui en fournit les éléments d'information ne diffère pas sensiblement de ceux que nous récupérons. Tous semblent aujourd'hui perdus ou remisés dans quelque coin inconnu. Fillon parle de types dont M. Batard a retrouvé les similaires, de même que celui-ci en a recueilli de nouveaux auxquels Fillon ne fait aucune allusion, notamment la couleur.

Les échantillons de poterie d'art qui nous parviennent étaient mêlés à une très grande quantité de vaisselle vulgaire, même des tuiles. La production semble avoir été restreinte. Notons, une fois pour toutes, qu'ils sont — sauf quelques exceptions — généralement défectueux, parce qu'ils sont sortis de moules fatigués (2), et qu'étant mous ils ont été froissés. Le plus grand nombre est en terre blanche peu épaisse, très fine, cuite en biscuit ; les autres, épais, en terre rouge, le relief est faible, de sorte qu'une fois posé engobé et vernis, il est empâté. Les uns accusent le XVIe siècle, les autres le XVIIe, sans dépasser, je crois, le milieu de ce siècle. Notons encore que plusieurs de ces reliefs se retrouvent sur des vases datés du XVIIIe siècle, preuve de la longue conservation dans les ateliers des vieux poinçons et moules.

Les meilleurs reliefs, sous le rapport art, sont les plus anciens : un cerf, un dauphin couronné, un lion, une tête d'ange (3), un mascaron (voir la lettrine) un mufle de lion, une tête cornue. Ce mascaron, avec de nombreuses variantes et déformations, revient

(1) Il est impossible de retrouver trois morceaux qui se raccordent.

(2) Il se pourrait que la fatigue des moules provienne surtout d'un surmoulage sur un modèle d'étain, par exemple, déjà usé. La fatigue est surtout apparente sur les oreilles d'écuelles, les guirlandes des vases.

(3) Cette tête d'ange de grandes dimensions (65 mill. haut. 120 mill. de large) est à double face, c'est-à-dire que deux épreuves ont été collées dos à dos, sans que l'on devine pourquoi. En petit elle est très répandue sur les produits de notre atelier.

sur une dizaine d'oreilles d'écuelles avec addition de palmettes, de pâquerettes (1). Nous avons encore des vases ovoïdes à panse ornée de guirlandes (très empâtées), vase à fortes côtes, vase à godrons, poupées. Plusieurs de ces fragments sont émaillés en quatre couleurs brillantes, nous en reparlerons. C'est nouveau, pour nous, mais la grande surprise est la moitié d'un jeune serpent, moulé sur nature, et la moitié arrière d'un animal à patte palmée qui ne peut être déterminée (2).

On apprendra avec satisfaction que différents de ces poinçons apparaissent sur des plats, des buires, des gourdes conservées, soit dans notre musée municipal, soit dans celui de M. Mestreau, soit même aux musées de Sèvres et du Louvre, de telle sorte que ces pièces, qui n'avaient qu'un état civil trouble, ou qui en manquaient, sont parfaitement identifiées ; on peut dire, en outre, qu'ils sortent d'un four dont l'emplacement est repéré.

Le serpent est reproduit sur deux plats vernissés en jaspé, brun et vert : L'un, de pâte légère, de couleur claire, en bon relief, l'autre épais, lourd, très foncé de ton, ils ont été faits, pourtant, dans le même atelier, mais à des époques différentes et par deux ouvriers différents. Le plus grand n'a pas été acheté dans le pays, l'autre, au contraire, a appartenu à une famille locale. Il ne peut être question, pour le plus sombre, d'une façon de Palissy lui-même. Palissy n'aurait pas percé les yeux de son serpent avec une pointe, procédé de tradition chez nos potiers.

Il serait téméraire de proposer un nom de fabricant. Je ne connais que deux contemporains de Palissy à La Chapelle-des-Pots : Jean Morillon qui, en 1551, s'engage à fournir des formes en terre pour raffiner les sucres importés à La Rochelle, et Lyet Delamothe, qui, en 1545, vend de la poterie à La Rehelle (3), enfin, un Pyon vivant en 1611 qui a pu connaître Palissy dans ses jeunes années (4).

Les deux plats de M. Mestreau, maintenant identifiés, acquièrent une importance capitale dans l'histoire de la céramique de Saintonge. Fillon s'est trompé en prenant des plats de cette façon pour des « surmoulés de plusieurs faïences de Plissy couverts

---

(1) O. de Rochebrune a gravé un plat bordé de têtes plates qui ressemblent beaucoup à celles de la trouvaille de M. Batard. Fillon, *Poitou et Vendée*, pl. 69, *Art de terre*, pl. 3.

(2) Je ne tiens pas compte d'une moitié de boule épaisse, striée de raies, comme pour simuler une coquille de sourdon. J'hésite.

(3) G. Mussel, *Bulletin du Comité* 1894, p. LI.

(4) Parce que ces potiers vendent de la grosse poterie, ce n'est pas une raison de croire qu'ils ne pouvaient pas fabriquer, au besoin, des imitations, ou orner leur vaisselle. La trouvaille de M. Batard le prouve abondamment.

de vernis vert, le même qu'on employait au moyen âge (1) ». Ces plats verts sont des originaux, mais postérieurs aux deux qui nous occupent. Je n'ai jamais vu de plat genre Palissy en vert, pour ma part. Ils doivent présenter peu d'intérêt. (2)

Il est toutefois permis de se demander pourquoi ces « bassins » ne sont vêtus que de deux couleurs, alors que notre potier en employait quatre sur d'autres ouvrages. Il connaissait, en effet, un très beau vert, un gris bleu, un jaune citron et un violet foncé (manganèse). Nous en avons des exemples sur le marli d'assiettes et sur les fragments d'un vase ovoïde à guirlandes, et une oreille d'écuelle. Le potier n'a aucune notion d'art, aucun goût, il pose ses couleurs par touches, au hasard, ou par bandes (3). Il semble que s'il avait eu l'intention d'imiter les rustiques figulines de Palissy; il aurait dû ne pas se borner au vert et au brun violet. Aussi, ne pourrait-on pas supposer que l'imitation dont nous avons deux spécimens est tardive ? En tout cas, cette fabrication a été très courte. Dès le début du XVIIe siècle, des bassins genre Palissy sont relégués au grenier. (4)

Les critiques, les biographes de Palissy, les historiens de la céramique ont admis qu'à La Chapelle on a fait des imitations des bassins à bestions de Palissy, mais, en résumé, personne n'a jamais pu le certifier ni citer un seul exemplaire comme originaire de cette localité. Nous avons les premiers authentiques. J'émettrais volontiers l'hypotèse, peut-être hardie, que les imitateurs ont été très peu nombreux, réduits même à un seul potier qui fut l'ouvrier que Palissy embaucha pendant six mois, pour tourner des vases et l'aider à conduire sa fournée.

Il est incontestable que l'œuvre de Palissy a révolutionné les habitudes de l'industrie chapelaine (5). La Chapelle pratiquait déjà le relief, mais ne connaissait que la glaçure verte. La découverte de M. Batard montre une collection de matrices et moules de style moitié ou fin du XVIe siècle totalement différente, acquise

---

(1) *Loco citato*, p. 132.

(2) Garnier, *Histoire de la céramique*, p. 233.

(3) Voir au musée céramique de Sèvres la buire 4920. (*Revue de Saintonge*, tome XXXI, pl. II, fig. n° 2). Le musée du Louvre en possède une autre. La coiffure des poupées indique le règne de Louis XIII, années de 1610 à 1635 : et les gravures d'Abraham Bosse, chaperon à pointe, cheveux bouffants. Quicherat, *Histoire du costume*, pp. 462 et 468.

(4) Voir l'inventaire de Colerousse dans mes *Notes sur les potiers*..., p. 6.

(5) M. Mirot a publié dans l'*Hôtel et les collections du Connétable de Montmorency*, Paris, 1920, un inventaire dans lequel figurent des poteries *vertes façon de Saintes*. Tout le monde connait la belle gourde aux armes du connétable.

LA CHAPELLE DES POTS
(Charente-Inférieure)
FOUILLES DE 1929

pour satisfaire une clientèle dont le goût s'est épuré au contact d'artistes travaillant dans le pays. La petite cour de Pons, les ouvriers qui construisaient Usson, ceux qu'employaient les chanoines du Chapitre, Girolamo della Robbia qui séjourna à Cognac, ont répandu des idées nouvelles qui firent impression sur le public.

Il serait incompréhensible, et peu probable, que rentré chez lui, l'ouvrier chapelain qui assista à toutes les opérations d'un potier d'art : préparation des terres, moulage sur nature, « médailles », qui apprit à mouler un plat, à tourner un vase sur modèle, à cuire, n'ait pas été tenté de profiter de son nouveau savoir. Il n'a pu essayer tout de suite les bassins à rustiques figulines que le maître, d'ailleurs, ne mettait pas encore au four en toute assurance, mais il put l'oser quand le maître fut parti. Comme tous les imitateurs il resta loin de l'original et peut-être faut-il expliquer par le défaut de façon le discrédit dans lequel tombèrent, dès la fin du XVIe siècle, les plats à bestions. La comparaison entre les siens et ceux du créateur était trop fâcheuse ! Surtout, comme cela semble probable, il n'avait pas les quatre couleurs.

Comment notre potier se procurait-il les moules ?

Molinier a accordé (1) aux artisans chapelains « un talent de sculpteur » qui leur a toujours manqué. Qu'aurait-il dit s'il avait vu les nouvelles découvertes ? Les têtes qu'ils collaient sur le bord de gros et grands vases épais, les bandes à décor à la roulette, le pastillage brun appliqué sur la panse par bandes verticales (2), les poupées, curieuses, mais combien naïves et enfantines, dont la coiffure et le costume trahissent la date, leurs bénitiers, prouvent que ces modestes illettrés furent, de tout temps, incapables du moindre modelage satisfaisant : Ils ont acheté des moules, ou s'en sont procuré par surmoulage. C'est ainsi que le mufle de lion me semble pris sur un ouvrage de Saint-Porchaire, s'il n'a pas été copié par un véritable « sculpteur en terre » local (3). A Saint-Jean-d'Angély, notamment, un de ces artistes est signalé.

Nous avons au musée municipal une charmante tête coiffée d'une toque, une tête d'ange qui émanent d'une main habile. D'autre part, il est impossible que Palissy ne se soit pas aidé du talent d'un ouvrier expérimenté dans l'exécution des termes de

---

(1) *Gazette des Beaux arts*, 1900, 1er novembre, p. 443.
(2) Ce parti pris s'est perpétué, ainsi que l'usage de la roulette.
(3) Il n'a d'ailleurs rien d'original : les émailleurs de Limoges (Pierre Reymond en particulier), l'ont copié ; les graveurs en ont mis de semblables sur les marques d'imprimeur de la seconde moitié du XVIe siècle.

la grotte du connétable, dont il nous a laissé une description enthousiaste. Il vante considérablement ses ouvrages, mais il n'avoue pas toute la vérité. Il n'a pu exécuter seul un monument de cette importance avec d'autant plus de raison qu'il fabriquait en même temps des vases qu'il vendait très cher. Un détail révèle, à mon avis, la participation d'un potier chapelain. Palissy admire grandement la fine chevelure d'un de ses termes (1). Elle était faite avec ces vermicelles de terre que nous retrouvons à La Chapelle et sur la tête citée plus haut. De deux choses l'une, ou Palissy a emprunté le procédé à un ouvrier saintongeais, ou un ouvrier saintongeais le lui a emprunté. Comment on moule un vase ovoïde en deux moitiés, comment on les réunit ensuite, ne peut avoir été montré à ce dernier que par un homme du métier.

L'influence des œuvres de Palissy se révèle par la tête d'ange, un masque concave, le mascaron (lettrine) qui semble issu de l'une des compositions les plus ravissantes de Palissy, (la coupe à relief n° 1, pl. 42, de Mlle Ballot), d'où dériveront les matrices des oreilles d'écuelle de notre potier (2).

Nous ignorerons probablement toujours comment et quand notre potier chapelain s'est procuré les quatre belles couleurs qu'il distribuait d'un pinceau négligé sur ses productions. Palissy ne lui a pas enseigné à les préparer. Il faudrait découvrir à partir de quelle époque il s'en est servi. En raisonnant sur une acquisition assez tardive — après 1620 par exemple à cause des poupées, — on pourrait tirer argument d'un fait très obscur, très peu connu, et supposer que Benjamin Chipault, peintre de la fabrique d'Avon, ayant quitté Fontainebleau « pour retourner en Saintonge » (3), les aurait apportées en se réfugiant à Brizambourg ou à Saintes, ou à La Chapelle, seuls ateliers où un peintre céramiste pouvait trouver à s'employer.

En tout cas je ne crois pas qu'elles aient persisté au delà de la

---

(1) *Architecture... de la grotte rustique* (p. 563) édition Rahir.

(2) Je me réfère à la *Monographie de l'œuvre de Bernard de Palissy* de Delange pl. 8, 24, 32, 51, bien que je n'ignore pas que la critique a retiré à Palissy plusieurs des ouvrages qui y sont insérés. On tiendra compte aussi que Palissy a copié des motifs d'artiste de son temps, et que l'auteur des matrices du potier chapelain a pu suivre son exemple. Le mascaron cornu, un fleuron, le cerf, n'ont rien à voir avec Palissy.

Je n'ai pas à ma disposition le catalogue des œuvres de Palissy de la collection Spitzer dressé par Molinier.

(3) Herbert, *Les émailleurs sur terre de Fontainebleau*, dans Annuaire de la Société historique et archéologique du *Gâtinais*, 1897, p. 204.

première moitié du XVIIe siècle, brun et vert à part qui sont restés d'un emploi journalier jusqu'à la fin de l'industrie locale.

*
* *

Mlle Ballot a publié un très bel album, avec notice sur la *Céramique française, Bernard Palissy et les fabriques du XVIe siècle,* où La Chapelle-des-Pots tient une bonne place avec six planches. Les pots trompeurs, à enveloppe ajourée, sont attribués à cette localité, avec raison. Je n'en ai jamais rencontré un fragment en terre, mais la preuve de cette façon résulte de l'observation suivante. Sur le vase rectangulaire du musée de Saintes, que j'ai déjà cité, se voit une longue fleur de lys de style décoratif. Or, cette même fleur de lys est répétée sur une buie verte de M. A. Mestreau avec cette variante curieuse d'être ajourée. Notre potier a donc exécuté les deux.

Le n° 2 de la planche 6 est certainement de La Chapelle et encore attribuable à notre atelier (1). Les cannelures qui couvrent toute la panse se retrouvent sur le bord d'une assiette dans la fouille de M. Batard.

Mlle Ballot ne sait à quelle fabrique classer la gourde et le biberon de sa planche 7, Beauvais ou La Chapelle. Elle dit que « ces pièces sont d'un *grès* grisâtre qui se rapproche plus de la terre de Beauvais ». Le mot *grès* me trouble : il me paraît au moins impropre et inapplicable au biberon dont l'origine chapelaine ne peut être révoqué en doute. Nos terres dites de faïence n'atteignent jamais la dureté du grès (2). Ce biberon jaspé a un

---

(1) J'ai dessiné dans mes *Notes sur les potiers... de la Saintonge* une buie pareille à celle qui est sur la même planche de M. Ballot, associée à un vase à deux becs qui n'est qu'une variante de celui du Louvre.

L'auteur remarque que ce dernier vase est en terre rouge foncé (p. 9) c'est une habitude fréquente chez nos potiers. Le vase fabriqué en terre rouge, ou rose, épais généralement, était couvert d'un engobe jaunâtre, puis peint. Le cerf, le masque (lettrine) sont dans ce cas.

Les cannelures par enlevé, irrégulières, montrent une fois de plus la négligence des ouvriers, et leur peu d'habitude de tout travail soigné.

(2) Le mot grès est employé en 1786 pour désigner les poteries d'Archingeay, poteries vulgaires, qui avaient encore, en 1870, la réputation d'être très résistantes et point poreuses. Mais un maître en chirurgie, en cette même année 1786, affirme que la poterie d'Archingray n'est pas à moitié cuite, qu'il faut en conseiller l'abandon. Bourignon réplique qu'il a cependant entendu parler d'une poterie grisâtre, sans vernis, que « l'on peut regarder comme un grès. » En réalité, les pots d'Archingray devaient leur qua-

frère à Sèvres et M. Mestreau, notre musée municipal ont des poupées, des vases incomplets de style identique, provenant de La Chapelle.

CH. DANGIBEAUD.

LA HAUTE SOCIÉTÉ DE SAINT-SEURIN

Les seigneurs de Saint-Seurin, par leurs parentés, leurs alliances, leurs relations, leur influence qui s'étendait dans un assez large rayon, et aussi le charme de leur résidence assise sur le front d'une falaise escarpée qui domine le magnifique estuaire de la Gironde, semblable à une mer (1), ainsi qu'il en porte d'ailleurs l'appellation jusqu'à une grande distance en amont (2), et d'où la vue s'étend librement de toutes parts et se repose sur le gracieux petit port qui s'avance à quelques centaines de pas au-dessous de ses glacis, ce qui devait en faire un séjour enchanteur, les seigneurs de Saint-Seurin avaient rassemblé autour d'eux une élite sociale où figuraient les Vertheuil, seigneurs des Granges, d'Asnières de Francfort, Vandamme de Lisle, etc., dont ils furent alliés, qui constituait en quelque sorte leur cour (3).

---

lité à une terre siliceuse, qui durcissait, mais ne ressemblant point au grès. Nos terres sont susceptibles, cependant, d'acquérir une dureté analogue à celle de la porcelaine, quand elles sont traitées convenablement, et soumises à un feu intense. Les fabricants de ponnes de Saint-Bris obtenaient cette extrême dureté.

Notre musée municipal possède le moulage d'un très jeune serpent, dans une terre grise impossible à rayer. C'est une exception. La pâte de la poterie de ménage ou de luxe est beaucoup plus tendre.

(1) Chut ! la Gironde est là, la *mer*, comme on l'appelle, avec ses flots émus, majestueuse et belle,

A Rainguet, *Idylles Saintongeaises, L'oiseau mort*, œuvres poétiques, Montlieu 1890, t. I, p. 176.

(2) Rappelons encore le nom d'*Entre-deux-Mers* que porte la presqu'île formée par la réunion de la Garonne et de la Dordogne au Bec-d'Ambès.

(3) Nous voudrions pouvoir attribuer au château de Saint-Seurin ce que le chevalier de la Hoguette écrivait dans ses lettres publiées par M. Philippe Tamisey de Larroque à Pierre Dupuy, lettre XXXIV, datée de la maison de M. de Saint-Seurin, le 20 décembre 1626, *Arch. Hist.* XVI, p. 73 ; lettre XXXI, de Blaye, le 18 mars 1627, p. 88 ; lettre LXI, du logis de M. de Saint-Seurin, le 12 octobre 1628, p. 146 ; mais il résulte de leur contexte qu'il s'agit plutôt là d'une de ses résidences de Tonnay-Charente ; le lieu d'où est datée la lettre XXXII ne laisse d'ailleurs aucun doute à ce sujet. Nous ne pouvons cependant résister au plaisir de citer la première qui montre quel esprit cultivé et quelle conversa-

C'est surtout aux notes que nous avons extraites de nos registres paroissiaux que nous demanderons de faire revivre dans ce chapitre les principales d'entre ces personnes de distinction dont l'existence, en dehors même de leurs actions sur lesquelles nous avons fort peu de données, fait partie de notre histoire locale.

A. — Registres protestants

a) *Registres baptismaux de Jean Frèrejean*, 1561-1564 (1)

1563, 30 mars. — Sire Jean Jolly (2), seigneur de Pommiers, a été parrain avec Suzanne d'Aubeterre (3), damoiselle et dame de Saint-Seurin, de Guinard, fils de Guillaume Guinard et de Louis Fouchier dudit Saint-Seurin.

1563, 18 juillet. — Laurance Guestier femme de maistre.. Jolly, a été marraine de Marie Sallemon, fille de maistre Jehan Sallemon et de Damary Lecourt, sa femme, de la paroisse de Flerac (Floirac).

1564, 4 juillet. — [N] Jolly (4), sieur de Saint-Denis, a été par-

---

tion charmante présentait à ses hôtes ce gentilhomme guerrier qu'était Henri de la Mothe Fouqué : « Monsieur, vous avez raison de dire par votre dernière qu'un peu de conversation académique servirait à ma santé. J'en ay faict un petit essay en la maison de M. de Saint-Surin où j'ai faict huict jours de séjour qui m'ont remis le corps et l'esprit en meilleure disposition et en meilleure assiette. Quand vous connoistrés plus particulièrement M. de Saint-Surin que vous ne faictes, vous luy trouverés l'esprit tout à fait académique ; la cour et les champs produisent rarement des personnes qui lui ressemblent. »

(1) Publiées par H. Patry, *Bulletin historique et littéraire de la Société de l'histoire du Protestantisme français*, n° 3, 15 mars 1901, pp. 140-153.

(2) A propos d'un Jean Joly, seigneur de Pommiers, que Jean Frèrejean présente comme s'efforçant de lui faire résistance avec Gabriel de La Mothe, seigneur de Saint-Seurin, avant le passage de celui-ci au protestantisme « et autres tenantz le party desdits prebstres », H. Patry dit (Note 2 de la page 143, Bulletin ci-dessus cité) : « Jean Jolly, seigneur de Pommiers ». — Un Baptiste Joly fut avec son frère compris dans les poursuites du parlement de Guyenne en 1569 (Cf. arrêt cit.) Tous deux y sont cités comme « sieurs de Pommiers. »

(3) Suzanne d'Aubeterre, dame de Saint-Seurin était fille de François II Bouchard, seigneur de Saint-Martin-de-la-Coudre. C'est en 1556 et le 22 septembre qu'elle avait épousé Gabriel de La Mothe Fouqué (Beauchet Filleau, *Dictionnaire hist. et général. des familles de Poitou*, 2e éd. a. 1891, gr. in 8°, t. II, p. 642, d'après les notes de Charles de Brémond d'Ars). *Ibid.* note 1, p. 144.

(4) Suite de la note 2, p. 143, du *Bulletin hist. et litt.*, etc. « D'autre part, dans la suite de notre registre on trouve un Joly,

rain avec Jeanne-Daniel Violleau, d'Ezéchiel Moreau, fils de maistre Ezéchiel Moreaux et de Catherine Collardeau, sa femme [de la paroisse de] Saint-Roumand de Beaumond.

b) *Registres paroissiaux*, 1669-1674, *conservés à la mairie.*

1670.— 13 juillet. — M. Vandamme de Lisle de Médoc et Damoiselle Angélique Dellille présentent au baptême Angélique-Henriette de Verteuil, fille de Pierre de Verteuil, écuyer, seigneur des Granges et de demoiselle Henriette Dellille, née le 18 mars.

1672. — 28 janvier. — Hector Bretinaut, sieur du Banchereau, Jacques Martin, Jean Rossignol, Moïse Villain assistent au mariage de noble homme Jean Thévenin, fils de feu noble homme Pierre Thévenin, s[r] de Piroy, capitaine major en le régiment de la Sèvre, et de Jeanne de la Chèze, avec honneste fille Esther Oreil, damoiselle de haute et puissante madame la marquise de Pardeillein (1), fille de feu Jean Oreil et de feu damoiselle Marie Laveron.

d°. — 17 avril. — Baptême de Jeanne de Verteuil, fille de Pierre de Verteuil, écuyer, seigneur des Granges et d'Henriette-Angélique de Lisle.

d°. — 24 avril. — Mariage de Daniel Legret (2), sieur de la Forêt, de l'église de Montendre, avec Dlle Angélique Delille. Assistants Dannière (d'Asnière) de Francfort, écuyer, sieur dudit lieu,

---

seigneur de Saint-Denys, qui prend part comme protestant aux différents actes de la vie de l'Eglise. Le mauvais état du document ne permet pas de retrouver son prénom. Enfin, on sait qu'à la fin du XVIe siècle existe un Jean Jolly, seigneur de Saint-Denys, qui est greffier en l'élection de Saintonge et qui, en cette qualité, le 26 septembre 1576, par devant Fourestier, notaire royal à Saintes, rachète une terre (*Bulletin de Saintonge et d'Aunis*, a. 1898, p. 166). Il ne faut pas, sans doute, identifier ce Jean Jolly, seigneur de Saint-Denys, avec celui de notre registre. Il y a probablement lieu aussi de faire remonter à cette souche les Jolly de Besne que nous avons vus établis à Saint-Seurin, 1701-1715.

(1) Madame de Pardeillan, sœur d'Henri I Bretinauld qui abjura le protestantisme et fut baptisé par Guillaume de la Brunetière, évêque de Saintes, refusa d'abjurer et fut forcée de s'expatrier en 1689 : lui fut mis en possession de ses biens par arrêts des 30 mai et 17 septembre 1690. — *Revue de Saintonge et d'Aunis*, t. XX, p. 272.

(2) Ces Legret étaient des gentilshommes verriers du Périgord et de la Double Saintongeaise, dont le dernier dans nos contrées est mort misérable à Montlieu en 1810. Daniel de Legret était sieur de la Fourest, qui est une gentilhommière de la paroisse de Rouffignac, laquelle lui appartenait et dont il se titrait, de l'église de Montendre. Dr Charles Vigen, *Corresp. inéd.*, 13 mai 1912. —

cousin germain ; Daniel Grenier, écuyer, sieur de Nabinos (1), parent du marié, et Pierre de Verteuil, écuyer, sieur des Granges, beau-frère de l'épouse.

B. — Registres catholiques, 1677-1793
conservés à la mairie

1686. — Baptême de Josué Bernard, fils de Gédéon II Bernard (2), écuyer, sieur de Javerzac, et de dame Suzanne de La Porte (sa deuxième femme), par maître Josué de Pichon, prêtre, conseiller du roi au siège présidial de Saintes et official du présent diocèse, prié pour être son parrain ; marraine dame Claude de Saint-Léger, femme d'Henry Bretinaud, chevalier, seigneur baron de Saint-Seurin, en présence de maître Michel Allary, prieur de Saint-Seurin, et de maître René Juteau, clerc tonsuré.

1687. — 16 août. — Pierre Blanc, sieur du Ris, et Madeleine de La Rochefoucaud, parrain et marraine de Pierre Gombaud.

1696. — 20 janvier. — Jacques de Luchet assiste au baptême de Joseph Bretinauld, fils de messire Henry Bretinauld, chevalier, baron de Saint-Seurin, et de dame Henriette Angélique de Verteuil.

1697. — 4 septembre. – Messire de la Croix (3), écuyer, sieur du Repère (Repaire), est parrain de Gabriel Bretinauld, fils de

---

(1) Pour Nabineau.

(2) Gédéon II Bernard avait eu de sa première femme Marie Rodier, Daniel Bernard, chef de la branche de Luchet. *Rev. de Saint.*, t. XXII, p. 381. Communication de M. Jules Pellisson d'après des notes fournies par M. E. Jouan. D'après l'*Intermédiaire des chercheurs* du 30 avril 1902, cité par la *Revue de Saint.*, t. XXII « il y a plusieurs familles Luchet. C'est Luchet de Saintonge qui était le marquis de Luchet (Jean-Pierre-Louis), le fécond littérateur né à Saintes en 1739, mort à Paris en 1792. Son père Pierre émigré, mort à Orléans le 27 septembre 1810, paraît être le dernier représentant mâle de l'ancienne maison Luchet. Quant à Bernard, famille d'Angoumois, ils ont pris leur nom de Luchet d'un fief de la paroisse de Lignières, arondissement de Cognac. Le Luchet de la famille saintongeaise est dans la paroisse du Chay, arrondissement de Saintes. »

(3) Gabriel de la Croix, écuyer, co-seigneur du Repaire, fils de Pierre de la Croix, écuyer, seigneur du Repaire, de Boistel et d'Eygounias en Périgord, et d'Anne Roux, épousa en Saintonge, par contrat reçu Marchay, notaire royal, le 10 février 1681, à Besne, paroisse de Chenac, Marie Duboys, fille d'Ole Duboys, écuyer, seigneur de Besne et de feu Marie Cérelany. Leur fille Serène, née à Besne, le 15 août 1683, reçut en dot la co-seigneurie du Breuil d'Arces, qui lui venait de sa mère, en épousant Jacques de La Porte, écuyer, sieur de Faubert et de La Vigerie. *Revue de la Saint.* etc., t. VIII, p. 381, et XVII, pp. 219-220.

messire Henry Bretinauld et Henriette Angélique de Verteuil, avec damoiselle Marianne Audebert.

1700. — 28 juin. — Baptême de Pierre-Nicolas-François Staffe, né le même jour, fils de messire Jean-François Staffe (1), écuyer, et de dame Renée Benéteau ; parrain, messire Pierre Jolly, en présence de J.-F. Staffe, P. Jolly de Besne, Mathurin Bon, Joanne-Isabelle de Staffe, qui ont signé.

1701. — 17 août. — Baptême de Pierre-Henry Staffe (2), né d'aujourd'hui, fils de messire Jean-François Staffe, écuyer, et de dame Renée Benéteau ; parrain, messire Henry Bretinauld, le jeune, marraine, damoiselle Marie-Josèphe-Thérèse, en présence de P. Jolly de Besne, Victoire Bretinauld, Suzanne Jolly de Besne, qui ont signé.

1702. — 19 mai. — Victoire Bretinauld et Suzanne Jolly assistent au mariage d'André Jousset, de la paroisse de Chenac, avec Marie Bon, de la paroisse de Saint-Seurin.

1703. — 6 mars. — Messire Charles Guinot (3), sieur de La Rivière, est parrain avec damoiselle Victoire Bretinauld de Marie-Victoire Bon, née le 3, fille d'André Jousset et de Marie Bon. Ont signé : La Rivière Guinot, du Port Guinot, A. Jousset, Monsanson, Alexandre Bretinauld, Lavigerie, Elisabel Bouteiller.

---

(1) Jean-François Staffe, écuyer, sieur de Saint-Albert, lieutenant de cavalerie, d'origine wallonne, ép. 1697 Renée Benéteau, de Montguyon, demeurait en 1702 à Saint-Seurin. Je pense qu'il était allé passer quelques années dans votre contrée comme officier des milices garde-côtes, ou peut-être à cause de sa parenté avec les Jolly de Besne. Le 10 septembre 1703, il acquiert par adjudication le domaine noble des Jards, en Montlieu, et s'y établit en 1706. De lui descendent les Beaupoil de Saint-Aulaire.

Il fut maintenu noble par Begon, le 5 mai 1702, et la décision lui fut signifiée le 3 juillet, à Saint-Seurin. Les enfants, Pierre, né en 1700 ; Henri, en 1701, continuateurs de la famille, pourraient y être nés et baptisés ; les autres sont baptisés à Vassiac ou à Roch. — Dr Charles Vigen, *Corresp. inéd.*, 21 et 24 sept. 1912.

(2) Henri Staffe, 17 août 1701-17 déc. 1776, seigneur des Gards, ép. de Suzanne Chapuzet ; dont la fille Marie ép. 9 juillet 1761 Jean-François-Guy de Belleville, 1730-1776, et les deux filles de ces derniers épousèrent deux Beaupoil de Saint-Aulaire, auteurs de la famille actuelle, branche saintongeaise.

(3) Charles Guinot, écuyer, demeurant à Brie, fut aussi parrain, le 2 août 1722, avec Anne de Cumond, femme de Louis Grenier de la Sauzaie, demeurant paroisse de Mortagne, de Charles de La Croix, fils de Jean de La Croix et de Bénigne de Cumont. — *Revue de Saint.*, t. VIII, p. 382. Ce Guinot doit être rattaché, sans doute, aux Guinot de Tesson. « La généalogie de cette famille m'a paru quelque peu embrouillée », dit Louis Audiat, *Revue de Saint.*, t. XVII, p. 286.

d°. — 10 septembre. — Victoire Bretinauld assiste au mariage de Jean Loriou avec Marie Seguin, en présence de Chevreuil, Julie-Angélique Barillaud, Elisabeth Bouteiller, qui ont signé.

1705. — 20 avril. — Mariage de messire Elie de Beaupoil, écuyer, sieur de la Gallarderie, paroisse de Courbillac (1), avec damoiselle Suzanne Jolly de Besne, de la paroisse de Saint-Seurin. Témoins : H. de Beaupoil, Jeanne Lohet, P. Jolly de Besne, capitaine du régiment de Soissons.

d°. — 1er septembre. — Mariage de messire Paul d'Asnière (2), écuyer, seigneur de La Chapelle, de la paroisse de Clan (Clam), avec damoiselle Victoire Bretinauld. Ont signé : La Chapelle, Victoire Bretinauld, Henry Bretinauld, Larivière, Vigniole, Brossard de Vignolle, Marguerite d'Achard, Delage, Beaupoil Monsanson de Javrezat, Henriette de Saint-Seurin, Joseph Bretinauld, Lasalle Naumondon, Lavallée.

1706. — 7 juin. — Baptême de Marie-Anne de Beaupoil, née le même jour, fille de messire Elie de Beaupoil, écuyer, sieur de la Gallarderie, et de défunte dame Suzanne Jolly, présentée au baptême par messire Piere Jolly, écuyer, sieur de Besne, et par dame Anne Aury. Ont signé : Jean Renau, P. Jolly de Besne, capitaine pensionné du Roy, Anne Horrit.

d°. — 8 juin. — Inhumation dans le cimetière de Saint-Seurin du corps de dame Suzanne Jolly, épouse de messire Hélie de Beaupoil, âgée de 21 ans (3).

1707. — 13 janvier. — Inhumation dans le cimetière de Saint-Seurin du corps de dame Jeanne-Elisabeth Staffe, âgée d'environ 46 ans, épouse de messire Pierre Jolly, écuyer, sieur de Besne.

d°. — 10 octobre. — Mathurin-Louis Bon, procureur fiscal de Saint-Seurin et damoiselle Marie-Thérèse Jolly ont présenté au baptême Jean-Louis Moreau, fils de Jean Moreau et de Marie Cousard.

1708. — 26 février. — Messire François de Nivelle et damoiselle Marie Jolly ont présenté au baptême Marie Moussard, fille d'Izaac Moussard et d'Elisabeth Guillot.

---

(1) Près de Rouillac. Le Pouillé de Nanglard y indique un G. Loyseau pour curé, de 1700 à 1708. Dr Charles Vigen, *Corresp.*

(2) P. D. Rainguet donne la généalogie de cette famille à Bois, où était le château de la Chapelle. *Biogr. saint.* p. 78. Henri-François d'Asnières, dit-il, colonel des garde-côtes, épouse, le 3 avril 1709, Henriette-Céleste Bretinauld. — Dr Charles Vigen. — Cette alliance n'est pas indiquée dans les Registres paroissiaux de St-Seurin où aucun acte n'est inscrit du 17 mars au 13 avril. Y aurait-il là une lacune ?

(3) Décédée, sans doute, par suite de ses couches.

1713. — 6 mars. — Messire Seguin Genty (1) est parrain avec dame Victoire Bretinauld d'Henri Bretinauld, né le 3, en présence de Gentil de Brilhac, Alexandre Bretinauld.

d°. — 28 décembre. — Mariage de Jacques Bernard, écuyer, sieur des Rivières (1), capitaine du régiment de Beauvoisy, avec damoiselle Marie-Jolly. Ont signé : Desrivierre, Marie Jolly, Dumoulin, Suzanne de La Porte, Javerzac, Victoire Bretinauld, Jeanne Dohet.

1714. — 30 novembre. — Baptême de Pierre Bernard, fils de messire Jacques Bernard, écuyer, sieur des Rivières, et Marie Jolly, né le 19 présenté par Pierre Fouché et Jeanne Bon.

(*A suivre.*) MARCEL PELLISSON.

LIVRES ET REVUES

La *Revue Celtique*, tome XLIV (1927), p. 430, mentionne une polémique qui s'est élevée entre deux savants allemands au sujet d'une petite statuette.

« M. Friedrich Marx a acheté en 1917-18 une petite statue de marbre qui n'a pas plus de 11 cm., d'un travail évidemment gaulois et rappelant en particulier le monument de Saintes (pas autrement spécifié dans ce compte rendu, sans doute l'autel aux divinités gauloises). Cette figurine porte au dos une inscription gauloise en lettres grecques. Il l'a publiée après une longue étude, *Ueber eine marmorstatuette der grossen muller ....* (Bonn, 1922). La statuette paraît représenter une Cybèle. Sa main gauche est posée sur la crinière d'un lion, la main droite sur l'épaule d'une petite divinité tenant dans ses deux mains un canthare. Au revers se trouve le cadre de l'inscription surmontée d'une tête barbare, de travail tout à fait celtique, sous laquelle se trouve un serpent.... »

M. Lehner, le conservateur du musée de Bonn, l'a considérée tout de suite comme un faux.

M. Marx réfute violemment son contradicteur dans *Germania*, VIII (1924).

---

(1) Alexandre II Bretinauld ép., le 15 avril 1709, à Saint-Maur de Saintes, Marie-Anne Gentil de Brassaud, fille de Seguin Gentil, sieur de Varzay, de Brassaud, de la Font, de Saint-Christophe, etc., et de Marie Pannetier. Henri II Bretinauld épouse, le 12 mai 1742, à Restaud, par dispense de Benoît XIV, sa cousine germaine, fille de Seguin et d'Henriette Michel de La Lande. — *Revue de Saint.*, t. XX, pp. 272-273.

Bulletin de la Société Dunoise, 1928. *De quelques us et coutumes religieux au pays dunois dans le doyenné d'Ouzouer-le-marché en Loir-et-Cher.*

Cet article de M. l'abbé C. Savaux contient des détails très pittoresques, que les amateurs de folklore liront avec grand intérêt. Il y est relaté certaines pratiques que les Saintongeais n'ignoraient pas. L'auteur a transcrit une charmante chanson que les enfants de chœur chantent quand, allant de porte en porte, ils quêtent des œufs dans la semaine de Pâques.

Lorsqu'ils sont éconduits sans avoir rien récolté, le couplet suivant exprime leur mécontentement :

Je r'partirons comme j'étions v'nus.
C'est-i qu'vot' poul' n'a point pondu ?
C'est ben plutôt qu'vous et's trop rat.
Alleluia !

Ce à quoi les gens de Cravant leur répliquaient:

Les enfants de chœur sont des voleurs.
Un jour viendra. Dieu les pendra !
Alleluia !

Bulletin de la Société de l'histoire du Protestantisme français, 1928, p. 276 *Trois colloques Saintongeais du Désert*, 1771, 1773, 1774.

Les honoraires des églises démembrées qui sont Saint-Fort et Mortagne (arrangement des 16, 17 et 18 juin 1773) sont répartis comme suit : à l'église de Royan 300 liv., celle de Didonne 92 liv. 10 sols, celle de Meschers 92 liv. 10 sols, celle de Cozes a 300 liv., celle de Gémozac 220 livres, celle de Pons 230 livres, lesquelles restent à la desserte de M. Jarousseau.

Lettres de Jeanne d'Albret à Théodore de Beze (p. 21 et suiv.), datée de La Rochelle 19 avril 1569.

Elle lui apprend la mort du prince de Condé, tué à Jarnac. « Nous n'avons perdu que très peu d'hommes dans cette rencontre imprévue qui a été très chaude. Les principaux de nos prisonniers sont de retour. Quelques mercenaires qui s'étaient joints à mon beau-frère, le prince de Condé, ont passé, après sa mort, à l'ennemi.

C'est ainsi que petit à petit le seigneur nettoie le grain de son aire ; car il y reste encore beaucoup de paille...

Quant à moi je réside ici, c'est-à-dire à La Rochelle. Ma santé, ébranlée par de continuels tracas, est assez chancelante. (Jeanne avait gagné La Rochelle en septembre 1568).

Dans les notes, on rappelle la tapisserie représentant la mort du prince, acquise par les Musées nationaux à la vente de Reiset en février 1922, étudiée par M. Fenaille, dans le tome Ier de son *Etat général des tapisseries des Gobelins*. En 1818, un monument fut élevé dans la plaine de Bassac, sur la commune de Triac ; on avait gravé sur la pyramide une inscription latine. Cette plaque fut enlevée on ne sait plus trop pourquoi. Le 31 mars 1928, une nouvelle plaque a été apposée et inaugurée le 6 mai 1928, par le Syndicat d'initiative régional.

En avril-juin 1929 il emprunte à La *Réforme des Charentes* du 26 avril 1929 — Reveillaud *auctore* — la mention de la cloche protestante d'Archiac, aujourd'hui dans l'église de Saint-Georges de Cubillac, sans dire que la nouvelle en a été donnée par la *Revue de Saintonge*.

M. le pasteur Robert a donné à la Société de l'histoire du protestantisme français :

Chanson satirique et fable en vers, anti-cléricales, composées vers 1840-45

Chanson de même genre, adressée au Dr Moré, à Berneuil.

Feuille protestante de Saintonge, Pons.

M. Robert. *Les protestants de Pons au* XVIIIe *siècle.*

Bulletin évangélique.

Marty. *Chronique du Consistoire de Saintes, depuis l'an XIII.*

M. Saintard a publié dans la *Revue générale Centre-Ouest de la France* des souvenirs personnels qu'il intitule : Les *Saintongeais dans la grande guerre.*

Mémoires de la Société des Antiquaires de France, tome VIII (1924-27).

Mis de Baye. *Épées gauloises à antennes*. L'auteur décrit celle de Tesson qu'il compare à celle trouvée dans les travaux du canal de la Marne à la Saône qui lui ressemble beaucoup, avec moins d'élégance.

Catalogue général des Monuments des bibliothèques publiques de France tome de 1928. — *Manuscrits du Musée Condé*, à Chantilly, n° 74, Hors, exécuté par Marguerite de Coëtivy, femme de François de Paris, comte de Montfort. 18 miniatures XVe siècle,

N° 148. La mendicité spirituelle, par Jean Gerson. — Epitaphes de Charles de Coëtivy, comte de Taillebourg, mort peu après 1500.

N° 152. Le trésor de l'âme, par le chartreux Robert. Au dernier feuillet, cette mention du XVe siècle : « Ce livre est à Johannes de Latouche, enlumineur à Xaintes. » Initiales ornées.

N° 160. Le livre de grâce, par Pierre Fontaine. Début : « Le livre intitulé de grâce ou de l'esperit par grace inspiré, composé par ung pouvre pecheur, frere mineur indigne, nommé frère Pierre Fontayne, du couvent de La Rochelle, lequel est dédié à la reverende de très noble et très excellente dame Madame Jehanne d'Orléans, cousine germaine du roy Louys, douziesme de ce nom, et comtesse de Taillebourg Fin du xve siècle ou début du xvie.

N° 161. Petite contemplation de la venue de Noël, par J. Charron, prêtre chanoine de Saintes.

N°s 749-751. Assemblée politique tenue par ceux de la Religion prétendue réformée en la ville de La Rochelle ès années 1620, 1621 et 1622, au progrès de laquelle servit plusieurs choses remarquables. Copie exécutée pour le Grand Condé en octobre 1685. Papier trois volumes.

Dans le volume du congrès tenu en 1927, à Périgueux, par la Société française d'archéologie, est inséré notamment un mémoire de M. Deshoulières sur l'église de Thiviers, monument qui présente des particularités très rares parmi les églises du Périgord.

M. de Laborderie rendant compte de ce volume dans le *Bulletin de la Société archéologique et historique du Limousin*, tome LXXII, 3e partie, p. CXIX, consacre une page à la description de l'église de Thiviers et signale « les chapiteaux finement sculptés dans la manière saintongeaise ». M. Deshoulières n'avait point dit ça. Deux photographies ne confirment pas cette appréciation. Le second chapiteau reproduit (p. 224) en particulier est l'exacte reproduction d'un chapiteau de Saint-Ferme (Gironde). L'imagier qui a sculpté l'un a certainement sculpté l'autre, ce qui autorise à croire que les églises de ces deux localités sont contemporaines. En tout cas, rien de saintongeais.

Dans les *Mélanges Alfred Jeanroy* (1928) on trouvera une étude de M. Bourcier concernant les Gavaches, établis dans le canton de Monségur vers 1478, nombreux Poitevins et Saintongeais qui formaient une colonie en plein pays gascon. Au début du xixe siècle on comptait 20.000 individus parlant le gavache et 8.000 en 1900.

Cette enclave, au moins son origine, pourrait remonter beaucoup plus haut parce que le caractère de la sculpture de la façade de Blasimon est nettement poitevine. Elle a déjà donné lieu à des études dans les *Mémoires* de la Société des antiquaires de *France*, dans les *Mélanges Wilmotte* (1910, et en 1906 dans la *Revue des Universités du Midi*. Cf. dans notre *Revue* les tomes III p. 239, VIII p. 378, XIX p. 320, XX p. 64, XXVII p. 408.

Bulletin de la Société les Amis des Sciences de Rochechouart, 1925.

Sur. *Notes sur un prieuré de Saint-Martial de Limoges en Aunis.* Anais.

AVIS ET NOUVELLES

Nouvelles adhésions :

M. Ardouin, ingénieur du service vicinal à Jonzac.

M. Bruneau, entrepreneur de serrurerie, Saintes.

M. Vacquier, conseiller d'Etat, directeur du contrôle au ministère de la marine, Paris.

M. Bonnemaison, Les Melles, Jonzac.

M. l'abbé Mulot, curé de Fontaine-Chalendray.

Par arrêté en date du 8 avril M. le Ministre de l'Instruction publique a accordé à la Société une somme de 2.000 francs en vue de l'aider à imprimer un second tome des lettres de Michel Begon.

L'impression en est commencée.

Notre confrère M. Triou, conseiller de préfecture honoraire, demeurant au Haut-Perat, commune des Gonds, près Saintes, a bien voulu accepter les fonctions de trésorier de notre Société, en remplacement de M. Texier, démissionnaire pour cause de santé.

Les chèques postaux devront être adressés à M. Triou, 6, place du Synode.

Ceux de nos confrères qui n'ont pas encore payé leurs cotisation de 1929, treize ou quinze francs, sont priés de le faire immédiatement, afin d'éviter des frais inutiles à eux-mêmes et à la Société.

Un chèque postal ne coûte que 40 centimes. N'utilisez plus les cartes à l'adresse, 36, rue Saint-Eutrope. Il faut adresser le chèque postal 7038, à M. Triou, 6, place du Synode, à Saintes.

Voyez au dos de la première page de la couverture.

Les anciens sociétaires dont les noms suivent ont porté leur cotisation à 15 francs et au delà :

MM.

Armand, Emmanuel, au Pineau, Saintes.

Dr Ch. Audiat, à Châteauroux.

Baulieu, rue Mongallet, Paris.

Baudrit, Saïgon.

Bellot, Samuel, Saintes.

Bignon, Saintes.
Bourcy, notaire, Saintes.
Brejon, avocat, Saintes.
Brunet, entrepreneur, Saintes.
Chapsal, sénateur, Saintes.
Coutin, notaire, Jonzac.
Cousin, Direct. du Crédit Lyonnais, Saintes.
Chenereau, Paris.
Chesnier du Chêne, Paris.
Cazaugade, Saintes.
Dumontet André, Archiac.
Dangibeaud, Saintes.
Dr Ducou, Cozes.
Delamain, Jarnac. (20 fr.)
Fort Gustave, Paris.
Mme Fontorbe, Paris.
Gabet, Secrétaire de Mairie, Saintes.
Dr Guignon, Saintes.
Guillet Louis, Saintes.
Julien Laferrière, notaire, Saintes.
Massiou Léon, Neuilly-sur-Seine.
Gaëtan Martin, Saintes.
Abel Mestreau, Saintes. (*racheté cependant*)
Cte de Massougnes, Saint-Quentin.
Monteau, Saintes.
Pijollet, libraire, La Rochelle.
Pelletreau Léon, Paris.
Pellisson Marcel, Saint-Seurin-d'Uzet (*racheté cependant*).
Robert Paul, notaire, Archiac.
Tortat Gaston, Port d'Envaux.
Triou Léon, Les Gonds.
Trochon, Lille (26 fr.).

Le prochain Congrès des Sociétés Savantes se tiendra à Alger, en avril **1930**.

Les travaux à la coupole en plomb de Saint-Pierre, de forme plus élégante que la précédente, ont été terminés dans les premiers jours d'avril 1929. Les derniers échafaudages ont été enlevés dans la seconde semaine du mois.

Les voutes, en bois, sont entreprises ; on refait la couverture.

Sur la proposition de la municipalité, le Conseil municipal a imposé aux nouvelles rues des quartiers de La Recluse les noms d'Emile Combes, Carnot, Voltaire, Thiers, R. de Montaigne.

La rue de la Vieille-Prison qui avait reçu, il y a deux ou trois ans, le nom de R. de Montaigne, devient rue Maurice-Martineau ; le chemin de l'Epineuil s'appellera rue Marcelin-Berthelot (le chimiste) ; le square du Palais de Justice, place du Maréchal-Foch, et la rue des Notre-Dame, rue Sarrail.

Au cours de l'année 1928, les cinémas de Saïgon ont fait passer sous les yeux des spectateurs des vues de France. Les Saintongeais ont eu le plaisir de reconnaître deux vues du château de Jonzac, deux autres des bords de la Seugne. Les calendriers des postes de 1929 sont illustrés avec deux aquarelles de M. Lessieux fils, *Un vieux moulin à La Cotinière* et *Pins dans l'île d'Oleron*.

Le 29 mars 1929, MM. Fort et Porché ont fait une causerie sur les deux Charentes, à Paris (voir la bibliographie).

Une mention honorable a été décernée par l'Académie des Sciences morales et politiques à notre excellent confrère, le docteur Sottas, pour son livre : *Le Gouvernement de Brouage et La Rochelle sous Mazarin*.

L'Académie des Inscriptions et Belles Lettres a décerné à MM. George et Alexis Guérin-Boutaud la seconde médaille du concours des antiquités de la France.

Le 14 avril 1929, M. Chapsal, sénateur, a remis la croix de la Légion d'honneur à M. Sablé, âgé de 90 ans, maire de Saint-Genis, qui fut instituteur de cette commune pendant 42 ans.

Aux élections communales de 1929, M. Chapsal, notre président d'honneur, a été élu seul au premier tour avec une majorité de 1025 voix. A l'élection sénatoriale il est le premier élu.

La salle médiévale du Musée métropolitain de New-York, formée en majeure partie par la collection William Henry Riggs, expose en son centre, sur un cheval noir, l'armure sombre, damasquinée d'or, de Jacques Galiot de Genouilhac, gentilhomme français.

A l'occasion de la représentation, à Saintes, de l'*Impéria*, drame de feu M. Payen, (11 août 1929) Mme Guimard-Guignon à mis en vente une eau-forte de la vue de l'amphithéâtre.

M. Chesnier du Chesne publie, dans le n° du *Correspondant* du 25 août, *Les Voyages de Walter Scott en France* ; dans le *Temps* des 11 et 29 septembre : *Vacances académiques* et *Olibrius*.

Mme Vigen a remis à la bibliothèque de Saintes les manuscrits de son mari, collection de notes, lentement et patiemment butinées pendant toute sa vie, car le docteur était né archiviste et s'intéressait vivement à sa région, labeur d'autant plus méritoir que Montlieu et ses environs sont plutôt une mine ingrate. Peu ou pas de rédaction ; Ch. Vigen n'aimait guère écrire, ses cahiers, qu'il a illustrés de photographies et de plans, contiennent des copies ou des extraits de minutes de notaires, de registres paroissiaux, de références aux livres, concernant les lieux, les familles, les événements, la statistique, histoire de Montlieu, La Garde, Chepniers, canton de Montendre, Baigne, Brossac, Chaux ; généalogies diverses ; registres paroissiaux ; censifs ; documents ; glossaire saintongeais ; médecins de Jonzac ; notes de Rainguet... préparation, en un mot, d'un livre qui attend son auteur. Les volumes relatifs aux familles de Montlieu et de la région sont particulièrement précieux.

Les dossiers des notaires. — Soigneusement rangés dans des cartons entassés le long des parois, les dossiers des affaires traitées s'accumulaient jusqu'ici dans les études des notaires. Une loi oblige, en effet, ces officiels ministériels à conserver des documents qui peuvent, à un moment donné, porter témoignage, décider de la légitimité d'une demande, de la mauvaise foi d'un plaideur. L'accumulation des dossiers, les nécessités de la vie moderne — disons plus brutalement la crise des logements — risquaient de rendre très difficile la conservation de ces documents. A un mal qu'une loi rendit nécessaire, une loi vient apporter un remède : elle ordonne la création d'archives départementales et nationales dans lesquelles les notaires pourront, s'ils le désirent, déposer les documents ou pièces ayant plus de 125 ans de date. Le dépôt sera facultatif ; il sera certifié par un état succinct établi en triple exemplaire. A tout moment les papiers déposés pourront être librement consultés par les notaires, chambres notariales et archivistes de l'Etat constitués dépositaires. Toutefois, les parties intéressées, héritiers ou ayants cause, pourront, par acte extrajudiciaire, faire défense de communiquer les pièces les concernant ou d'en délivrer copie.

Avis aux collectionneurs d'ex libris. Mme Geneviève Granger-Chanlaine a gravé une de ces vignettes pour le Musée de l'île d'Aix : au-dessus de l'aigle impérial la façade de la maison de l'empereur avec le balcon.

Les personnes qui désireraient voir leurs armoiries figurer dans l'*Armorial général universel et officiel* doivent s'adresser à l'Institut héraldique de France, 27, quai Bourbon, Paris (IVe).

Une plaque de marbre turquin de 38 centimètres sur 60, avec

lettres garnies d'un mastic rouge, a été placée sur la porte d'entrée du vieux logis de Labadaire, habité par René Caillé. Elle est donnée par le président de la Société archéologique de Saint-Jean-d'Angély, M. Bonnet.

Une très belle crosse en cuivre champlevé doré et émaillé, ayant dans la volute une annonciation (haut. 0.33 cent.) a été vendue à la vente Gilbert, à Paris (décembre 1927), 152.000 francs. Elle avait été trouvée à Nieul-sur-l'Autise en 1868. Robuchon l'a photographiée dans *Paysages et Monuments du Poitou.*

Sous le plancher de la sacristie de l'église d'Echillais (ancienne chapelle), on a trouvé une quantité de sarcophages pressés les uns contre les autres. Ils ont tous un encastrement à la tête. Un d'eux offre une particularité rare. Comme il était trop court pour l'ensevelissement du cadavre, on l'a allongé, aux pieds, en coupant l'extrémité et en rapportant trois pierres posées de champ.

NOTES D'ETAT-CIVIL

Décès

Le 20 février 1929 est décédé, à Rochefort, le comte Guy de Cugnac, lieutenant-colonel en retraite, officier de la Légion d'honneur, Croix de guerre, âgé de 70 ans.

Il laisse trois fils et une fille : MM. Paul de Cugnac ; Jean de Cugnac, ingénieur ; Antoine de Cugnac, assistant à la Faculté des Sciences ; Mlle Marie de Cugnac.

A Loulay, le 21 mars 1929, a été célébré un service funèbre à la mémoire du Révérend Père Gaston Vérine, décédé à Rangoom (Birmanie) où il était missionnaire depuis 1905.

Peu après son arrivée en Birmanie, il fut nommé assistant du curé de la Cathédrale, construite d'après ses plans et sous sa direction. En 1915, il fut nommé à la paroisse européenne.

Le 22 mars 1929, est décédée, à Neuilly-sur-Seine, Mme Jeanne Villaret, épouse de M. Louis Tercinier, ingénieur honoraire des chemins de fer de l'Etat. Inhumée à Saintes.

Le 6 avril 1929, est décédé, à Saintes, M. Drithon René, oncle de M. Laferrière, notaire.

Le 9 avril, est décédée, à Saintes, Mme veuve Victor Galland, née Corinne Jubin, âgée de 91 ans, mère de Mmes Gaillard et Maurice Bures.

M. Gaston Lem est décédé à Paris, le 29 (et non le 20, Revue p. 207) âgé de 72 ans. Appartenant à une famille norvégienne, il était né à la Flotte. Tour à tour sous-préfet de Marennes, puis secrétaire général, chef de cabinet du ministre des travaux publics, préfet de l'Indre, puis de la Manche, trésorier général de la Haute-Vienne puis de la Charente-Inférieure, régent (1909) puis premier sous-gouverneur de la Banque de France, membre de plusieurs conseils d'administration d'établissements financiers, officier de la Légion d'honneur, il était jusqu'en ces dernières années maire de la Flotte. Fervent protestant, de haute taille, visage austère, il faisait partie du Comité de la Société de l'histoire du Protestantisme français.

Bulletin de la Société archéologique de Soissons, tome II (1922-26) article nécrologique de M. St. Leloutre, avec portrait, sur M. Roger Firino, qui fut président de cette Société. Né à Paris, le 23 septembre 1854, il épousa en 1883 Mlle de Rivocet. « Par son ascendance maternelle, il se rattache à la très ancienne et honorable famille Martell, originaire de l'île de Jersey ».

Il est décédé le 28 juillet 1926. Il laisse un fils, M. Paul.

Mme veuve Georges Faustin, née Fanny Belenfant, est décédée à La Rochelle, le 17 juin, âgée de 82 ans.

Elle était présidente départementale de la Ligue patriotique des Françaises.

Sa propriété de Beauséjour, près de La Rochelle, au bord de la mer, va devenir le Grand Séminaire. Ce sera un des plus beaux séminaires de France.

Mme veuve Olivier Martellière, née Clorine Longueteau, est décédée, à Saintes, le 29 août, âgée de 74 ans. Elle laisse MM. Charles Martellière, lieutenant de vaisseau ; Pierre ; et Mme Françoise Guesdon.

M. Gaston Tortat, juge honoraire, est décédé en sa propriété du Port-d'Envau, le 18 octobre dernier. Sa robuste constitution subit la loi inexorable. Né à Saintes le 23 mars 1851, il fit de très bonnes études au collège de sa ville et prit le grade de docteur en droit à la faculté de Poitiers. Sa famille avait appartenu, depuis un siècle, à la magistrature, Gaston Tortat suivit la tradition. De juge suppléant à La Rochelle il fut nommé juge à Châtellerault, puis à Saintes, où tous ses intérêts l'appelaient. Il refusa constamment un avancement mérité. Le président Rackelboom a fait l'éloge du magistrat, exact, scrupuleux. Nous pouvons louer ses sentiments de pur Saintongeais que la Vendée ne laissait pas indifférent. Liseur infatigable, il savait beaucoup ; voyageur passionné, il avait beaucoup vu. Il aurait pu écrire des mémoires ou des articles très documentés si la paresse de rédiger — commune à beaucoup de fervents liseurs — ne l'avait pas poussé à laisser sa plume sur la table. Il a cependant donné à notre revue quelques articles signés de son nom ou Quarens. Il aimait copier des documents inédits. Le tome VII des Archives contient *Saint-Saturnin de Séchaux* ; le tome XI, *Un livre de raison* de Samuel Robert : le tome XXIX, *Répertoire des titres du comte de Taillebourg*. Voir les tomes VII, X, XI, XIII de la *Revue*. Il a copié les registres des Délibérations du district de Saintes. Voir *Recueil de la Commission des Arts et Monuments*, tome XX. Il laisse un fils docteur en médecine.

Le 16 décembre, est décédé à Paris, après une opération, le comte Maxime de Montbron de Chérade, maire de La Jarne, conseiller général depuis de longues années du canton de La Jarrie, notre confrère depuis trente-deux ans. Il avait épousé Mlle Marie Monterro de Barros.

Mariages

Le 4 avril 1929, à Rochefort-sur-Mer, a été bénit le mariage de M. Jean Mauny, fils de feu le docteur Mauny, avec Mlle Odette Dangibeaud, fille de feu M. André Dangibeaud, petite-fille de M. Ch. Dangibeaud.

Le 12 juin, à Saintes, a été bénit le mariage de Mlle Madeleine Guillet, fille de feu M. Jules Guillet, avec M. Pierre Lambert de Cursay.

Le 22 juillet, à Paris, a été bénit le mariage de M. Jean Pinasseau, chef de bureau au ministère des finances, avec Mlle Geneviève Thepenier.

BIBLIOGRAPHIE

Armand (Dr M.), *La cathédrale Saint-Pierre de Saintes*. Lyon, imprimerie des Missions Africaines, 1929, in-4°, 95 p., 4 photogravures hors texte, couverture illustrée.

25 exemplaires, sur velin fleurs de lys Lafuma ; 1.000 sur vergé, 12 francs.

Barbotin (abbé G.), *Les religieuses de Saint-Joseph de la Providence de La Rochelle*, d'après les notes de l'abbé C. Gelézeau.

La Rochelle, imprimerie Masson, 1928, in-18 carré, 45 pages, une gravure.

Beaucorps (Charles de), *Famille de Beaucorps*, notes historiques et biographiques.

Saint-Brieuc, imprimerie Prudhomme, 1928, in-8°, 155 pages.

« Charles de Beaucorps a voulu mieux faire connaître leur lignée à la nombreuse descendance des Beaucorps. Il s'y est appliqué avec la méthode chartiste et une persévérance méritoire. Ayant achevé son travail en décembre 1925, il disparaissait, le 9 mai 1926, sans avoir pu le publier. Les siens, en le faisant, ont tenu à rattacher spécialement son souvenir à l'histoire de leur famille qu'il a renouvelée. »

Histoire de personnes, histoire des seigneuries de la famille, histoire du pays. Document très important.

Belliard (abbé), *Sanatorium de Saint-Trojan-les-Bains*.

Marennes, imprimerie ouvrière, 1929, in-8° 46 pages.

Berton (René), *Le roi du cuir*. Paris, librairie Albin Michel, 1929.

Chesnier du Chesne (A.), *Le Ronsard de Victor Hugo*.

Tours, imprimerie Arrault. Paris, éditions Crès 1929, in-16 carré, 79 pages, 2 planches.

« Dans la collection Lovenjoul (à Chantilly), se trouve l'exemplaire des œuvres de Ronsard que M. Ch. du Ch. a pu, le premier, décrire et commenter avec le sens de l'érudition vivante et évocatrice que l'on lui reconnaît. »

Chupin (abbé F.), *Gabriel Deshayes, fondateur des frères de l'Instruction chrétienne de Saint-Gabriel*.

Couneau (Emile), *La Rochelle disparue*.

Nouvelle édition en vente chez F. Pijollet, rue Chaudrier, La Rochelle. Broché, 175 francs ; relié, 250 francs.

Fort (Gustave) et Porché (François), *Soirée charentaise, causeries sur les Deux Charentes et sur l'Art dans les Charentes, diffusées le 25 mars 1929 par le poste radiophonique du Petit Parisien*.

S. l. n. d., in 8°, pages.

Ces deux Saintongeais connaissent leur pays. Personne n'en peut douter. Aussi n'explique-t-on pas comment certains lapsus, excusables chez un conférencier par défaut de mémoire (ou parce que sa langue a fourché !), ne leur ont pas *sauté* aux yeux, mis en caractères typographiques.

Fromentin (Eugène), *Dominique*, illustré de 45 aquarelles par Louis Suire.

Paris, Ed. Richard, 1929, in-4° couronne. Edition ordinaire, 300 francs ; édition de luxe, 550 et 800 francs.

Garnier (Armand), *Agrippa d'Aubigné et le Parti Protestant*, contribution à l'Histoire de la Réforme en France.

Tours, imprimerie Arrault, Paris, librairie Fischbacher, 1928, 3 vol. in-8° carré, portraits, reproductions d'estampes, vues de monuments.

GABORIT (Germain), *Les arcs polylobés dans la Saintonge et l'Angoumois.* Saint-Jean-d'Angély, imprimerie Daviaud, 1928, in-8.

GAURIER (abbé Ludovic), *Sur les études limnologiques dans les Pyrénées françaises.*

« L'auteur a entrepris, en 1907, l'étude systématique de tous les lacs, petits et grands, du versant français des Pyrénées. Le travail est assez avancé pour que l'on puisse constituer dès maintenant un premier atlas contenant la carte bathymétrique de 210 lacs. Toutes ces cartes sont levées à grande échelle : au millième ou au demi-millième, ce qui permet d'y inscrire les cotes de sondage. »

GRASILIER (Léonce), *L'Aventure des Quatre Sergents de La Rochelle* (1822).

La Rochelle, Editions Rupella, Charles Millon, 1929, in-16°, gravures.

M. Grasilier réunit dans ce volume les 16 chapitres qu'il avait publiés dans la *Gazette d'Aunis* en 1925 et 1926, augmentés de six autres et de deux appendices.

Dans l'avant-propos, il nous affirme que personne encore n'a donné du drame de la Restauration une version historique et vraie. « Quant aux romans inspirés par cette affaire, ce ne sont que des œuvres d'une imagination fantaisiste, grandiloquente comme celle due à la plume de Paul Mahalin... » (possible ! mais si joliment illustrée par Jeanniot !) Il ne fait qu'une exception en faveur de E. Guillon.

M. Grasilier s'est documenté aux Archives nationales de la Police générale, des Ministères de la Justice, de l'Intérieur, de la Guerre. Il a consulté les *Deux Restaurations* de Vaulabelle, les papiers du comte Boulay de La Meurthe. Bref, il a cherché à faire œuvre d'historien et non de romancier.

Il ramène la légende à ses justes proportions. Aujourd'hui le public ne se passionne plus pour ces quatre sous-officiers épris de liberté, mais on lira quand même cette histoire d'une Affaire dont la politique s'empara.

LA ROCHEFOUCAULD (Gabriel de), *Constantinople avec Loti.*

L'auteur raconte le voyage qu'il fit à Constantinople l'année même où Loti commandait le *Vautour*, ses impressions sur Pierre Loti intime et sur Pierre Loti ami enthousiaste des Turcs.

LAMANDÉ et *Nanteuil* (pseudonyme de M. Giraudias). *La vie de René Caillié.*

Le complément de cette biographie est *René Caillié*, maire de Champagne (1836-1838), par M. R. Mémain, qui a découvert et mis en œuvre les documents qui montrent les dernières années du grand explorateur traversées par les intrigues d'un ambitieux et mauvais coucheur.

Lapaquellerie (Yvon), *Emile Combes ou le surprenant roman d'un honnête homme.* Paris, Flammarion, 1929.

La Tour du Pin (marquise de), *Recollections of the Revolution and the Empire from the French of the* « Journal d'une femme de cinquante ans », edited and transtated by W. Geer. New-York, 1920, XXIII-422 p., 15 photo-gravures.

Micard (E), *L'effort persévérant de Champlain.*
Edition Pierre Roger, 1929 ; illustrations de Zaccanino.

Musset (G.) *Glossaire des patois et parlers de l'Aunis et de la Saintonge,* avec collaboration de MM. Marcel Pellison et Charles Vigen. Tome premier.
La Rochelle, imprimerie Masson fils, 1929, 541 pages. 30 francs.

Pelletan (Eugène), *Jarousseau, le Pasteur du Désert,* nouvelle édition, avant-propos de S. P. Coulon, in-16°, 1928, 6 francs.

M. le pasteur Robert est porté à admettre, contrairement à l'opinion de Crottet, que Louis Gibert, le restaurateur du protestantisme en Saintonge, fut tué en 1754 à la Combe de la Bataille, où le jeune Jarousseau était près de lui. (*Feuille protestante de Saintonge,* avril 1928.

Vallet (A.) *La Rochecourbon, son château, ses bois, ses grottes,* un appel de Pierre Loti.
Paris, Boivin, éditeur, 1929, in-16° 16 pages, une gravure. Couverture illustrée.

Imp. de l'Ouest. – La Rochelle.

IMPRIMERIE DE L'OUEST
∘∘ LA ROCHELLE ∘∘

www.ingramcontent.com/pod-product-compliance
Lightning Source LLC
LaVergne TN
LVHW082353160826
845678LV00008B/1825

* 9 7 8 2 3 2 9 7 4 8 0 1 6 *